知识产权案件
热点问题研究

ZHISHICHANQUAN
ANJIAN REDIAN WENTI YANJIU

◎冯刚 著

知识产权出版社

内容提要

本书由北京市第二中级人民法院资深知识产权法官撰写而成。全书深入剖析了知识产权案件审理中的热点和疑难问题，内容涵盖了著作权、网络知识产权、工商业标识以及新类型知识产权方面。本书既有理论的探索，又有具体案例的精辟分析，因而兼备理论前瞻性和实践指导性，具有很强的可读性与较大的参考价值。

读者对象：知识产权审判人员、律师、知识产权行政执法人员、知识产权代理人、高等院校知识产权教学与科研人员以及知识产权纠纷当事人。

责任编辑： 王润贵　汤腊冬　　　　**责任校对：** 董志英
特约编辑： 刘永红　　　　　　　　**责任出版：** 卢运霞

图书在版编目（CIP）数据

知识产权案件热点问题研究／冯刚著．—北京：知识产权出版社，2009.9
（知识产权法官论坛）
ISBN 978–7–80247–483–3
Ⅰ．知… Ⅱ．冯… Ⅲ．知识产权法–案例–分析–中国
Ⅳ．D923.405
中国版本图书馆 CIP 数据核字（2009）第 047456 号

知识产权案件热点问题研究

冯　刚　著

出版发行：	知识产权出版社		
社　　址：	北京市海淀区马甸南村1号	邮　编：	100088
网　　址：	http://www.ipph.cn	邮　箱：	bjb@cnipr.com
发行电话：	82000860 转 8105 或 8150	传　真：	010–82000893　82005070
责编电话：	010–82000889　82000860 转 8108	责编邮箱：	tangladong@cnipr.com
印　　刷：	北京凯达印务有限公司	经　销：	新华书店及相关销售网点
开　　本：	880mm×1230mm　1/32	印　张：	12.25
版　　次：	2009 年 9 月第 1 版	印　次：	2009 年 9 月第 1 次印刷
字　　数：	310 千字	定　价：	30.00 元

ISBN 978–7–80247–483–3/D·788（2505）

版权所有　侵权必究
如有印装质量问题，本社负责调换。

序 一

司法的使命在于解释法律，即以适当的方法，传达立法者的意旨。解释就是创造，它富含研究与描述的双重特征。因此，司法也是学术活动，法官也是学者。例如，美国的奥利弗·温德尔·霍姆斯法官（Oliver Wendell Holmes）、本杰明·内森·卡多佐法官（Benjamin Nathan Cardozo）以及理查德·艾伦·波斯纳法官（Richard Allen Posner）著述颇丰，影响颇大，既是法官中之翘楚，亦是学者中之榜样。我国也未居于人后，近几年已经涌现出一批穿行于教授和法官之间，流转于学院和法院之内的"学者型法官"、"法官型学者"。本书作者冯刚法官，作为司法界的一员，在认真履行审判职责的同时，仍心系于学术，潜心于创作，其新作《知识产权案件热点问题研究》的出版，就是一个明证。

传说中国最早的一位法官是皋陶，有的古书上写做"咎陶"、"咎繇"。据说是尧、舜时代的人，是上古五帝之一颛顼高阳氏的后代；也有的说法称他是少暤金天氏的后代，出生于曲阜，属于偃地，因而以偃为姓。❶ 但当时并无"法官"这一称谓。"法官"一词的出现，大约到了战国时期。据学者考证，中国历史上"法官"一词首次出现于商鞅及其后学汇编的《商君

---

❶ 郭建：《古代法官面面观》，上海古籍出版社1993年版，第1页。

书》之中，❶其中提到："天子置三法官，殿中置一法官，御史置一法官及吏，丞相置一法官。诸侯郡县皆各为置一法官及吏，皆此秦一法官。郡县诸侯一受宝来之法令，学问并所谓。吏民知法令者，皆问法官。"❷此后就一直以法官作为司法官员的通称。但《商君书》中提到的"法官"，其职责并非审判，而是代表官方掌管法令，并向老百姓宣传、告知法令内容。❸其性质类似于今天的"普法人员"，同我们如今所理解的"法官"仍有本质的不同。"法官"一词真正代表司法审判人员的传统，约始于北朝。三国两晋南北朝时期，我国律学及法典的创制都取得了长足的进步，尤其是北朝，律学世家众多。北齐的封氏家族便是其中的佼佼者，尤其是封轨、封述父子，长期从事司法审判工作，不但对朝廷法律的制定多有贡献，而且由于其断案公正，享有好法官之美名。史载："述久为法官，明解律令，议断平允，深为时人所称。"❹此处所说的"法官"表示从事司法审判的官员。❺因此，当今人们所熟悉的"法官"这一名称，其语词系始于战国，但语义则出自北齐。

实际上，根据语义分析法，"法官"二字本身即已昭示了其历史、逻辑和运行，具有相当丰富的内涵。所谓语义分析，亦称

---

❶ 持这一观点的学者有郭建、任喜荣、陈景良等，参见郭建：《古代法官面面观》，上海古籍出版社1993年版，前言第1页；任喜荣：《刑官的世界——中国法律人职业化的历史透视》，法律出版社2007年版，第48页；陈景良："宋代'法官'、'司法'和'法理'考略——兼论宋代司法传统及其历史转型"，载《法商研究》2006年第1期。

❷ 《商君书·定分第二十六》。

❸ 陈景良："宋代'法官'、'司法'和'法理'考略——兼论宋代司法传统及其历史转型"，载《法商研究》2006年第1期。

❹ 《北齐书·封述传》。

❺ 陈景良："宋代'法官'、'司法'和'法理'考略——兼论宋代司法传统及其历史转型"，载《法商研究》2006年第1期。

语言分析，是通过分析语言的要素、结构、语源、语境，而澄清语义，求得真知的一种逻辑实证方法。❶ 根据这一方法，我们可以从"法官"的语词构成，即"法"和"官"二字，对之进行一定的"说文解字"。

（1）从历史起源上看，"法"和"官"并非同出一源，长自一根，而是具有各自不同的历史源流。据我国历史上第一部字典《说文解字》的考证，"法"的古体是"灋"。"灋，刑也，平之如水，从水；廌所以触不直者去之，从灋去。"这一解释表明：第一，古代的"法"和"刑"是通用的，古代的"刑"字，既有刑戮、罚罪之意，也有规范之意。第二，"平之如水，从水"，表明法有"公平"之意。第三，"廌所以触不直者去之，从灋去"，表明法有"明断曲直"之意。据说廌是一种神兽，《神异经》称之为"獬豸"，其"性知有罪……有罪则触，无罪则不触"。❷ "官"是最古老的汉字之一，在甲骨文中已经出现。在中国古代文献中，"官"有多种含义，但其最基本的含义是指国家机构中从事公共事务管理的职位或人员。首先，官是一类具有特殊身份的人员。《说文解字》的解释是："官，吏事君也"，"吏，治人者也"，即"官"服务君王，统治民众；《礼记·王制》中有"王者之制禄爵"，唐孔颖达疏："其诸侯以下及三公至士，总而言之，皆谓之官"。其次，官是一种特殊的事务或职业。《礼记·乐记》云："乐之官也"，注曰"官，犹事也"；《国语·晋语八》云："固医官也"，注曰"官，犹职也"；《礼记·王制》孔颖达疏："官者，管也，以管领为名。若指其所

---

❶ 张文显：《法哲学范畴研究（修订版）》，中国政法大学出版社 2001 年版，第 16 页。
❷ 张文显主编：《法理学（第三版）》，高等教育出版社、北京大学出版社 2007 年版，第 74 页。

主,则谓之职";《易·系辞下》云:"百官以治";《周礼·天官》云:"惟王建国,辨方正位,体国经野,设官分职,以为民极"。一般认为,官的产生源自社会管理的需要,但在君主集权专制政体下,管理国家和社会的权力集中于君王一身,故官员只是王权的组成部分,即所谓"分身之君"。❶ 因此,从历史起源的角度看,"法"和"官"都是最古老的汉字之一,二者具有不同的历史,在战国以前,二者独立发展,并未发生交汇,直到《商君书》的编撰,才将二者创构为一个语词,并发展成我们今天耳熟能详的专用名词。

(2) 从语义逻辑上看,"法"在顺位上居于"官"之前,其目的在于划定"官"的范围和权限。根据前述对"官"的词源考察可知,"官"既可指特定的人员,亦可指特定的事业。从人的角度看,"官"是指国家机构中的工作人员;从事的角度看,"官"又是一种事务或职业,其特点是行使公共事务的管理权。一言以蔽之,"官"既可以理解为从事特定职业的特定人员,也可以理解为特定人员所从事的特定职业。美国学者古德诺(Frank Johnson Goodnow)认为,在所有政府体制中都存在着两种主要的或基本的政府功能,即国家意志的表达功能和国家意志的执行功能。在所有的国家中也都存在分立的机关,每个分立的机关都用它们的大部分时间行使着两种功能中的一种。这两种功能就是:政治与行政。政治的主要功能在于对国家意志的表达,主要由立法机关承担。行政的功能则主要在于执行表达出来的国家意志。行政既是司法的,又是政府的;行政机构既包括司法机

---

❶ 李俊清:《现代文官制度在中国的创构》,生活·读书·新知三联书店2007年版,第1~3页。

构，也包括政府机构。❶在整个国家机器中，官"实际上是社会分工（国家公务和其他社会事务分工明确化）的产物，是政治和行政有了一定的分离（主权和治权分工明确化）后的产物。从其角色和地位上看，是介于统治者和被统治者之间的中间阶层，是在统治者直接管理不可能时而产生，是作为统治者管理社会的中介而存在的。"❷"官"的主要功能和最大特点是执行，即执行国家意志。"法"则是国家意志的重要体现。在一定的物质生产关系中，"占统治地位的个人除了必须以国家的形式组织自己的力量外，他们还必须给予他们自己的由这些特定关系所决定的意志以国家意志即法律的一般表现形式"。"由他们的共同利益所决定的这种意志的表现，就是法律。"❸"法律就是取得胜利并掌握国家政权的阶级的意志的表现。"❹因此，"法"是国家意志的表达，而"官"的身份在于司职国家意志的表达。司职于"法"的"官"，我们称之为"法官"，其职能在于解释以"法"的形式体现的国家意志。所以，"法官"是"官"的一种，二者是种和属、子项和母项、部分和整体的关系。"法官"的本质仍是"官"，其主要功能在于解释"法"，将抽象的法律应用于解释具体的案件。"法"的存在是"法官"存在的必要前提，"官"则揭示了"法官"的活动内容。因此，"法"在先，"官"在后，二者在逻辑上存在前后。我们不能将之篡改为"官法"，否则将不符合语义逻辑。

（3）从运行阶段上看，"法"和"官"分别预示着法律运

---

❶ [美] F. J. 古德诺：《政治与行政》，王元译，华夏出版社1987年版，第12～15、41页。

❷ 金自宁："作为中介的官僚和官僚制——从一种特殊的视角考察"，载《政治与法律》1998年第3期。

❸ 《马克思恩格斯全集（第三卷）》，人民出版社1960年版，第378页。

❹ 《列宁全集（第十六卷）》，人民出版社1990年版，第292页。

行的两个重要阶段,即法的制定与法的实施。"法",即法的制定,也即立法,对之可从静态和动态两层意义上予以理解:从静态言之,"法"是国家意志的表达结果;从动态言之,"法"是表达国家意志的过程。因此,"法"是动态和静态的统一,是立法过程和立法结果的统一。立法要观俗、顺时、善变,"故圣人之为国也,观俗立法则治,察国事本则宜。不观时俗,不察国本,则其法立而民乱,事剧而功寡。"❶"国之所以治者三:一曰法,二曰信,三曰权。法者,君臣之所共操也;信者,君臣之所共立也;权者,君之所独制也,人主失守则危。君臣释法任私必乱,故立法明分,而不以私害法,则治。"❷"官",即法的实施,即国家意志的实现。"法官"语境下的"官",即法的实行,即对以"法"的形式体现的国家意志的实行。对此也可从静态和动态两个视角进行分析:从静态上看,"官"即执行国家意志的组织、体系、机构、人员、事务、职业;从动态上说,"官"即执行国家意志的基本内容、主要活动。法的生命在于实施、实践,法的制定是为了法的实践。法并不是仅指"纸上的"法律条文、成文法典,而且也包括社会现实中人们对法的遵守、执行和适用。只有实际运行的法才是真正的法。法贵在实践、操作,否则不如无法。法的目的不是为了客观存在,而是为了客观运行,是发挥效力。法的效力的发挥过程也即法的运行过程。马克思在谈到拿破仑法典时说:"这一法典一旦不再适应社会关系,它就会成为一叠不值钱的废纸。"❸列宁也曾以宪法为例谈到了法的适用:"当法律同现实脱节的时候,宪法是虚假的;当它们

---

❶ 《商君书·算地第六》。
❷ 《商君书·修权第十四》。
❸ 《马克思恩格斯全集(第六卷)》,人民出版社1960年版,第292页。

是一致的时候,宪法便不是虚假的。"❶ 因此,法的制定和法的实施是不可分割的两个阶段,法的制定是前提,法的实施是关键。如果说法的制定是"盖楼",那么法的运行则是"营业"。法的制定赋之以生命,法的实施赋之以活力。因此,"法"和"官"同样重要,不可偏废。"法"从社会生活中抽象出规范,"官"则将规范用于具体的社会生活;"法"意在规范,"官"意在裁断;"法"确定社会秩序,"官"则维护社会秩序。在这一层意义上,"法"和"官"分别揭示了法的先后运行阶段。

由此可见,"法官"二字既具有深厚的历史传统,亦暗含丰富的概念内涵。那么,作为一种法律职业的"法官"应当具备何种素质和条件?本人以为,作为一名法官,至少应当具备下列四个基本条件:

(1) 法官应当具备扎实的知识基础。"法官"二字,重在"法",次在"官"。"法官"区别于其他"官"种的落脚点是"法"。"法官"是在与"法"打交道,"法"是"法官"为"官"的前提和基础。因此,"法官"必须奠定扎实的知识基础,特别是法学基本功。①法官应当具备良好的专业素质,即法学素质。法官应当系统、全面、准确地掌握法学知识。而此类法学知识的学习、理解和掌握,非一日之功,需要经过一定时间的积累,特别是要经过系统化、专业化的高等教育才能实现。如果跳过了这一过程,或者将这一过程打了折扣,仅仅通过"揠苗助长"式的不严肃、不专业的方式培养法官,那么他们就很难具有完备、扎实的专业知识功底,难当审判之大任。②法官应当将法学知识"体系化"。体系化是法学学科发展所必须,否定体系化思维,也就否定了法学的科学品格。体系化也是法学学习的必然要求,法学知识应当融会贯通。基本概念、基本理论、基本制

---

❶《列宁全集(第十五卷)》,人民出版社1990年版,第309页。

度只是法学知识体系中的"点",是"砖头",是最基本的单位。法学知识除了"点"之外,还应当有自己的"线""面""体",法学知识不是平面的,而是立体的;不是零碎的,而是系统的;不是断裂的,而是延续的。学习过程中,应当尽可能举一反三、融会贯通,这样掌握的法学知识才能确保认识之完整、理解之深刻、适用之准确。③法官应当扩大知识面。物质世界的相互联系无处不在,无时不有。社会是一个完满的整体,而不是残缺的部分。社会是不分学科、专业的,我们认识世界、改造世界,应当突破学科、专业的樊篱。法官越是超越各种人为的界限、深刻地把握社会生活,就越能游刃有余地介入社会生活。特别是整个司法过程涉及人类认识活动的诸多方面,可能需要法官综合运用法学、心理学、逻辑学、人类学、医学等多个学科的知识。在这一点上,中国古代的先贤们早已为我们树立了榜样。西周时期,大、小司寇掌管全国司法审判工作,法律规定其要"以五声听狱讼,求民情",即我们所熟知的"五听断狱"。所谓"五听",是中国古代司法官吏在审理案件时观察当事人心理活动的五种方法,也就是"辞听、色听、气听、耳听、目听"的简称。它最早见于《周礼·秋官·小司寇》。据郑玄的注释,辞听是"观其出言,不直则烦";色听是"察其颜色,不直则赧";气听是"观其气息,不直则喘";耳听是"观其聆听,不直则惑";目听是"观其眸子视,不直则眊然"。可见,作为法官,应当尽可能掌握广博的知识。④法官应当加强再学习。学习无止境,书本上的知识终究是有限的,法律条文也是相对固定的。理论是灰色的,生活之树常青。法官职业应当是终身学习的职业。这是一个变革的年代,法官应当加强业务学习,应当主动学习,融学习于实践,以实践促学习。要注重知识的更新和创新,既要跟上社会实践的发展,也要关注理论知识的动向。知识创新可以使司法审判更贴近实践,更反映理论,从而使司法具有理论上的先进性,增添实践中的适应性。

（2）法官应当拥有丰富的实践经验。"法律的生命不在于逻辑，而在于经验"，这是美国法学家奥利弗·温德尔·霍姆斯在其著作《普通法》（The Common Law）一书中提出的著名论断。在这部为后人熟知的著作中，霍姆斯开宗明义地指出："法律的生命不在于逻辑，而在于经验。时代所感知的需要，盛行的道德和政治理论，公共政策的直觉，公开的或未知的，甚至是法官及其同行所持有的偏见，在确定人们应当遵守的规则时，都比三段论更有价值。法律历经数个世纪，使一国发展的历史具体化，它不能被视作似乎只包括一本数学书上的定理和推论。"❶ 在此，霍姆斯的目的并不是全盘否定逻辑的重要性，而是强调法律背后的习惯、信仰、需求和传统。他所强调的"经验"，来自现实生活的积累，来自现实生活的实践。实践出真知，真知促实践。实践就是经验。法律条文是死板的、固定的，法官既应当以法律为准绳，更应当以事实为依据。在司法裁断过程中，法官需要对事实定性，即将个案归摄于法律的一般范畴，将事实与规范相结合。将具体事物归摄于一般范畴的判断，是一种只能被实践而不能被传授的特别的天赋。逻辑在对具体事物进行分类时将毫无用处，因为逻辑只能从一套规则推出进一步的规则，而不能得出这种特殊的判断。因此，事实的甄别、定性离不开经验，只有拥有丰富的经验和熟稔的技巧，法官才能更准确地识别证据之真伪，

---

❶ 英文原文是："The life of the law has not been logic; it has been experience. The felt necessities of the time, the prevalent moral and political theories, intuitions of public policy, avowed or unconscious, even the prejudices which judges share with their fellow men, have had a good deal more to do than the syllogism in determining the rules by which men should be governed. The law embodies the story of a nation's development through many centuries, and it cannot be dealt with as if it contained only the axioms and corollaries of a book of mathematics."

更清楚地判断事实之真相，更合理地平衡利益之冲突，更有效地促进纠纷之解决，更本质地体现社会之正义。经验是现实生活中的"精华"，是"活水"。书本不出产经验，经验是学不来、教不会的，经验只能来自实践。实践需要不断地积累，不停地体悟。司法不是一项纯粹的技术性智力劳动，司法是在法律精神和法律理念的指导下，运用法律规范和规则，解决社会矛盾，调停社会纠纷，稳定社会秩序的实践活动。法律理念的把握和司法真谛的获得，都需要系统的学习、反复的体验、深入的思考、全面的总结、不懈的追求、长期的积累，这是循环往复的认识过程，是千锤百炼的社会实践。法律并不只是一系列成文的规则，它更是植根于现实生活的理念和灵魂。司法过程也不只是纯粹的逻辑演练，它更需要法官充分地理解现实生活，并在此基础上给予足够的尊重。作为法官，不仅要精通专业知识，而且要具有生活经验；不仅要"坐而论道"，而且要贴近生活，体验生活。法官，应该既是法律之人，也是经验之人；既能坐谈立议，也能临机应变。

（3）法官应当武装科学的思维方法。法官的职责在于判断，而要进行判断，除了需要掌握法学专业知识和实践经验外，更需要运用智慧和方法。有位智者曾说："人类探求知识，追求智慧，其实两者实在有极大的分别。知识能使人懂得某些事，智慧却是将所掌握的知识应用在人生中。知识积存再多，假若没有智慧，知识就如同废物一般。"[1] 知识的体系化和思维方法的科学化是相互规约、相互补充的。知识，是指个别的、微观的、部分的总结和研究成果；智慧，则是指普遍的、宏观的、整体的透视和理论概括。唯有知识的体系化和思维的科学化相结合，才能做到实事求是，才能证真、证伪。因此，法官的思维应当具有两个

---

[1] 赵文英："论法官的法律思维"，载《政治与法律》2005年第2期。

明显的特征：①法官的思维应当是一种"官"的思维。"官"既可以理解为从事特定职业的特定人员，也可以理解为特定人员所从事的特定职业。因此，法官可以理解为特定的群体，也可以理解为特定的职业。"职业是这样的一种工作，人们认为它不仅要求诀窍、经验以及一般的'聪明能干'，而且还要有一套专门化的但相对（有时则是高度）抽象的科学知识或其他认为其领域内有某种智识结构和体系的知识。随着现代形式的大学——即专门传递和扩展抽象知识的机构——发展起来了，职业训练特别是在美国日益采取了研究生研究的形式，尽管比较古老的职业训练体制——学徒制——在诸如记者和军事上以及就此而言在医学上仍保持着影响力。因此经济学是一个职业，而商业不是，理由是你无需掌握一套抽象的知识也可以成为一个成功的商人，但是一个成功的经济学家却不能如此。木匠也不是一个职业；尽管其所涉及的训练要比商人更为专门，但是它并不要求有很高程度的智识训练，没有能否胜任的问题。"❶ 无论是指特定的职业，还是指特定的群体，法官终究是"特定的"。法官之所以"特定"，是因为法官为"官"时具有特定的工具，需承担特定的任务。所谓特定的工具，是指法官裁断的工具是法律，它不是纪律，也不是政策；所谓特定的任务，是指法官的任务是定纷止争，是解决社会矛盾，调停社会纠纷，维护社会秩序。因此，法官的"官"的思维，是指法官在司法裁判活动中，以中立的思维视角和公正的法律追求，针对具体争诉案件，按照司法认知规律，在引导双方当事人进行公平的诉讼对抗的基础上确认采信证据，认定案件事实，寻找适用法律，运用法律方法和技术，解决法律纠

---

❶ [美]理查德·波斯纳：《超越法律》，苏力译，中国政法大学出版社2001年版，第44页。

纷的一种思维方式和过程。❶ ②法官的思维应当是一种"法"的思维。思维方式万千种，可分为法律思维、政治思维、经济思维、伦理思维，等等。法官的思维，应当是法律思维。所谓法律思维方式，也就是按照法律的逻辑（包括法律的规范、原则和精神）来观察、分析和解决社会问题的思维方式。❷ 法律思维一般与法律职业相关，是法律人在长期法律实践中形成和发展起来的，是基于法律职业的内在视角和职业传统来观察、分析、判断和思考法律问题、现象的一种思维方式或习惯。❸ 法律思维既具有思维的共性，亦具有自身的个性，这一个性来自"法"，法律思维是"与法相关"的思维。这一点赋予了法律思维方式独特的、与众不同的方法和特点。它所反映的是法律领域内的规律、规则，体现的是法律知识的专业性和异质性。法律思维方式也是"法律人"的思维方式，是法律人在法律和事实之间，在形式和实质之间，在程序和实体之间，围绕"法律之善与事实之真""形式合理与实质合理""程序正义与实体正义"等问题对争议、价值进行考量、选择和平衡。法律人的法律思维的核心是合法性思考。"一项行动方案，即使它被认为在政治上是有利的、在经济上是有收益的、在道德上是善的，只要它不具备合法性基础，就必须将其排除在选择范围之外。可以说，法律思维优先和合法性优先，是法治原则所必然要求的一种思维方式。只有当这种思维方式真正被法律职业工作者所普遍认同，被治国者和社会公众

---

❶ 王纳新：《法官的思维——司法认知的基本规律》，法律出版社 2005 年版，第 64 页。

❷ 郑成良："论法治理念与法律思维"，载《吉林大学社会科学学报》2000 年第 4 期。

❸ 王纳新：《法官的思维——司法认知的基本规律》，法律出版社 2005 年版，第 3 页。

所普遍认同时，建设社会主义法治国家的伟大目标才有可能实现。"❶

（4）法官应当持守神圣的公平正义。公平正义，是人类孜孜以求的美好梦想和理想，也是古今中外各种法律的基本价值之一。公平正义，就是社会各方面的利益关系得到妥善协调，人民内部矛盾和其他社会矛盾得到正确处理，社会公平和正义得到切实维护和实现。公平正义是人类社会文明进步的重要标志，是和谐社会的关键环节。法乃善良公正之艺术。在对法律调整进行道德评论方面，公正是一个"占有最为显赫之地位"的概念，"法律家们对法律及其实施加以称道或指责时，公正或不公正是被使用得最频繁的一组词语。"❷ 司法是对法律的解释。法律的解释，可使法律具体化、明确化及体系化。良以法律殆为抽象的原则，其概念不确定者，宜予具体化，以维护法律的安定；如其规定不明确，易引起疑义或争议时，亦必须加以阐明，使之明确化；法律之间有互相矛盾或抵触之处，尤须藉诸解释方式，阐释其正确的含义使之臻于统一。法律应当是一种理性、客观、公正而合乎目的的规范，如为维护法律的安定，而牺牲法律的理想，亦必然使法律的解释沦为形式的逻辑化，自难促成正义的实现。因之，解释法律必须兼顾法律之安定与理想，而后法律的功能始能充分发挥。❸ 司法是法官的活动，司法应当求真，法官应当以求真为使命。法院是"法律帝国"的"首都"，法官是"帝国"的

---

❶ 郑成良："论法治理念与法律思维"，载《吉林大学社会科学学报》2000年第4期。

❷ ［英］哈特：《法律的概念》，张文显等译，中国大百科全书出版社1996年版，第155页。

❸ 杨仁寿：《法学方法论》，中国政法大学出版社1999年版，第125～127页。

"王侯"。❶ 法官的价值取向、行为方式等对于社会正义的实现至关重要。正是在此意义上,罗尔斯指出:"不正义的行为之一就是法官及其他有权者没有运用恰当的规则或者不能正确地解释规则。"❷ 司法公正是维护社会公正的最后一道防线,司法公正必须体现社会公正,并保障社会公正的实现。良知是维护司法公正的最后一道防线,法官应当有良知、良心,在裁断的司法过程中,应当依循良知的指引,作出衡平的裁判。法官有义务运用自己的知识、智慧、良知与权力,担负起"为天地立心,为生民立命,为往圣继绝学,为万世开太平"的历史使命和责任。此外,法官的司法活动,无论是逻辑,还是实践,客观上都要求法官必须独立审判。早在明代,刘球就已在《请刑狱依律问拟疏》中明确提出审判独立:"古者人君不亲自出狱,而悉付之理官,《书》所谓'予曰辟,尔惟勿辟;予曰宥,尔惟勿宥。惟厥中。'盖恐徇喜怒,有所轻重于期间,以至刑失其中也。近者法司所上狱状,有奉敕旨减重为轻、加轻为重者,法司既不敢执奏,至于讯囚之际,又多有所观望,以求希合圣意,是以不能无枉。臣窃以为:一切刑狱,宜从法司所拟。设有不当,调问得情,则罪其原问之官。"❸ 在法治社会,之所以强调司法独立,是因为司法既要调整社会关系、维护社会秩序,又必须能够有效地抑制发生于官方内部的违法行为。只有司法独立,才能为司法公正创造前提,才有利于制约和维持权力平衡,才有可能实现司法的统一。

---

❶ [美]德沃金:《法律帝国》,李常青译,徐宗英校,中国大百科全书出版社1996年版,第361页。

❷ [美]约翰·罗尔斯:《正义论》,何怀宏、何包钢、廖申白译,中国社会科学出版社1988年版,第233页。

❸ 夏勇:"遗忘的文明——重新认识古代中国的法治思想",见高鸿钧主编:《清华法治论衡(第七辑)——中华文明的当代省思(上)》,清华大学出版社2006年版,第45页。

序 二

　　法官参与学术活动由来已久，因为司法与学术本就相互统一、相互促进。法官也是学者，因此，法官不仅应具有一定的专业知识基础，还应具备一定的学术研究素养。法官既应及时关注学术动态，亦应积极参与学术研究。司法与学术相结合，法官参与学术研究，不仅是正当的，而且是必须的；不仅符合历史传统，而且具有现实意义。本书是冯刚法官的学术成果，是其心得而非手得，是其思索而非搜索的结果。真心希望全国的法官都如冯刚一样，在识文断案、作出好判决之外，也能记住自己的学者身份，多思考，多创作，多出学术精品。

　　是为序。

中国人民大学法学院教授、博士生导师
中国知识产权研究会副秘书长
刘春田

序　二

　　理论与实践相结合是唯物辩证法的必然要求。我们的一切工作都应当遵循这一要求，知识产权审判工作也是如此。

　　从历史的角度考察，人们发现，在商品经济条件下，以民商法为主要内容的私法在一般情况下是法律制度的主要部分。古罗马时期，物权制度是民法中最重要的内容；近代资产阶级革命以降，债权制度成为民法中最重要的部分；20世纪六七十年代以来，随着科技革命和经济的发展，知识产权制度愈来愈成为民法中最重要的内容。

　　与其他权利形式相比，由于知识产权具有无形性的特点，其影响必然是最迅速和最广泛的。由于世界正处于向信息社会和知识经济过渡的时期，尤其是由于我国正在建立社会主义市场经济制度和社会主义法治国家，处于在进一步完成工业化的同时向信息化迈进的时期，所以知识产权在经济和法律领域内占据了越来越重要的地位。

　　1993年，北京市法院开全国法院之先河，在高级和中级法院设置了知识产权专业审判庭。在16年的时间里，知识产权审判庭审理了一大批具有国内乃至国际影响的重大案件，解决了许多知识产权的疑难复杂问题，及时总结了审判经验，为上级法院和相关部门提供了众多立法参考，为保护知识产权，促进经济、文化、社会进步提供了有力的司法保障，为我国在国际上树立良好的知识产权形象作出了一定的贡献。

　　北京市的知识产权审判工作从无到有，走过了一段不平凡的发展历程，取得今天的成绩来之不易。其中一条重要的原因就在于知识产权法官普遍具有比较扎实的法学理论基础,在工作中勤于思考、乐于学习,在实践中不断进行理论探索和总结,并自觉运用理论成果指导审判实践。在这个从实践到理论、再从理论到实践的螺旋式上升过程中,总结实践经验、撰写理论文章是其中重要的一环。

北京市法院知识产权法官历来具有笔耕不辍的优良传统。他们创作的理论文章大多既具有实践的典型意义和现实指导意义,又具有理论高度和学术水平,形成了知识产权研究成果宝库中的重要组成部分。

冯刚法官自2000年来到北京市第二中级人民法院知识产权庭工作,至今已经10年了。在此期间,他体现出勤奋好学、笔耕不辍的特点。冯刚法官始终坚持法律专业知识方面的学习,与法律特别是知识产权前沿问题保持同步。他在审判过程中十分注重发现问题、收集问题和归纳问题,带着问题去学习、思考,通过学习更准确地分析问题,最终正确地解决问题。他对于新类型案件和疑难复杂案件抱有极大的热情,十分注重了解案件中涉及行业的特点、现实及发展方向,十分注重理解国家的大政方针政策,十分注重借鉴其他国家和地区知识产权的经验,能够在理论和实践两个方面处理好疑难复杂、社会高度关注的重大案件。本书中的论文就是冯刚法官平时思考和研究的总结。

冯刚法官高度重视做好调解工作。通过深入的理论学习和不懈的实践探索,冯刚同志初步总结出了"以人为本"的全方位调解方法,并针对知识产权案件的特点总结出一些调解技巧,比如尊重当事人的人格和专业水平,在公正办案和法律专业水平两个方面赢得当事人的充分信任,将调解的起点前移,抓紧落实调解的执行,结合案外情况进行调解等。这一点是冯刚法官在工作中的特点和优点,本书中的论文对此亦有所涉及。

当然,本书只是冯刚法官在知识产权案件审判方面的心得,其中许多问题还值得进一步研究,还需要在实践中进一步检验,还应当在理论上进一步推敲和提炼。但毕竟,这是一名知识产权法官的心血结晶,可以为读者提供一定的参考和帮助。

希望冯刚法官在今后的知识产权审判工作中坚持研究,不断进步,为知识产权事业贡献更多更好的实践案例和理论文章。

是为序。

北京市高级人民法院审判委员会委员

知识产权审判庭庭长

陈锦川

目 录

一、总 论

合同解释研究 …………………………………………………… (3)
 一、引言 ………………………………………………………… (3)
 二、合同解释的历史发展及我国的立法状况 ………………… (3)
 三、合同解释的基本问题 ……………………………………… (5)
 四、两大法系的合同解释理论 ………………………………… (9)
 五、合同解释的基本原则 ……………………………………… (12)
 六、合同解释的具体规则 ……………………………………… (14)

域外证据问题研究 ……………………………………………… (20)
 一、基本情况 …………………………………………………… (20)
 二、域外证据的概念 …………………………………………… (21)
 三、域外证据可采性的实践问题 ……………………………… (24)
 四、对策和建议 ………………………………………………… (26)

司法经济原则应确立为现代司法理念中的基本内容 ……… (28)
 一、司法改革目标与法院负担现状之间的矛盾 ……………… (28)
 二、司法经济原则的内涵 ……………………………………… (30)
 三、确立司法经济原则为现代司法理念中基本内容的
  意义 ………………………………………………………… (34)
 四、结论 ………………………………………………………… (40)

以和谐主义为指导，建立中国特色的民事诉讼指导
　制度 ·· (41)
　　一、现行民事诉讼制度存在的问题 ················· (41)
　　二、现行民事诉讼制度存在问题的根本原因 ········ (44)
　　三、建立中国特色的民事诉讼指导制度 ············· (49)
　　四、结论 ··· (55)

二、著作权热点问题研究

合作作品研究 ·· (59)
　　一、引言 ··· (59)
　　二、合作作品的概念与分类 ·························· (59)
　　三、认定合作作品的标准 ···························· (66)
　　四、合作作品作者身份的确定 ······················· (68)
　　五、合作作品著作权的行使 ·························· (70)
　　六、结论 ··· (75)
"从平面到立体及从立体到平面的复制"问题研究 ········ (76)
　　一、基本案情 ·· (76)
　　二、学理研究 ·· (80)
玩具（实用艺术品）的著作权保护问题研究 ············ (87)
　　一、基本案情 ·· (87)
　　二、评析 ··· (90)
出版社的合理注意义务研究 ···························· (95)
　　一、梁启超外孙女创作梁氏家族史 ················· (95)
　　二、出版《梁启超教子满门俊秀》引发纠纷 ········ (96)
　　三、针锋相对的诉讼 ································ (96)
　　四、法院的判决 ····································· (98)
　　五、相关法律问题的评析 ···························· (99)

六、结论 ………………………………………………… (102)

著作权侵权损害赔偿中"2 至 5 倍"赔偿计算方法
研究 …………………………………………………………… (104)
一、引言 ………………………………………………… (104)
二、"2 至 5 倍"赔偿计算方法的含义 ………………… (104)
三、"2 至 5 倍"赔偿计算方法的"渊源" ……………… (105)
四、"2 至 5 倍"赔偿计算方法适用范围的
"扩大化" ………………………………………… (110)
五、结论与建议 ………………………………………… (116)

三、网络知识产权热点问题研究

涉及计算机网络的侵权案件之地域管辖问题研究 ……… (121)
一、引言 ………………………………………………… (121)
二、计算机网络的特点 ………………………………… (122)
三、侵权案件地域管辖理论在计算机网络侵权案件中的
适用及其分析 …………………………………… (124)
网络服务公司将他人作品上网使用的著作权问题研究 … (135)
一、本课题产生的背景 ………………………………… (135)
二、网络服务公司将他人作品上网使用的著作权问题的
表现 ……………………………………………… (137)
三、网络服务公司将他人作品上网使用的著作权问题的
对策 ……………………………………………… (144)
Internet 网页的知识产权保护问题研究 ………………… (153)
一、引言 ………………………………………………… (153)
二、典型案例 …………………………………………… (154)
三、法理评析 …………………………………………… (155)

3

涉及搜索引擎的侵犯著作权纠纷研究 …………………… (162)
 一、案情简介 …………………………………………… (162)
 二、本案的特殊意义和研究价值 ……………………… (164)
 三、搜索引擎的技术特点 ……………………………… (166)
 四、若干法律问题研究 ………………………………… (169)
 五、结论 ………………………………………………… (176)

P2P 软件经营者的侵权责任问题
 ——全国首例涉及 P2P 的侵权纠纷案评析 ………… (178)
 一、案情简介 …………………………………………… (178)
 二、审理意见及处理结果 ……………………………… (178)
 三、法理评析 …………………………………………… (180)

网站名称的冲突与解决
 ——评全国首例网站名称冲突纠纷案 ………………… (186)
 一、引言 ………………………………………………… (186)
 二、案情简介 …………………………………………… (187)
 三、网站名称的含义及法律定位 ……………………… (190)
 四、保护网站名称的要件 ……………………………… (192)
 五、结论 ………………………………………………… (196)

四、工商业标识热点问题研究

我国的驰名商标法律保护问题
 ——兼与日本法比较 …………………………………… (201)
 一、驰名商标制度的产生和发展 ……………………… (201)
 二、中国法院对于驰名商标保护的背景 ……………… (204)
 三、驰名商标的认定问题 ……………………………… (208)
 四、驰名商标的特殊保护问题 ………………………… (213)
 五、从驰名商标制度看商标法基础理论 ……………… (217)

域名司法保护研究
——以北京市第二中级人民法院审理的域名纠纷案件
　　为例 ……………………………………………………（221）
　一、域名司法保护的必要性与重要性 ……………（221）
　二、司法实践的统计分析 …………………………（223）
　三、域名的技术属性与法律属性 …………………（235）
　四、域名纠纷案件的类型与性质 …………………（237）
　五、域名纠纷案件的管辖 …………………………（242）
　六、被告抗辩的理由 ………………………………（243）
　七、法院判决的法律依据 …………………………（252）
　八、结论 ……………………………………………（256）

五、新类型知识产权热点问题研究

数据库的法律保护研究 ……………………………（263）
　一、研究本课题的意义 ……………………………（263）
　二、数据库的概念和特征 …………………………（265）
　三、电子数据库的技术背景及法律保护范围 ………（279）
　四、数据库产业的发展现状及法律保护的实践意义 …（289）
　五、数据库的著作权保护 …………………………（294）
　六、数据库的特殊权利保护 ………………………（317）
　七、数据库的邻接权保护 …………………………（331）
　八、数据库的反不正当竞争保护 …………………（334）
　九、数据库的商业秘密保护 ………………………（340）
　十、数据库的民法保护 ……………………………（342）
　十一、刑法保障的问题 ……………………………（343）
　十二、相关法律问题研究 …………………………（344）
　十三、结束语 ………………………………………（347）

依据法治原则解决"恶意软件"问题 …………………（350）
　一、"恶意软件"问题的背景材料…………………（351）
　二、据以研究的案例 ………………………………（353）
　三、法理评析 ………………………………………（357）
　四、解决"恶意软件"问题的建议 …………………（361）

一、总　　论

合同解释研究

一、引 言

民法上的合同是指当事人之间产生、变更、终止民事权利义务关系的意思表示一致的法律行为,又称契约。❶

合同是一种法律行为,合同的解释也就是法律行为的解释,即对于意思表示内容含义所作的解释。合同之所以需要解释,有以下原因:(1)语言文字的多义性,使合同所使用的文字、词句、条款可能有不同的含义,不经解释不能判明其真实意思。(2)当事人自身的局限性,由于文化水平所限或法律知识欠缺,使合同的内容含糊不清、模棱两可或相互矛盾。(3)当事人出于规避法律或其他不正当目的,故意使用不适当的文字词句,掩盖其真实意思。❷

二、合同解释的历史发展及我国的立法状况

在罗马社会早期的法律体系中,合同分为要式合同和略式合同。要式合同属于市民法上的严法行为,受严法诉权的保护。法官仅就合同是否符合法定形式,作为确定其效力的唯一标准。对

---

❶ 严格说来,合同是指共同行为,契约是指双方行为,但我国目前一般已不作这种区分。王利明、崔建远:《合同法新论·总则》,中国政法大学出版社1996年版,第11~13页。

❷ 梁慧星:"合同的解释规则——陕西省机械进出口公司与陕西省石油化工物资供销公司经营部购销合同纠纷上诉案评释",载《民商法论丛(第6卷)》,第539页。

合同的解释，也只能以合同所载文字含义为准。这种形式主义极大地限制了合同解释制度在要式合同中的发展。后期罗马法中出现了现代合同解释制度的萌芽。

在欧洲各国的合同制度发展过程中，或者受罗马合同制度的影响或支配，或者受习惯法和教会法的影响，在相当长的一段历史时期内奉行法律上的形式主义，因此合同解释制度在此时间并未得到发展。

可见，在法律极端注重合同形式而忽视当事人的意思的情况下，是不可能产生真正意义上的合同解释制度的。❶

降至19世纪，资本主义逐渐战胜封建主义，欧洲社会进入了资本主义自由竞争时期。随着交易的规模扩大和频度增加，民法中的形式主义逐渐失去其存在基础，个人意志日益受到尊重，以1804年《法国民法典》为代表的欧洲各国私法制度纷纷确立了契约自由原则的神圣地位。于是，以探寻当事人意志为目的的合同解释制度最终成为各国合同制度中最重要的组成部分。

至20世纪初，世界进入了垄断资本主义时期，合同解释的原则也发生了重大的变化。随着国家对社会经济干预的不断加强，意思自治及契约自由原则逐步衰落，合同解释的目的随之发生了变化，对当事人意志的探寻逐渐为维护社会正义的需要所代替。❷

由此可见，合同解释制度只能建立在合意主义的合同制度之上。

而我国在计划经济时期，由于基本上不存在合意主义的合同制度，自然无法建立起真正意义上的合同解释制度。合同只不过

---

❶ 徐涤宇："论合同的解释"，载《民商法论丛（第8卷）》，第708～709页。
❷ 王利明、崔建远：《合同法新论·总则》，中国政法大学出版社1996年版，第91～92页。

是履行国家经济计划并使其具体化的一种工具，发生意见分歧实际上是同一行政体系中不同部门之间的冲突，所以此种意见分歧的解决也只能靠阐释计划的意图来完成。此时与其说是对合同的解释，毋宁说是对计划的解释。

随着改革开放的进行和社会主义市场经济体制的初步建立，合同在我国已逐渐恢复其本来面目，合同自由原则也已得到确立。但与合同法中的其他制度相比，合同解释制度无论在理论研究，还是在立法、司法实践方面，都有待加强和完善，这也正是本文的目的所在。❶

三、合同解释的基本问题

（一）合同解释的概念

"解释"是指人们给自己或他人所使用的表达符号（语言、行动等）以一定意思的过程，亦即对某种表达符号的含义所作的分析和说明。合同解释是对合同内容的含义的理解和探讨。广义的合同解释包括确定合同是否成立、确定合同的性质、补充合同隐含条款、明确合同条款含义等；狭义的合同解释仅指明确合同条款含义。❷

此处主要讨论狭义的合同解释。

（二）合同解释的主体

对合同及其相关资料的含义进行分析和说明，任何人都有权进行。双方当事人在订立和履行合同的过程中要进行解释；当事人双方时常对其订立的合同进行分析和说明，就是进行合同解释；合同发生纠纷，诉诸法律时，法官、仲裁员、当事人、诉讼

---

❶ 徐涤宇："论合同的解释"，载《民商法论丛（第8卷）》，第709~711页。
❷ 胡基："合同解释的理论与规则研究"，载《民商法论丛（第8卷）》，第29页。

代理人、证人、鉴定人等，也都从各自不同的角度解释合同；合同在鉴证、公证时，鉴证人员、公证人员、当事人也要解释合同……可见，合同解释无处不在，无时不有。这是对合同解释的主体作广义上的理解。

对合同解释的主体作狭义上的理解专指有权解释，即受理合同纠纷的法院或仲裁委员会对合同及其相关资料的含义所作的有法律拘束力的分析和说明。纵观世界各国的合同解释立法和学术研讨，几乎无一不把其范围限定于法院或仲裁委员会，而把当事人等所作的一般意义上的解释，作为一种口头证言或参考资料加以考察和规制。❶

此处所讨论的合同解释仅指后者。

（三）合同解释的客体

合同解释的客体，即合同解释工作指向的对象。依大陆法上的理解，合同解释的目的在于透过符号，特别是社会生活中所使用的语言文字，探求当事人的真意。这里的"真意"，就是合同解释的客体。❷

明确合同的含义，其实是明确构成合同法律行为的意思表示的意义。所以合同法律行为的解释，可称为合同意思表示的解释。

意思表示的构成要素分为目的意思、效果意思和表示行为三项。目的意思是指明法律行为具体内容的意思要素，是意思表示据以成立的基础。效果意思是意思表示人欲使其表示引起法律上效力的内在意思要素。表示行为是行为人将其内在意思以一定方式表现于外部，并足以为外界所客观理解的行为要素。意思表示

---

❶ 苏惠祥主编：《中国当代合同法论》，吉林大学出版社1992年版，第246~247页。

❷ 徐涤宇："论合同的解释"，载《民商法论丛（第8卷）》，第726页。

的解释对象主要为行为人表示于外部之客观意思,而非隐藏于行为人内心的意思;但是"因内心上之意思与外部的表示行为不一致,而法律行为为无效时,内心上之意思为定法律行为之效力,亦不得不顾及之"❶。一方面,从意思表示行为的形态来看,对纯粹内心意思的解释实际上是不可能成立的,此类意思如果完全未予表示,根本就不可能被识别;另一方面,对表示的意思之解释必然应作广义理解,它不仅应包括明示的意思(如以语言、文字、交易符号表示),而且还应包括默示的意思(如以行为、特定沉默、推定惯例表示)。具体意思表示的解释,依法律行为的类型不同应偏重于不同的依据。对于无相对人的意思表示解释,应以表意人所理解的表示意思为准;对于有相对人的意思表示解释,则首先应以双方当事人共同理解的表示意思为准,只有在双方对表示意思理解不一致时,才应根据双方的审慎理解程度以客观意思或标准意思为准。❷

从实际的合同解释看,在不同的合同争议中,解释的客体也不一致:(1)在因合同中的语言文字表达含糊不清、模棱两可或相互矛盾而发生争议的场合,合同解释的客体即是意思含糊不清、模棱两可或相互矛盾的语言文字的含义;(2)在当事人一方主张合同的语言文字所表达的含义与其内心真意相异或相背的场合,当事人的内心真意如何,即成为合同解释的客体;(3)在合同争议的发生是由于合同中缺少某些条款而使当事人间的权利义务关系不甚明确的场合,合同解释的客体即是漏订的合同条款;(4)在合同内容不符合法律要求,需要变更、修订其规定的场合,不适法的合同内容即是合同解释的客体……据此可知,

---

❶ 史尚宽:《民法总论》,中国政法大学出版社2003年版,第415页。
❷ 董安生:《民事法律行为——合同、遗嘱和婚姻行为的一般规则》,中国人民大学出版社1994年版,第227~247页。

首先，合同解释的客体不仅仅是"发生争议的合同中使用的语言文字"，没有争议的合同文字也同样需要解释（王泽鉴先生认为"契约条款文义明确，无须解释"亦属解释的结果❶）。法院或仲裁委员会在审理或仲裁合同纠纷案件时，随时都要进行合同解释。有些解释是根据当事人的争议进行的，还有一些是根据案件的其他需要（如确认合同是否成立或有效与否等）进行的。其次，需要解释的不仅仅是"合同条文或所用文句的正确含义"，而是"全面考虑与交易有关的环境因素，包括书面文据、口头陈述、双方表现其意思的行为，以及双方缔约前的谈判活动和交易过程、履行过程或者惯例"❷。

（四）合同解释的法律性质

合同解释是事实问题还是法律问题，在合同基础理论和程序法上有其重要意义。

大陆法上有三种学说。（1）事实说。该说认为，当事人如何使用语言文字，采取何种举动，周围情形如何，当事人有如何的经济的或社会的目的，有怎样的交易习惯存在等，都属事实问题，应仅依证据以确定此种事实并得出解释结果。证书文字的解释是法律问题，除此之外的合同解释均是对事实的确认，因此合同解释一般是事实问题。日本司法实践中多持此说。（2）法律说。该说认为，合同解释不是对事实的确定，而是运用解释规则，对合同文字、交易习惯、交易目的等事实进行法律判断，对当事人的意思表示合理明确和补充，确定表示行为在社会上所应有的合理性，因而合同解释是对意义的确定，是法律问题。此说关系民事诉讼法上可否上诉于第三审法院的理由，亦即合同解释之诉讼上

---

❶ 郑玉波：《民法债编总论（第一册）》，三民书局1990年版，第177页。
❷ 王利明、崔建远：《合同法新论·总则》，中国政法大学出版社1996年版，第483~484页。

争执是否妥当，判决有无违背法律规定，因此构成上诉第三审的理由。此说是多数说，我国台湾学者史尚宽、王泽鉴等持此说。(3) 折中说。该说把合同解释分为两类：一类解释仅就合同的意思表示的事实的客观性进行判定，是事实问题；第二类解释则是对合同意思表示的法律价值作出判断，以决定是否给予法律保护救济，此类解释是法律问题。

与大陆法上的法院职能统一说不同，普通法采法院职能分割说，即由陪审团审理事实问题，法官则负责对法律问题的审理，上诉法院一般只就后者进行复审。普通法在理论上认为，由于合同解释是明确当事人赋予合同的合理意思，因而是事实问题而非法律问题，但在实践中，法院经常把解释作为法律问题。[1]

在此问题上，笔者比较赞同折中说。如前所述，合同解释的客体是探求当事人的真意。合同当事人的真实意思表示当然应是事实问题。而从合同解释的过程看，法官必然会根据自己的法律价值进行判断，这又是个法律问题。但合同解释的法律性质确定的意义，不仅关系到诉讼法上的问题，更重要的是关系到私法自治与公权介入的问题。合同是当事人意思自治的结果，法官对合同进行解释时，首先应依证据法则进行事实发现作业，以确定当事人之意思表示在事实上所具有的含义。否则，合同将成为一张空白授权书，而由法官代替当事人订立合同。

四、两大法系的合同解释理论

(一) 大陆法上的解释理论

大陆法合同解释理论是法律行为意思表示解释理论的一部分

---

[1] 胡基："合同解释的理论与规则研究"，载《民商法论丛（第8卷）》，第29~30页；徐涤宇："论合同的解释"，载《民商法论丛（第8卷）》，第737~740页。

或具体化。主要包括以下三种学说。

1. 意思主义

意思主义理论源于德国 18 世纪的理性法学派，于 19 世纪成为德国主流学说，该学说认为合同作为法律行为，其核心是行为人的意思，意思被视为产生、变更、消灭权利义务的实质性因素，而表示仅起从属作用，因此解释的目的是探求当事人的"真意"，解释的对象应是当事人的内心意思，在解释技术上注重当事人订约时的主观想法。此观点为萨维尼等学者所主张。意思主义体现了个人本位的法律思想，但过于保护表意人，对交易安全则保护不够。

2. 表示主义

19 世纪末德国法学界对法律行为真意探求的意思主义争论而形成表示主义理论，其代表为目的法学派的耶林。20 世纪表示主义成为主流学说并为各国立法所接受。该理论认为，合同作为法律行为的实质是行为人外在表示而非内心意思，解释的对象应是当事人的表示意思，解释技巧上注重从订约时或订约后的客观情况去推定，以相对人足以合理客观了解的表示内容为准，以保护相对人的信赖利益。表示主义体现了社会本位的法律思想，重视交易安全，但对表意人的个人利益有所轻视。

3. 折中主义

现代大陆法国家在实践中多采折中主义。但有偏重意思主义或表示主义的区别。日本以意思主义为原则，多数国家和地区较偏重于表示主义。

《德国民法典》第 133 条规定："解释意思表示，应探求当事人的真意，不得拘泥于所用的词句。"这项规定并不意味着德国民法重新采用意思主义，只是说法官以外在表示的内容为依据，但法官应探求行为人究竟想表示什么，这是德国对表示主义的限制。

我国台湾地区"民法"第98条规定:"解释意思表示,应探求当事人的真意,不得拘泥于所用之辞句。"郑玉波先生认为,这里的"真意"是指表示的真正意思,而非当事人内心之真意。如果表意人内心的真意与其表示的意思不符,便构成意思与表示不一致问题,这并非该条文中所谓的解释问题。因此探求真意的意思,重在探求当事人所为意思表示自身的真意,而其内心所保留的真意如何,则非所问。"不得拘泥于所用之辞句"是对表示主义的限制,解释时应先就辞句进行斟酌,言为心声,如果有模糊歧义,则可参考交易环境、诚信原则等而为合理解释。

(二) 普通法上的解释理论

与大陆法上的解释理论类似,普通法殊途同归,经历了主观说(相当于意思主义)、客观说(相当于表示主义)和折中说(相当于折中主义)三个阶段。

19世纪中期之前,普通法国家的法院一直采用主观说。主观说认为,合同成立是以意思一致为前提的,所以合同解释应探究当事人的内心意思,如果当事人赋予合同语句不同的含义,则合同不成立。霍姆斯批评主观理论,认为法院应在合同解释上采纳"外在理论",理由有二:一是主观理论使合同履行很困难;二是外在理论更公平,因为表意者总是期望他的语言在通常含义上被他人理解。

威林斯顿提出了系统的客观解释理论,认为"意志的合意"通常是由行为人外部行为中抽象出来的,在主观理论下无法精确地说明已经确立的契约规则,除非坚持主张构成契约的必要要素只能是完全外在的。所以解释合同不能依赖于当事人任何一方的主观意图,而应依照熟悉该事项情况的"理智之人"的标准(关于"理智之人"问题,A.P.赫伯特伯爵有一段非常有趣的论述❶)进行解释,但是这种客观理论易导致这样的结论,即合同语言被赋予当事人双方均未有过的意义。

现代普通法采纳了折中的客观主义。认为解释的目的是判定合同语言的含义。如果当事人双方赋予合同条款相同的意思,则依此意思解释,即使此意思与"理智之人"的解释不同,也在所不问;但如果当事人双方赋予合同条款不同的意思,则应依合同订立时一方当事人知道的或应知的另一方当事人赋予合同的意思解释之,除此之外,任何一方不受对方意思的约束,即使其结果可能导致合意不成立。❷

笔者认为,在此问题上应采折中主义,应以表示主义为主,以意思主义为辅。理由如下:在现代社会中,订立合同的双方当事人一般都是自由的,亦即他们的意思表示一般都是自由的。因此对于一般情况而言,表示于外的意思就是其内心的意思。只是在特殊情况下,当事人受到外力的重大干扰(如欺诈、胁迫、乘人之危、显失公平)时,或在社会上"理智之人"认为可能出现误解、错误时,才应舍弃当事人的表示意思,而探求其内心意思。

五、合同解释的基本原则

解释合同,应遵循一些基本思想,达到合同目的,实现公平正义。根据民法及合同法的基本原则和法理,笔者认为应包括以下两个原则。

(一) 契约自由和契约正义原则

合同在本质上就是当事人通过自由协商,决定和调整相互间

---

❶ [美]罗伯特·考特、托马斯·尤伦著,张军等译:《法和经济学》,上海三联书店、上海人民出版社1994年版,第455~456页。

❷ 胡基:"合同解释的理论与规则研究",载《民商法论丛(第8卷)》,第32~36页。

的权利义务关系。1804年《法国民法典》第1134条规定:"依法成立的契约,在缔结契约的当事人间有相当于法律的效力。前项契约,仅得依当事人相互的同意或法律规定的原因取消之。前项契约应以善意履行之。"自本世纪以来,随着社会经济的发展,契约自由原则受到越来越多的限制,但并没有动摇契约自由原则的重要地位。尤其对于我国来说,这一原则可以说是方兴未艾,应在立法和司法实践中进一步加强。

与此相对应,为了实现社会公平正义,法律规定了公平、诚实信用、公序良俗等原则,赋予法官以广泛的自由裁量权,使其能根据上述原则变更、解释、补充合同内容,或确认合同条款的效力,从而尽可能协调各种利益和矛盾,维护社会经济秩序和生活秩序。因此,在坚持契约自由原则的同时,必须坚持契约正义原则。二者相辅相成,缺一不可。❶

(二) 诚实信用原则

诚实信用原则是合同法乃至民法的一项重要原则,在大陆法系被称为最高指导原则或"帝王条款"。《德国民法典》第242条规定:"债务人须依诚实与信用,并照顾交易惯例,履行其给付。"

诚信原则是指民事主体在从事民事活动时,应诚实守信,以善意的方式履行其义务,不得滥用权利及规避法律或合同规定的义务,同时要求维持当事人之间的利益以及当事人利益与社会利益之间的平衡。在解释合同时,诚信原则要求法官依据诚信、公平的观念,考虑各种因素,探求当事人的真意,准确解释合同,从而判明是非,确定责任。

---

❶ 王利明、崔建远:《合同法新论·总则》,中国政法大学出版社1996年版,第104~114页。

六、合同解释的具体规则

《合同法》第 125 条规定:"当事人对合同条款的理解有争议的,应当按照合同所使用的词句、合同的有关条款、合同的目的、交易习惯以及诚实信用原则,确定该条款的真实意思。合同文本采用两种以上文字订立并约定具有同等效力的,对各文本使用的词句推定具有相同含义。各文本使用的词句不一致的,应当根据合同的目的予以解释。"

(一) 文义解释

文义解释是指依据合同条款语句的通常含义进行解释。

合同解释的目的是探求当事人共同的真实意思,当事人共同的真实意思通过语言文字表示于外部,即表示在合同条款中,因此应从合同条款中寻求解释,赋予其通常含义。作为解释规则,文义解释是与其他规则并行不悖的,是受其他规则限制的文义解释。文义解释作为解释的起点和解释者探求真意的开始,具有特殊的价值。

在文义解释时,取词语通常含义是指,除合同上下文、交易习惯等赋予其他含义外,词语是一般用语的,取其一般含义;词语是专业用语的,则取其专业含义。在确定词语的通常含义时,法院一般依词典含义确定,如果词典含义有多项,如一项通常含义和一项特殊含义,则依文义解释取通常含义,除非另有证据证明当事人取其特殊含义。

(二) 整体解释

同一词语或语句在不同场合使用会有不同含义,甚至会因此导致合同条款含义冲突,此时必须寻求整体解释。整体解释是指将词语或条款放置在整个合同文本中进行解释,不应被割裂、孤立而断章取义。1804 年《法国民法典》第 1161 条规定:"契约的全部条款得相互解释之,以确定每一个条款从整个行为所获得的意义。"

原则上合同条款之间应无效力高低之分,每一条款对解释其他条款都同等重要,但合同存在冲突时如果当事人没有对合同各部分作出明确的效力划分,那么整体解释可遵循下述具体规则:(1) 特殊列举词语与不能尽举的一般概括词语连在一起,概括性词语外延应视作仅包括与特殊列举事物相类同的事物。例如,甲出售农场连同牛、羊等动物给乙,这个条款一般不应包括甲的宠物。但如果仅有特殊列举词语而无概括性词语则应作文义解释。(2) 特殊条款和词语特殊含义是一般条款和词语一般含义的例外。如果合同中两个条款相互不一致,而且其中之一是一般条款,其内涵是包容特殊条款的,那么特殊条款应视为是对一般条款的例外,从而使特殊条款有效;词语一般含义与特殊含义亦同。例如:甲乙买卖合同约定,合同期限内甲每月供给乙煤 50 万吨,同时又约定每年 5 月供煤 30 万吨。在此合同中,前者为一般条款,后者为特殊条款,而且前者包容后者,则应视后者为前者的例外,为有效条款,尽管当事人疏忽了条款之间的关联细节。(3) 手写条款效力优于打印或印刷条款,打印条款效力优于印刷条款。这是基于手写或打印条款在订立时间上一般比印刷条款晚,是当事人最晚近的意思表示,可视为对印刷条款的修正。(4) 分合同应视为总合同的例外。分合同条款的意思与总合同条款不一致时,分合同条款优先。

(三) 目的解释

目的解释是指依照当事人所欲达到的经济的或社会的效果而对合同进行解释。1804 年《法国民法典》第 1158 条规定:"文字可能作两种解释时,应采取最适合于契约目的的解释。"

合同目的可以分为抽象目的和具体目的。抽象目的是当事人订立合同时有使合同有效的目的,这是合同法效意思的目的,是目的解释的粗略方向,如果合同条款相互矛盾有使合同有效和无效两种解释,那么应从使合同有效的解释。具体目的是指合同本身所欲追求的具体的经济或社会效果,这是合同目的意思的内容。如果合同条款文字含义与当事人明示的目的相背离,则应从合同目的解释,而不应拘泥于文字。

合同具体目的可分下列情况确定:(1)合同目的应是合同订立时双方于合同中共同意思表示而确定的目的。例如,在谈判过程中双方表示租赁而订立合同时双方意思表示为买卖,则除非是误写或误解外,应从买卖。(2)双方内心所欲达到的目的不一致时,则从双方均已知或应知的表示于外部的目的。例如,甲与单位有委托培养合同,约定"学成后回原单位工作",但甲回原单位工作了3个月便离职,并称自己已经履约。此时应依目的解释,单位的目的是培养合格人才在单位长期工作,其时间与单位付出的代价相一致,甲应知此目的,故其违约。(3)合同目的不仅指合同整体目的,还应区分部分合同目的和条款目的。

目的解释的功能还在于它的解释结果可以用来印证文义解释、整体解释、习惯解释的结果是否正确。如果目的解释效果与其他解释效果基本一致,则不必寻求目的解释方法解释,但可作参照;如果不一致,应寻求目的解释而抛弃文义、整体、习惯解释方法,可以认为当事人订约时不愿依文字通常含义或习惯确定的意思,而赋予合同的目的解释的意思。但是如果合同目的模糊,法官通常会寻求文义、整体、习惯等解释方法。

(四)习惯解释

习惯解释是指当合同条款语句有疑义或疏漏,且当事人并未明示排斥习惯时,可依习惯进行解释。1804年《法国民法典》第1159条规定:"有歧义的文字依契约订立地的习惯解释之。"第1160条规定:"习惯上的条款,虽未载明于契约,解释时应用以补充之。"

习惯解释中所谓的习惯是指事实上的习惯而非习惯法。对合同的习惯解释是将事实上的习惯视为当事人之间的共同意思表示，有优于任意法的效力。而习惯法对合同的解释与当事人意思无关，无优于任意法的效力。

习惯须满足下述条件才可成为合同解释中的习惯：（1）不违反强行法的规定和国家政策；（2）习惯须尊重公序良俗。习惯与任意法不同，任意法仅有在当事人未作相关规定时，代替当事人作出决定补充其意思，而习惯可以不同于任意法的规定，优于任意法解释合同，这是当事人意思自治原则的体现。如果当事人未在合同中排除任意法的适用，同时也没有可适用于该合同的习惯，则可依任意法的规定来决定合同内容，至于当事人是否明悉任意法的内容，则在所不问。

习惯依其范围，可分为一般习惯（通行于全国或全行业的习惯）、特殊习惯（地域习惯或特殊群体习惯）和当事人间的习惯（可分为前行交易习惯和前行履行习惯）。在合同解释中，这三种习惯的解释效力依次增强，在合同文义无明示反对该习惯解释的前提下，当事人之间的前行履行习惯优于前行交易习惯，当事人间的习惯优于特殊习惯，特殊习惯优于一般习惯。但如果当事人一方仅有一般习惯而另一方有特殊习惯，或当事人来自不同地域或群体而有不同的特殊习惯，则应视具体情况而定：（1）一方将特殊习惯于合同订立时或订立后告知对方，对方未提出反对的，则依双方明知的习惯解释。（2）一方虽未积极通知，另一方理应知道对方有特殊习惯的，则从应知的习惯解释。例如，甲到乙地与乙订立合同，则甲被认为应知乙地的特殊习惯。1804年《法国民法典》第1159条规定："有歧义的文字依契约订立地的习惯解释之。"（3）若双方均不知对方的特殊习惯，或一方不知或不应知另一方的特殊习惯，则从一般习惯而不适用特殊习惯。地域习惯与群体习惯的冲突，也照此解决。

（五）公平解释

公平解释注重利益衡量。1804年《法国民法典》第1162条规定："契约有疑义时，应作不利于债权人而有利于债务人的解释。"

作为解释规则的公平解释是民法的操作规范，也是公平原则在合同法领域的具体化，它使公平原则成为几乎可操作的具体规范。市场经济中，价值规律是基本规律，公平等价有偿是社会经济有序持续健康发展的保障。市场经济中垄断等经济现象的出现使公平交易日趋困难，因而需要有法律从社会利益本位出发校正利益天平的倾斜。法官的作用则是行使法律授予的自由裁量权，在具体案件的审理中发现公平的利益衡量点，以此体现法律上公平的价值。

（六）诚信解释

诚信解释注重诚实信用的道德，与其说是合同的解释规则不如说是合同解释的方向，是现代合同法从形式正义转向兼顾实质正义的体现。从广义而言，诚信解释作为原则有君临整个合同解释制度的效能，其他各种具体解释方法无不是要对合同作出诚实信用的解释。从狭义而言，作为解释规则之一，只有当其他解释方法均不能奏效，不能解决合同中的疑义和漏洞时，才能寻求诚信解释。

在实践中，检验诚信解释的标准或方法有两种，一是主观标准，即合同解释结果能为双方当事人从内心感到满意，这种标准通常仅适用于私人间涉及伦理的民事合同；二是客观标准，即解释结果是能使"理智之人"认为合理可行，这种标准通常适用于商事合同和公用事业合同。

上述解释规则在实践中应有大致的适用顺序。合同解释的目的在于探求当事人表现出来的共同真实意思，因而各规则的适用顺序也应以何种解释更接近当事人的真意为序。一般来说，对于具体合同,通常先适用文义解释,整体解释次之,目的解释再次之,习惯解释更次之。公平解释和诚信解释是对前述规则的修正和补充,通常在其他解释已能使合同有效合理时,只起检验作用,居于末位;但当其他解释有悖于公平、诚信原则时,则应优先适用。在实践中,并非仅仅适用一种规则,而应运用多种规则相互佐证。❶

---

❶ 胡基:"合同解释的理论与规则研究",载《民商法论丛(第8卷)》,第39~56页。

域外证据*问题研究

一、基本情况

由于知识产权具有无形性的特点,知识产权案件比其他民事案件具有更多的涉外因素,特别是我国入世后,涉外(含涉我国港、澳、台地区)知识产权案件激增。以北京市第二中级人民法院为例,该院2000年度共受理了154起案件,其中涉外案件为14起,占9.1%;2001年度共受理了224起案件,其中涉外案件为7起,占3.1%;2002年度共受理了256起案件,其中涉外案件为7起,占2.7%;2003年度共受理了321起案件,其中涉外案件为44起,占13.7%;2004年度共受理了379起案件,其中涉外案件为58起,占15.3%;2005年度共受理了564

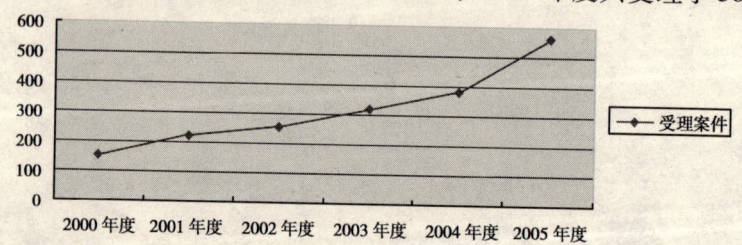

图1 受理案件数量走势图

起案件,其中涉外案件为63起,占11.2%。在上述涉外案件中

---

* 根据最高人民法院《关于民事诉讼证据的若干规定》第十一条第一款的规定,"域外证据"系在中华人民共和国领域外形成的证据,根据该条第二款的规定,在我国香港、澳门、台湾地区形成的证据应当履行相应的证明手续。

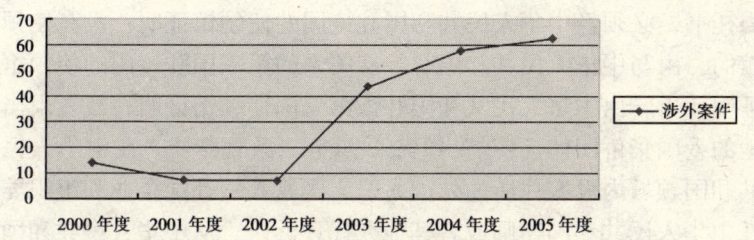

图2 涉外案件数量走势图

无不涉及涉外证据的问题。此外,在非涉外案件中也可能包含涉外证据的问题。涉外证据的特点是:(1)类型多。案件中的涉外证据包括书证(包括公文书和私文书)、物证、电子邮件、网上内容等;(2)争议大。对方当事人往往对于涉外证据的可采性和真实性提出异议,法官在认证过程中对于涉外证据的争议也远高于其他证据。

二、域外证据的概念

我国民事诉讼意义上的域外证据,是指在民事诉讼中的发生在中华人民共和国领域外、形成于中华人民共和国领域外的证据。域外证据除了其形成过程的某种因素是在域外完成的特点以外,在性质和特点方面与形成于国内的证据并没有根本的区别。域外证据在民事诉讼中的作用,与国内证据并无二致。而且,在实践中,域外证据实际上包括国外证据以及在我国香港、澳门和台湾地区形成的证据。

(一) 一般规定

我国《民事诉讼法》以及最高人民法院《关于适用〈中华人民共和国民事诉讼法〉若干问题的意见》对于域外证据的可采性问题没有规定。《民事诉讼法》第五十九条第三款规定:"侨居在国外的中华人民共和国公民从国外寄交或者托交的授权委托书,必须经中华人民共和国驻该国的使领馆证明;没有使领馆的,由与中华人民共和国有外交关系的第三国驻该国的使领馆证明,再转由中华人民共和国驻该第三国使领馆证明,或者由当地的爱国华侨团体证明。"第二百四十二条规定:"在中华人民共和国领域内没有住所的外国人、无国籍人、外国企业和组织委托中华人民共和国律师或者其他人代理诉讼,从中华人民共和国领域外寄交或者托交的授权委托书,应当经所在国公证机关证明,并经中华人民共和国驻该国使领馆认证,或者履行中华人民共和国与该所在国订立的有关条约中规定的证明手续后,才具有效力。"

长期以来,对于域外证据,审判实践中均要求当事人同时提供公证、认证证明,但实际上并没有不经过公证、认证就不能作为证据使用的规定。相关规定只是在外交部领事司和最高人民法院司法行政厅于1963年11月5日给各省、市、自治区高级人民法院和外事机构《关于外人在华遗产案国外申请继承人应呈交什么证件问题的函》中有"申请继承人必须提供经过公证认证的身份证明"的规定,但此规定仅限于继承权证明书和亲属关系证明书。

最高人民法院《关于民事诉讼证据的若干规定》第十一条规定:"当事人向人民法院提供的证据系在中华人民共和国领域外形成的,该证据应当经所在国公证机关予以证明,并经中华人民共和国驻该国使领馆予以认证,或者履行中华人民共和国与该所在国订立的有关条约中规定的证明手续。当事人向人民法院提供的证据是在香港、澳门、台湾地区形成的,应当履行相关的证明手续。"这是第一次明确规定了域外证据要经过公证、认证。

(二)特殊规定

(1)直接由我国驻外使领馆公证的情形。我国《公证法》第四十五条规定:"中华人民共和国驻外使(领)馆可以依照本法的规定或者中华人民共和国缔结或者参加的国际条约的规定,办理公证。"我国驻外使领馆管辖的公证事务仅限于针对我国公民的请求,且仅限于使领馆有权进行公证的业务范围,主要有:①为我国公民发生在驻在国的法律行为进行证明,如证明委托书、遗嘱、继承权、财产赠与、分割、转让等;②证明发生在驻在国有法律意义的事实,如亲属关系、身份或财产状况、婚姻状况及出生、死亡等;③证明当事人在有法律意义的文书上的签字、印鉴属实,文书的正副本相符,译文与原文相符等。这些证据在国外形成后,经过我国驻该国的使领馆公证后即可作为证据使用,而不必经过所在国的公证机关的公证和我国驻该国使领馆的认证程序。

(2)某些国家对于文书要求先由该国的公证机关进行公证,再由该国外交部或者外交部授权机构认证,最后由我国驻该国使领馆再次予以认证。

例如,英国对于文书要求对于公证书由英国外交部或者外交部授权机构认证,再由我国驻英国使领馆再次认证。美国则可能出现对于文书的公证书先由州务卿认证、再由国务卿认证、最后再由我国驻美国使领馆认证的情况。

(3)我国与某些国家互免认证的情形。①我国与波兰、蒙古、罗马尼亚、意大利、俄罗斯等国的司法协助条约中将免除认证的文书规定为由一定机关制作或证明的文书。例如我国与意大利关于民事司法协助的条约规定:"在适用条约时,由缔约各方法院或者其他主管机关制作或者证明的文件和译文,免除任何形式的认证。"②我国与法国、比利时、西班牙等国的司法协助条约中,不做此种指明,仅将免除认证规定为条约所适用的范围之内。例如我国与比利时关于民事司法协助协定规定:"本协定所指的任何文书不需办理认证手续。"

(4)我国香港地区证据的可采性规定。对于在香港地区形成的证据，必须先经司法部委托的237位香港律师进行公证，再由香港注册的中国法律服务中心加盖公章转递。由于香港公证律师实行的是宣誓公证，他们并不负责查明文书内容的真实性，所以在诉讼中仍需结合其他证据予以甄别核实。

（5）我国澳门地区证据的可采性规定。在澳门，司法部没有采用委托公证人的制度。对于发生在澳门地区的有法律意义的事件和文书的证明，由中国法律服务（澳门）有限公司和澳门司法事务室下属的四个民事登记局出具公证书，即具有证明效力。

（6）我国台湾地区证据的可采性规定。根据《两岸公证书使用查证协议》和《海峡两岸公证书使用查证协议实施办法》的规定，台湾地区形成的证据，应当先由当事人在台湾进行公证，并取得公证书正本。由财团法人海峡交流基金会寄送中国公证员协会或有关省、自治区、直辖市公证员协会，由公证员协会寄送人民法院。公证事项如果属于两岸商定的14项应寄送公证书副本范围内的，人民法院应当将当事人提交的公证书正本与公证员协会寄送的公证书副本进行对比；公证事项如果不属于两岸商定的14项应寄送公证书副本范围内的，人民法院可以请求公证员协会通过财团法人海峡交流基金会进行查证。

（7）国外著作权认证机构。国家版权局和国家工商行政管理总局指定了国外著作权认证机构，包括：国际唱片业协会（IFPI）、美国电影协会、商业软件联盟等。由上述认证机构开具权利认证书，即可证明相关著作权。

三、域外证据可采性的实践问题

根据我国《民事诉讼法》第六十三条的规定，证据可分为：书证、物证、视听资料、证人证言、当事人的陈述、鉴定结论和勘验笔录。对于域外证据而言，通常是否全部需要经过公证、认证程序呢？在审判实践中，常见的域外证据包括：权利登记证书、权利人的授权书、合同书、公开出版发行的书籍和光盘以及网上内容等。

（一）权利登记证书、权利人的授权书

对这方面的域外证据并无争论，通常需要经过公证、认证程序。由公证机关对权利登记证书以及签署授权书的人的身份的真实性予以公证。

（二）合同

对此证据是否需要经过公证、认证程序有争论。通常情况下，合同双方签署合同时并未"预见"到可能用于诉讼而进行公证。发生纠纷后，争议的双方很可能就是合同双方当事人，即使不是，至少合同的一方是争议的一方当事人，而另一方则往往与争议的对方有某种利害关系。在这种情况下，合同的真实性常常难以得到合同双方当事人的确认。而此时的公证又无法对合同的签署过程进行公证。在这种情况下，当事人往往无法得到其所追求的公证，而可能对原件与复印件的一致性或者原件与翻译件的一致性进行公证，试图以此"混淆视听"。而这种情况下，人民法院又往往难以对合同的签字、印章进行审查，当缺乏其他证据佐证时，此类证据难以被法院采信。

（三）公开出版发行的书籍和光盘

此类证据如需公证应公证什么？是公证书籍和光盘是公开出版发行的？如果是这样，是否应由公证机关到书店、光盘店等场所购买，对购买行为及购买的物品进行公证？还是针对书籍和光盘的真实性进行公证？这种公证有何实际意义？笔者认为，该类证据不需经过公证、认证过程。

（四）网上内容

在某案件中，涉案作品的权利人为甲公司，主张权利的是乙

公司，而授予乙公司独占使用权的却是丙公司，乙公司主张甲公司被丙公司收购了，但仅以丙公司网站（国外网站）上的内容作为证据。对此证据应当不予认可。对于域外网站上的内容，如系官方机构或行业权威机构的网站，例如域名方面的 WHOIS 网站查询的内容，可以不必经过公证、认证程序。

四、对策和建议

上述问题的理论症结在于公证、认证程序的法律意义：是证据的必备形式要件，还是证据合法性的判断依据？如果是前者，则未经公证、认证的证据就根本不是证据，法院甚至可以不征求对方当事人的意见而拒收；即使对方当事人对该证据予以认可，法院也不能采信该证据。

比较其他国家的相关法律规定，要求对于所有类型的域外证据必须经过公证、认证程序的国家极少。所谓域外证据通常使用涉外公证、领事认证的方式这一"国际惯例"，其针对的仅是涉外书证，例如：美国《合众国法典》第 3491 条、第 3492 条、第 3493 条，加拿大《魁北克民法典》第 2822 条、第 2823 条、第 2825 条，日本《民事诉讼法》第 228 条，印度《1872 年证据法》第 78 条。关于涉外书证，上述有关国家的立法例主要有以下特点：第一，有的立法例规定，对于涉外书证的证明或认定使用与国内公文书相同的方式，如日本的立法例。第二，有的立法例规定，对于涉外书证，可根据有关法律规定，或授权领事官员进行认证，或由领事官员对外国书证的认证进行作证，如美国的立法例。第三，有的立法例规定，对于外国的有关法令或立法机构的会议记录，可根据该国一般认可的方式所发行的公告等予以证明，而对于外国公文书既可通过原件予以证明，也可通过复制件予以证明，凡通过复制件予以证明的，一般应附有公证机构、驻外使领馆的认证，如印度的立法例。

一、总　论

　　我们认为，对于域外证据的判断问题，当然要维护我国的国家主权，但也应当区分不同的证据类型，从民事诉讼的基本原则、证据合法性及真实性的判断标准等上位原则及制度出发，特别是根据证据的不同种类以及各外国公证的不同情况，判断是否需要经过公证、认证程序，而不应一概而论。我们认为，一般而言，须经公证、认证程序的涉外证据应仅限于涉外书证，而不应将其"扩大化"至所有证据类型。

　　当然，在实践中，另外一种倾向更不容忽视，就是完全不依据相关法律规定的要求而组织质证。例如，我国台湾地区的公证机关未通过法定寄送程序，直接将公证书寄送给法院，而法院不仅接收了该公证书，还组织双方当事人质证，这种做法是非常错误的。

司法经济原则应确立为现代司法
理念中的基本内容

一、司法改革目标与法院负担现状之间的矛盾

随着我国社会主义市场经济制度的建立和发展,随着"依法治国,建设社会主义法治国家"基本方略的确立和实施,司法[1]改革在理论上已成为"显学",在实践中更是开展得轰轰烈烈。

1999年10月,最高人民法院发布了《人民法院五年改革纲要》。该纲要第5条明确指出了人民法院改革的总体目标:紧密围绕社会主义市场经济的发展和建立社会主义法治国家的需要,依据宪法和法律规定的基本原则,健全人民法院的组织体系;进一步完善独立、公正、公开、高效、廉洁、运行良好的审判工作机制;在科学的法官管理制度下,造就一支高素质的法官队伍;建立保障人民法院充分履行审判职能的经费管理体制;真正建立起具有中国特色的社会主义司法制度。

从实际效果考察,五年的司法改革基本达到了预期的目的,但与社会主义市场经济体制和"依法治国"基本方略的要求,还有不小的差距。其中,现有的司法资源不能满足全社会日益增

---

[1] 在我国,"司法组织"有广义和狭义两种含义,前者包括行使国家审判权、检察权和管理司法行政工作的专门机关;后者指国家审判机关。中国大百科全书总编辑委员会《法学》编辑委员会、中国大百科全书出版社编辑部编:《中国大百科全书·法学》"司法组织"词条,中国大百科全书出版社1984年版,第550~551页。在本文中,"司法"采狭义说。

一、总　论

长的司法需求这一矛盾日益突出,尤其是在经济发达地区和新类型案件方面,表现得更为尖锐,甚至成为制约全面实现司法改革整体目标的"瓶颈"。

从新中国成立到1956年的7年间,全国法院年均审结案件207万件,案件的特点是刑事案件与民事案件几乎平分秋色。1957年至1966年的10年间,全国法院年均审结案件111万件,其中刑事案件与离婚案件合计占全部审结案件的85.4%,法院的工作可以简单地概括为"打击犯罪,办理离婚"。1967年至1976年的10年中,法院的审判权被"群众专政组织"、"民兵组织"和单位行使,法院受理案件大幅下降,主要任务依然是"打击犯罪,解决离婚"。1977年至1989年共审结各类案件1629.2万件。面对案件压力,人民法院的主要措施是扩充机构和人员,1979年全国法院干警为5.9万人,1989年增长至23.4万人,增长了约3倍。1990年以来,法院审理的案件数量呈现出持续增长的特点,从1990年受理案件321万件到1999年的623万件,9年间几乎翻了一番。1998年至2002年,最高人民法院共审结各类案件20 293件,比前五年上升46%;地方各级人民法院和专门人民法院共审结各类案件2960万件,比前五年上升22%。❶

从上述实证分析不难看出,改革开放以来,在全国范围内,人民法院承受着日益增长的案件负担。而且,这一负担在不同地区和不同法律部门的情况也是不平衡的。总体而言,经济发达地区和新兴法律部门的案件压力更加突出。相对而言,人民法院办案人员的数量、知识存量及业务素质不能满足全面解决案件负担的需求。

---

❶ 何兵:《现代社会的纠纷解决》,法律出版社2003年版,第35~46页;www.court.gov.cn/work/,2004年7月5日访问。

将全社会日益增长的司法需求与现有的司法资源不能满足这一需求之间的矛盾确立为当前司法领域的主要矛盾，具有极大的理论价值和实践意义。

邓小平理论认为，我国目前处于社会主义初级阶段，社会的主要矛盾是人民群众日益增长的物质文化需求与落后的生产力不能满足这一需求之间的矛盾。这一理论是当代中国最大的实际和最基本的国情，是邓小平理论的基石，是我们判断是非、开展工作的出发点。将全社会日益增长的司法需求与现有的司法资源不能满足这一需求之间的矛盾确立为当前司法领域的主要矛盾，正是社会基本矛盾理论在司法领域的具体体现，它既是对当前司法领域实际情况的高度概括和总结，也是克服司法领域各种"顽疾"的理论基础，还是检验司法领域各种理论的真理性的试金石。

二、司法经济原则的内涵

从经济学的角度讲，司法领域产生了稀缺性问题。稀缺性是指，相对于人们的欲望而言，社会资源是有限的。❶ 而经济学则正是研究社会如何管理自己的稀缺资源的科学。❷ 因此，笔者试图将经济学引入司法研究之中，其原因在于关于现代司法理念的研究中经济学不足甚至缺位。

目前，关于现代司法理念的文章乃至著作可谓汗牛充栋，其中对于现代司法理念的基本内容的概括也是见仁见智，但基本上可概括为：中立性、独立性、专业性、民主性、权威性、被动性。❸

---

❶ 朱善利：《微观经济学》，北京大学出版社 2001 年版，第 1 页。
❷ ［美］曼昆著，梁小民译：《经济学基础》，三联书店 2003 年版，第 4 页。
❸ 孟凡麟："司法改革：司法本性的沦丧与重塑"，载《甘肃社会科学》2003 年第 2 期，第 52 页。

笔者认为,应将司法经济原则确立为现代司法理念中的基本内容之一。这里的司法经济原则是指,司法制度应当符合理性、经济的原则,利用有限的司法资源尽可能地满足日益增长的司法需求。

显然,最可能的反对意见是,目前我们已经有许多关于司法效率原则的研究和论述,司法经济原则与司法效率原则究竟有何不同呢?笔者认为,二者至少有以下五方面的重大区别:

(一) 主体范围不同

司法效率原则侧重于指向人民法院,而司法经济原则指向包括人民法院、当事人及其他诉讼参与人在内的各方。因此,司法效率原则强调法院审理案件的效率,某些情况下会无意甚至有意地忽视当事人及其他诉讼参与人的利益,或者将本应由法院承担的诉讼成本转嫁给后者承担。而司法经济原则对法院、当事人及其他诉讼参与人给予全面的关怀,强调整体诉讼成本的降低,目的是合理配置资源以实现诉讼效用的最大化。

(二) 内涵不同

司法效率原则仅强调在单位时间内审理更多的案件,而司法经济原则强调用尽量少的司法资源满足尽量多的司法需求。在审判实践中,片面强调司法效率原则而"就案论案"式地"完成"案件的情况层出不穷,因此,其社会效果不仅没有消除纠纷,反而可能激化矛盾,甚至由此而产生更多、更严重的纠纷。

司法经济原则将经济学原理中的"外部性"理论应用于司法过程之中。所谓"外部性"理论是指,个人的经济活动对他人造成的影响而又未将这些影响计入市场交易的成本与价格之中。外部性分为有利的外部性(正外部性)与有害的外部性(负外部性)。前者是某个经济行为主体的活动使他人或社会受益,而受益者又无须花费代价。后者是某个经济行为主体的活动使他人或社会受损,而造成外部不经济的人却没有为此承担成本。❶ 在上述理论的指导下,司法经济原则将诉讼看做解决纠纷的一种方式和一个过程,而不是简单地将结案作为实践中纠纷解决的最终结局,更强调纠纷解决的彻底性和指导社会的教育意义。为达到这一目标,对于案件处理必然会更加注重其合法性(包括程序合法性和实体合法性),必然会更加注重当事人对于案件处理结果的认同感,必然会更加注重个案对于社会公众的正面影响。因此,司法经济原则必然会极大地有助于提高当前反响强烈的全社会对于司法的评价。

(三) 与司法公正原则的"兼容性"不同

司法效率原则与司法公正原则的"兼容性"较差,而司法经济原则与司法公正原则的"兼容性"较好。这是因为,司法效率原则更关心案件的时间成本,而司法经济原则还关心案件在各个层面的效用。在实践中,由于个案之间的差异程度(包括案件涉及的法律关系的复杂程度、立法的完善程度、参考判例的确定性程度、当事人及其他诉讼参与人掌握法律知识及其诉讼能力的区别、当事人对于案件处理结果的反应不同,等等)往往难以确定,而案件的数量则很容易确定,因此法院评价法官审判工作的主要指标就是结案数量。这当然不能简单地归罪于司法效率原则本身,但片面强调该原则确实给某些法官不负责任地追求结案数量提供了理由和动力,从而损害了司法公正原则。司法经济原则将当事人对于案件处理过程和处理结果的主观心理感受作为考察的因素之一,这种主观心理感受就个体而言是各式各样的,但从统计学意义上说,必然收敛于法律规定。因此,要想使当事人的主观心理感受为正,且数值尽量大,就必须坚持司法公正原则。

---

❶ 朱善利:《微观经济学》,北京大学出版社2001年版,第326页。

(四) 关注的时间范围不同

司法效率原则关注从法院受理案件到审结案件这一时间范围，仅从法院完成任务的立场出发，以法院的偏好❶将审理案件看做解决纠纷的唯一阶段，着眼于个案处理的时间的迅速性。而司法经济原则关注从纠纷的产生到纠纷平息全部时间范围，力求在纠纷解决的整个过程中实现效用最大化。

(五) 理性程度不同

司法效率原则将各种各类案件等量齐观，不论案件的难易程度、影响大小等因素，每个案件都被一律简单地数字化为"1"。以该原则为理论基础，必然导致将结案数量作为现实中可量化的最重要的（如果不是唯一的）利益分配标准，必然驱使法官更偏向于审理简单的案件，或者将复杂的案件"简单化"。这一现象类似于将案件的争讼金额与法官的收益挂钩时，必将驱使法官争相审理争讼金额高的案件。而司法经济原则承认个案在各个方面的差异性，更科学地影响法官、当事人及其他诉讼参与人的偏好从而更理性地配置司法资源。

任何具有整体性的系统，其内部诸要素之间的联系都是有机的，诸要素之间相互关联、相互作用，共同构成系统的整体，诸要素在系统中不仅是各自独立的子系统，而且是组成母系统的有机成员。一般系统论的提出者贝塔朗菲在指出系统内部诸要素的有机关联性之后，进而论述了有关的概念，主要是"结构"概念。系统作为一种有机关联的整体，这种有机关联一般表现为系统的一定结构。❷ 系统论认为，组成系统的要素相同，但结构不

---

❶ 所谓偏好是指消费者根据自己的意愿对可能消费的商品组合进行的排列。偏好具有完备性、反身性和传递性的特征。朱善利：《微观经济学》，北京大学出版社2001年版，第43~44页。

❷ 王雨田主编：《控制论、信息论、系统科学与哲学》，中国人民大学出版社1988年版，第431~434页。

同，系统的功能也就不同。例如，石墨和金刚石都是由碳原子构成的，但由于碳原子排列的结构方式不同，二者呈现出截然不同的物理性质。田忌赛马也是采用优化系统结构的方法取得胜利的生动例证。因此，具有相同数量的法官和知识存量，但采用不同司法结构的司法系统将具有不同的功能，体现不同的价值。

优化结构理论只是司法理性、司法科学中的一项内容，司法经济原则可以引导人们广泛地借鉴其他学科的研究成果，从而更好地实现司法目的。

综上所述，司法经济原则具有不同于司法效率原则以及当前现代司法理念中其他既有原则的独立价值，应当将其确立为现代司法理念中的基本内容。

三、确立司法经济原则为现代司法理念中基本内容的意义

（一）确立司法经济原则，有助于人们从全社会的范围认识各种司法问题

在司法领域中，法院处于中心地位。但法院绝不是司法活动的唯一参与者，当事人及其他诉讼参与人也是司法实践的主体。现代司法理念仅关注法院而忽视诉讼参与人显然是不够的。如何降低法院和诉讼参与人整体的诉讼投入，增大整体的诉讼效用，正是司法经济原则中的应有之义。仅就法院而言，司法经济原则更强调全社会范围案件的处理，更强调诉讼参与人对于案件处理过程和结果的认同，更强调关注司法对于全社会的影响。

（二）确立司法经济原则，有助于提高人们对诉讼成本和诉讼收益关系的认识

由于人们交往关系的日益陌生化、复杂化，案件的平均难度大大提高了，其中主要是证据取得的困难导致诉讼成本提高了。

一、总　论

随着审判方式改革的深化和证据规则的实施，法院调查取证的法定情形减少了，从而，大部分取证成本从法院转移到了当事人。法律规定的日益复杂化、专业化，也是导致诉讼成本增加的重要原因，显然，对于复杂、专业的法律学习成本而言，当事人的负担及其增长速度也将远高于法院。因此，以往对于现代司法理念的论述中鲜有涉及的当事人诉讼成本的负担问题便凸显了出来。

如何降低当事人的诉讼成本便成为一个重要的课题。

在当事人的诉讼成本构成中，最主要的是律师代理费。显然，降低律师代理费是一个重要手段。那么，如何能够降低律师代理费呢？

最直接的办法就是制定法律直接限制律师代理费的数额。1990年2月15日，司法部、财政部和国家物价局联合下发了《律师业务收费管理办法》。其中规定的收费标准绝不可谓高，但实践效果如何呢？据笔者了解，至少在经济发达地区，该办法规定的收费标准是"有价无市"，形同虚设，实际收费标准往往高出几倍甚至十几倍。

那么，如果根据物价上涨因素，重新制定《律师业务收费管理办法》是否可行呢？

这里，我们可以借鉴经济学原理中的"限制价格"理论。所谓限制价格是指，政府为了防止物价上涨而规定的某种产品的最高价格。限制价格总是低于市场均衡价格。除非在特殊的情况下，比如战时，或通货膨胀情况下，否则不应对竞争性的产品实行限价政策。对竞争性的产品进行限价会加剧限价商品的短缺，从而会引发更加严重的通货膨胀。对某些垄断性很强的公用事业，由于缺乏竞争的市场，政府可以采取适当的限价政策。❶ 而律师行业显然是具有高度竞争性特点的行业。基于上述分析，笔

---

❶ 朱善利：《微观经济学》，北京大学出版社2001年版，第190~191页。

者认为，可能出台的新的限价政策依然不能从根本上解决问题。因为问题的关键在于律师的"供给"不能满足社会对于律师的"需求"。

当然，我们必须看到，改革开放以来，我国的律师数量大幅增长，特别是在经济发达地区，律师的数量更是显著增加。但在诉讼中，又有多少当事人委托律师作为诉讼代理人呢？占多大比例？笔者虽无这方面的数据，但根据笔者的经验，恐怕并不高。而且，同样根据笔者的经验，虽然并非所有的律师代理的案件都能够为当事人取得法律范围内的最大利益，但确实可以在很大范围内和很大程度上实现这一目的。笔者并不试图否认某些事实清楚的小额诉讼一般来说不必由律师代理，但现实中存在着大量的因没有委托律师且当事人自身缺乏法律知识而导致"不应有"❶ 的败诉，这一现象由于当前司法改革中更加强调司法中立原则和司法被动原则而在很大程度上丧失了当事人所期望的"包青天"或"马锡武"式的帮助。与此形成鲜明对比的是，对方当事人往往由于委托律师作为诉讼代理人而导致了"不应有"的胜诉。

显然，在时代前进的今天，我们不能将律师斥为"讼棍"甚至予以取缔，实行过去那种"强职权主义"的司法模式，而应当采用市场经济的办法，通过提高律师的市场供给解决这一问题。因此，笔者建议适当降低司法考试的难度，特别是对于经济文化欠发达和不发达地区，应考虑加大降低考试通过分数标准的力度。这样做，将提高律师特别是经济文化欠发达和不发达地区律师的市场供给，从而产生更加激烈的竞争，迫使律师行业收费

---

❶ 这里所说的"不应有"是就客观事实甚至是当事人或社会公众的心理而言的，并不是就法律规定而言，实践中的重要原因便是虽是客观事实，但当事人举证不能。

标准整体下降，进而降低当事人的诉讼成本。

（三）确立司法经济原则，有助于优化司法系统的组织结构和人员配置，提高人民群众对于司法的认同感

在经济学中，有一个非常重要的理论，即边际效用理论。所谓效用，是指主体从自己所从事的行为中得到的满足；或者是指商品或事物满足主体的欲望或需要的能力。边际效用是指每增加一单位某种商品的消费所增加的满足程度。一般而言，效用是所消费的商品的增函数，即随着所消费的商品量的增加，总效用是增加的，但是总效用增加的速率是递减的。这一特征被称为边际效用递减原理。在既定的收入与商品价格下，追求效用最大化的消费者分配他在各种商品上支出的原则是使得他花费在所购买的每一种商品上的最后一元钱所得到的边际效用相等。❶

将边际效用理论应用于司法系统，我们可以得出以下结论：

如果将诉讼当事人看做"司法"这一特殊商品的消费者，则全部当事人对于司法的评价就是全部司法的总效用❷。要想达到总效用的最大化，就应当使每个当事人得到的边际效用均相等。这就要求法院的组织结构和人员配置必须优化。但这绝不意味着全国法院的组织结构和人员配置上不论地区及法律部门的差别而一律平均化，恰恰是要求合理地加强效用较大的地区及法律部门的司法商品供给。当然，这同样并不意味着应当将效用较小的地区及法律部门的司法商品供给减少到不适当的程度，这是由司法商品的不可替代性所决定的。

根据这一理论，我们还可以看出：在充分认识到个案差异以

---

❶ 详细的理论分析和数学推导可见朱善利：《微观经济学》，北京大学出版社2001年版，第45~47页。

❷ 必须指出，效用不同于效益，效用只是消费者对于商品的心理感受，效用本身并不具有伦理及法律的意义。

及个案效用差异的前提下，对于某一个或者某些案件或者某一个时期的全部案件的过分关注和投入，同样会妨碍司法总效用的最大化。毕竟，相对于有限的司法资源而言，司法需求是无限的。当司法资源过多地投入一个具有较大效用的案件时，最后投入的那个单位的司法资源的效用必将小于其他的边际效用，从而不能实现司法总效用的最大化，即不能使当事人对于司法的肯定性心理感受最大化。

（四）确立司法经济原则，有助于限制和纠正片面追求现代司法理念中其他基本内容的倾向

确立司法经济原则，最核心的一点就是将司法看做商品，从而深刻认识到：相对于有限的司法资源而言，司法需求是无限的。

在现实生活中，人们并不苛求所购买和消费的商品都是物美价廉，甚至是完美无缺同时又是免费的。但由于我国长期以来建立了"全能政府"的形象，因此，时至今日，仍有许多人认为司法系统是或者应当是全知全能的。这显然是一个神话，而且仅仅是一个神话。人们应当知道，消费司法这个商品也是要付出代价的。这一代价在很大程度上是一种风险代价，一旦败诉，自己的诉讼主张将被驳回，而且还要承担诉讼费用；而败诉的原因有时是由于自己在纠纷发生前或者诉讼进行中的疏忽所造成的。

在打破上述传统意义上的神话的同时，一些人又编织了一个又一个现代意义上的神话。其理论基础是西方发达资本主义国家（主要是美国）的司法理念。

笔者并非一概否定上述司法理念，但认为：任何一种知识都是地方性的，[1] 任何理念要想在中国产生实际效果，就必须符合

---

[1] 关于地方性知识的详细论述，可参见苏力：《送法下乡——中国基层司法制度研究》，中国政法大学出版社2000年版，第Ⅳ～Ⅴ页。

中国的实际情况,这时,该理念所要追求的目标才是可欲的。

以此作为出发点,笔者以裁判文书改革问题为例进行说明。

裁判文书改革目前已经开展得十分热烈了,似乎是越长越好,越全面越好,越学术越好,改革的方向可能是美国联邦上诉审法院的水平和标准。如果能够做到,这当然是好事——裁判文书说理越全面充分,当事人就越容易理解和服气;裁判文书论述越深入透彻,对于法律的实施乃至制定的作用就越大。但问题是,在中国目前的条件下,这可行吗?有这个必要吗?

笔者认为,目前的裁判文书应当改革,但改革的目标应当符合司法经济原则,其方向应当是多元的而不是单一的,以利于比较。总的来说,应当加强裁判文书的说理部分,即"本院认为"部分;对于证据部分(包括举证、质证和认证),则不必面面俱到,特别是认证部分。在大陆法系国家,对于证据问题一直都强调自由心证;在英美法系国家,同样也只是给出认定,而从来不给出理由。❶ 实际上,裁判文书中的认证部分与"审理查明"部分的内容在很大程度上是重复的。而且,具有大陆法系传统的我国与英美法系的制度差异也阻碍着法官撰写长篇裁判文书的积极性与可能性。❷

现代司法理念具有多方面的内容,是一个有机的统一体,片面强调其中任何一点,都可能损害其他内容的实现。这一点当然也适用于司法经济原则,也就是说,司法经济原则具有限制和纠正片面追求现代司法理念中其他基本内容的功能,反之,现代司法理念中的其他基本内容也具有限制和纠正片面追求司法经济原

---

❶ 苏力:《道路通向城市——转型中国的法治》,法律出版社2004年版,第206页。

❷ 详细的分析,可参见苏力:《道路通向城市——转型中国的法治》,法律出版社2004年版,第196~223页。

则的功能。因此,现代司法理念体系是自洽的。

四、结 论

综上所述,笔者认为,基于我国的基本国情,目前我国司法领域的主要矛盾是全社会日益增长的司法需求与现实的司法资源不能满足这一需求之间的矛盾。面对这一日益尖锐的结构性矛盾,仅仅强调提高法官个体的道德修养和知识水平是远远不够的,必须广泛利用各学科的研究成果。从司法资源相对于全社会的司法需求的稀缺性这一角度出发,应当将司法经济原则确立为现代司法理念中的基本内容。本文的前述分析和论述仅仅涉及司法经济原则的个别方面,该原则在司法领域的应用范围是十分广泛的。例如:以供给理论和生产理论研究司法资源,以需求理论和效用理论研究诉讼参与人,以博弈论研究法院与当事人之间、当事人相互之间的关系,以福利理论研究全社会对于司法的评价问题,如此等等,不一而足。司法经济原则必将在理论上极大地丰富和发展现代司法理念,在实践中极大地促进和推动现代司法实践。

以和谐主义为指导，建立中国特色的民事诉讼指导制度

一、现行民事诉讼制度存在的问题

（一）对于司法不满意度的社会学考察

马克思主义认为，包括司法在内的上层建筑必须服从和服务于经济基础。既然如此，人们不妨将司法视为一种特殊的"服务"。

在评价司法这一"服务"时，应以直接服务对象或称相关消费者——当事人及其他诉讼参与人的意见为主，而不能以服务的提供者——法院及法官的意见为主。也就是说，司法制度的"以人为本"，其中的"人"应当主要指当事人及其他诉讼参与人，而非法院及法官。在司法改革的"价值观"层面应将以法院及法官为中心转变为以当事人及其他诉讼参与人为中心。

那么，当前我国司法的"消费者"对于司法制度的评价如何呢？

以民事诉讼制度为例。我国民事诉讼制度历时多年，几经修改，并颁布了大量的司法解释，这些都使我国民事诉讼制度得到了极大的完善。但同时，人们也不得不注意到，当事人及其他诉讼参与人对我国民事诉讼制度的评价却并不如预想的那样高。揭露裁判不公个案的信息不时见诸媒体，特别是在网络时代，任何一个网民都可以成为潜在的公共信息发布者，使上述负面评价变得更加容易、迅速和普及。从整体上来说，法院的工作报告在相应的人民代表大会上的通过率已成为社会评价的一个重要指标。

从各级法院历年的数据分析,该指标不容乐观。

仅以国务院和最高人民法院在全国人民代表大会的工作报告的表决通过率[1]为例,就可以看出二者之间存在的巨大差距。

表1　国务院和最高人民法院工作报告的表决通过率对比

年份	国务院工作报告通过率（%）	最高人民法院工作报告通过率（%）
1999	98.43	77.67
2000	97.6	75
2001	97.7	70
2002	97.48	72
2003	99.3	79.4
2004		
2005		
2006		
2007	—	83.13
2008	98.5	78.1

就地方而言,则各有不同,但总体上来看都远低于相应政府工作报告的通过率,甚至出现了辽宁省沈阳市中级人民法院、湖南省衡阳市中级人民法院的工作报告均未被相应的人民代表大会通过的情况。

(二) 当事人对于现行民事诉讼制度不满意的典型问题

鉴于当事人是评价民事诉讼制度的主体,我们有必要细致地

---

[1] 该表中的数据部分来自侯猛所著《中国最高人民法院研究——以司法的影响力切入》(法律出版社2007年版,第136页),部分来自互联网上资料,由笔者自行计算得出。

分析一下当事人对于民事诉讼"不满意"的具体内容。

笔者认为，当事人对于现行民事诉讼制度不满意的典型问题集中体现在以下三项：

1. 裁判不公

主要是认为裁判结果不公正，也包括对于当事人的诉讼权利保障不充分。一旦出现这种想法，当事人往往倾向于认为（甚至某些律师也会出于推脱责任而暗示或者明示当事人）这是由于法官被对方当事人"搞定"了。

2. 审理时间过长或过短

当事人就该问题的意见往往同时涉及两个方面：一是认为审理案件的总体时间过长；二是认为在总体时间中，法官真正用于审理案件的时间过短。

3. 法官的法律水平低，审判作风恶劣

当事人认为某些法官不具备审理某些案件的专业法律知识，且不虚心听取当事人的意见，主观臆断造成判断错误。

（三）法律人对于现行民事诉讼制度的总体评价

在法律人内部，特别是学者们比较普遍地认为我国民事诉讼制度取得了划时代的进步，基本上已经并将继续与"国际标准"接轨。

法院及法官在民事诉讼制度的改变之中也"获益匪浅"。以"证据规则"为典型的举证责任由法院调查为主转变为当事人举证为主，这无疑大大地减轻了法院及法官的工作量；诉讼程序中关于各种时限的规定大大加强了诉讼程序的"不可逆性"乃至"不可弥补性"，因而大大减少了诉讼程序的重复性和反复性的可能。

这种评价与前述当事人的意见形成了鲜明的反差，甚至成为一种尴尬，即司法服务的提供者认为自己提高了服务水平，但相关"消费者"却不领情。

二、现行民事诉讼制度存在问题的根本原因

（一）民事诉讼制度与基本国情之间的关系

列宁指出：在分析任何一个社会问题时，马克思主义理论的绝对要求，就是要把问题提到一定的历史范围之内。❶

笔者认为，要想正确地认识和评价我国现行的民事诉讼制度，亦应如此，即必须考虑民事诉讼制度与基本国情之间的关系。

邓小平理论认为，我国的基本国情是：我国仍处于并将长期处于社会主义初级阶段，这是从社会性质和社会发展阶段上对我国国情所作的总体性、根本性判断。建设和发展中国特色社会主义要从我国实际出发，首先要从这个最大的实际出发。我国社会的主要矛盾是人民群众日益增长的物质文化需求与落后的生产力不能满足这一需求之间的矛盾。这一理论是当代中国最大的实际和最基本的国情，是邓小平理论的基石，是我们判断是非、开展工作的出发点。

笔者认为，当前司法领域的主要矛盾是全社会日益增长的司法需求与现有的司法资源不能满足这一需求之间的矛盾，这一矛盾是社会基本矛盾理论在司法领域的具体体现。这是对于当前司法领域实际情况的高度概括和总结，也是克服司法领域各种"顽疾"的理论基础，还是检验司法领域各种理论的真理性的试金石。

对于民事诉讼制度的评价，应当以其应对上述基本矛盾的能力作为依据。当然，我们必须同时对于任何资源的供需矛盾有正确的认识，即任何一种可以被称为资源的事物，其供需矛盾都是世界性的，且无法从根本上解决。但我们完全可以也应当追求一种相对合理的解决方法。

---

❶ 列宁：《列宁全集（第1卷）》，中共中央马恩列斯著作编译局编译，人民出版社1972年版，第98页。

(二) 基本国情中的消极因素及其对民事诉讼制度的影响

毋庸讳言,在我国基本国情中存在着一些消极因素。其中,人口科学文化素质的总体水平不高❶将会对民事诉讼制度产生严重的影响。

通过上述当事人对民事诉讼制度不满意的情况分析,笔者认为,当前当事人对民事诉讼制度感到不满意的主要原因在于:(1) 大多数当事人自身缺乏相关的法律知识和诉讼能力,其中部分当事人同时还缺乏购买法律服务的经济能力;(2) 诉讼过程中存在大量不透明的情况,而法官也未予解释和说明,当事人只能在诉讼结果中得到答案;(3) 法官队伍整体素质有待提高;(4) 廉政问题仍是当事人对裁判结果感到不满意后的主要怀疑对象;(5) 相当比例的当事人对于司法的过程及结果的心理预期具有一定程度的不合理性。

此处主要讨论的是在问题 (1) (3) (4) (5) 存在的前提下,如何解决至少是改善问题 (2)。

必须强调的是,笔者认为,在分析任何一种社会制度时,都应将该制度的参与者作为内生变量加以考察,而不能仅将其看做外生变量甚至常量即不变量。否则,就会像考察物理模型时假设摩擦力为零,或者考察经济现象时假设交易成本为零❷一样,分

---

❶ 中国人口科学文化素质的总体水平还不高,主要表现在:一是人口文盲率大大高于发达国家 2% 以下的水平;二是大学入学率大大低于发达国家;三是平均受教育年限不仅低于发达国家的人均受教育水平,而且低于世界平均水平 (11 年)。并且,城乡人口受教育程度存在明显差异。2004 年,城镇人均受教育年限为 9.43 年,乡村为 7 年;城镇文盲率为 4.91%,乡村为 10.71%。

❷ 实际上,科斯第一定理的本意并非制度 (包括法律) 对于权利的配置是无意义的,恰好相反,科斯认为,由于现实世界中交易成本不可能为零,故制度对于权利的配置是有意义的。

析的结论必将缺乏现实可操作性。

下面,我们就来分析一下第(1)种情况中的"某些"当事人,即不仅自身缺乏相关的法律知识和诉讼能力,同时还缺乏购买法律服务的经济能力的那些当事人。

(三) 司法弱势群体问题

按照马克斯·韦伯的观点,在现有的任何社会形态中,都存在着经济资源、政治资源和文化资源,而人们对于这三大资源的占有并不是均等的。❶ 就我国而言,上述不均等的情况在当前的转型时期更加凸显。

因此,出现了大量关于"社会弱势群体"的学术研究❷和高层关注❸。

笔者认为,与此相适应,在司法领域存在着"司法弱势群体"。在民事诉讼实践中,这一情况具体表现为当事人诉讼能力的不均等,部分当事人不仅自身缺乏相关的法律知识和诉讼能力,而且缺乏购买法律服务的经济能力。

(四) 中国特色的司法弱势群体问题

这里所说的司法弱势群体不是泛指世界范围意义上的在司法领域中的弱势群体,而是特指中国现阶段社会转型期在司法领域中的弱势群体,就其成员而言,司法弱势群体与社会弱势群体中进入司法程序的部分具有高度的重合性。

与此同时,司法现代化的进程对于司法弱势群体的形成和强化在客观上产生了一定的"推动"作用。

---

❶ 马克斯·韦伯著,林荣远译:《经济与社会》,商务印书馆1991年版,第170页。

❷ 在余少祥所著《弱者的权利——社会弱势群体保护的法理研究》一书中,列举了12种类型的学术定义,见该书第5~8页,社会科学文献社2008年版。

❸ 胡锦涛总书记的十七大报告和温家宝总理在十届人大四次会议的政府工作报告中均有专门论述。

一、总　论

当前我国法律制度日益专业化、分工高度细化、法律条文的表述全面学术化、法院调查大大弱化和淡化、庭审程序趋向规范化和仪式化，这些都对当事人诉讼能力提出了空前高的要求，也就是说，当事人的诉讼能力与案件处理结果具有密切的正相关性。

容易想到的一个解决方法就是由不具备相应诉讼能力的当事人聘请律师。但这一方法仍然存在一些难以克服的困难，如当事人经济能力弱、律师的专业性限制等，使许多当事人因缺乏诉讼能力（确切地说，就具体当事人而言，是指针对特定案件所需要的特定的诉讼能力）而败诉或未能取得客观事实所支持的利益。而他们往往也同时是经济资源、政治资源和文化资源的弱势群体，在出现因其诉讼能力限制导致证明的法律事实与客观事实存在较大差异进而败诉或不利益的情况时，他们会产生一种"被抛弃"、"被忽视"的感觉，对政府和社会产生不信任甚至有怨言。在现实中，这种情况又可能与实际的司法不公相交织，产生了司法弱势群体对于司法评价较低与法院自身评价较高之间的紧张。

笔者认为，就当前而言，上述对民事诉讼制度不满意的当事人主要就是指司法弱势群体。前文所述关于民事诉讼制度的社会评价问题同样可以引用边际效用理论加以解释。

因此，要想提高当事人对民事诉讼的满意度并达到帕累托最优的状态，就必须：

1. 充分关注司法弱势群体，满足其合理的诉讼需要和诉讼心理需求

应当明确区分当事人的诉讼需要和诉讼心理需求。前者主要是指当事人的诉讼请求和诉讼主张；后者则不仅指当事人期望的诉讼最终结果，还包括诉讼过程中受到尊重，对诉讼最终结果的事实和法律依据的充分理解，对于司法弱势群体而言还包括对于

"包青天"或"马锡武"式法官的指导和帮助的期待。根据笔者自身的司法实践经验，败诉的当事人也未必不满意，胜诉（极而言之甚至是全部胜诉而非部分胜诉）的当事人未必满意。

2. 科学合理地配置制度资源，纠正"20/80"现象，实现总效用最大化

研究表明，在计算机功能日益强大的情况下，大约80%的计算机用户仅使用了20%的计算机功能，而只有20%的计算机用户（往往是计算机专业人士）使用了80%的计算机功能。该现象后来被扩展至社会各个领域，被称为"20/80法则"。

该现象在民事诉讼领域内也有所表现。每个法官审理的案件中只有一小部分是比较重要复杂的案件（但未必是司法统计意义上的大要案），这一小部分案件却需要法官投入大部分时间和精力；而其他的在数量上占绝对多数的案件则只能得到法官的小部分的时间和精力了。

不幸的是，那些多数案件的当事人往往就是司法弱势群体。因此在审理此类案件时，就很可能出现整体审理时间过长，而真正用于审理该案的时间（特别是法官与当事人直接交流的时间）过短的情况了。

笔者无意主张完全平均分配法官的审判投入，这种"绝对平均主义"的做法无疑也是不科学的。笔者想要强调的是，在当前存在对"大要案"过多的学术关注、社会关注乃至"领导关注"的情况下，理性的法官会自觉或不自觉地趋向于向其投入更多的时间和精力，从而过分地减少了对其他案件的投入，甚至会出现被关注的案件正是涉及弱势群体的案件，但在该案件备受重视的同时，其他的案件正在受到忽视的具有讽刺意味的情况。

三、建立中国特色的民事诉讼指导制度

(一) 基于中国国情,针对当事人的特点,确立实质平等的民事诉讼理念

当事人诉讼地位平等是我国民事诉讼制度的基本原则之一,这也是宪法规定的平等原则在民事诉讼领域的具体表现。

但平等的概念极为复杂,有机会平等与结果平等,经济平等、政治平等、文化平等,形式平等与实质平等,以及平等与公正、正义、自由和效率的关系等多个层面的问题。

笔者认为,在民事诉讼领域,应当建立实质平等的基本理念,即在我国基本国情的大背景之下,在审理民事案件中以追求客观真实为最高理念,并且基于当事人的程序保障、诉讼的促进、诉讼经济等因素的考虑,必须兼顾当事人的实体利益和程序利益。❶

(二) 建立实质平等的民事诉讼制度,弥补现有制度资源的不足

1. 律师制度

要想解决上述问题,首先应当在现有的制度资源中"挖潜"。而在现有资源中,首先容易想到的是律师制度。笔者认为,由于律师代理费的问题,目前而言,广大司法弱势群体是难以"消费"得起律师服务的。

2. 法律援助制度

另一个可能的解决方案就是法律援助制度。

2003 年 7 月,国务院公布的《法律援助条例》构筑了中国特色法律援助制度的基本框架,标志着我国法律援助制度的正式

---

❶ 江伟:"市场经济与民事诉讼法学的使命",载《现代法学》1996 年第 3 期,第 9 页。

确立，中国的法律援助事业翻开了崭新的一页。但是，时代发展的步伐在加快，社会关系也变得越来越复杂，与法律援助有关的法规对此社会关系的调整显得有些力不从心，实践中存在着诸多问题：(1) 立法不完善，制约着法律援助工作的进一步开展。(2) 资金不足，严重困扰着法律援助工作的扩展。(3) 供需矛盾尖锐，严重影响了法律援助工作的深入开展。(4) 管理机制不完善，法律援助形式单一。❶

可见，就目前而言，法律援助主要针对刑事诉讼中的弱势群体，试图通过法律援助解决民事诉讼中的司法弱势群体问题具有一定的局限性。

(三) 为建立实质平等的民事诉讼制度，实现从辩论主义原则向协同主义原则的转变

20世纪80年代末到整个90年代，民事诉讼理论猛烈地批判中国超职权主义的诉讼模式，并把西方发达国家的诉讼法律图景作为中国诉讼法律的理想图景，为审判方式改革描绘了当事人主义的前景，以寻求在当事人与法院之间关于事实发现、程序促进等方面的权限实行恰当的分配，使程序权利朝着当事人支配的方向发展。司法实践认同了这一观点并加以推广；我们进行多年的民事审判改革，就是确立西方现代化国家的"当事人主义模式"，如倡导了辩论主义的三原则，将英美对抗制的某些做法引入我们的法庭。核心做法是，把事实发现的责任交给当事人；法庭中立，只要适用法律并作出判决即可。

民事诉讼理论的先行者在倡导当事人主义模式之初期，受着创立中国民事诉讼法秩序的热情的召唤，对当事人主义的渴望与对旧职权主义的批判一样有强烈的责任感（偏颇是批判者的必

---

❶ 陈明国："浅析我国法律援助制度的完善"，载《法制与社会》2007年第10期，第158~159页。

要品格），他们强调了中国所稀缺的对抗制因素和辩论主义因素（这些因素抽象后归结到一起就是当事人主义），而忽略了两个事实：第一，古典的当事人对审主义和辩论主义中的自由主义倾向在 20 世纪已经发生了重大变化，以社会法学所支配的法律原则已经悄悄地渗透到民事诉讼中，对抗制和辩论主义都已经发生转型。可以说，在 20 世纪末中国民事诉讼所寻找和倡导的当事人主义参照系，是欧美传统自由主义法学的观念。而中立的、消极的法官和积极的、竞技的当事人这一当事人主义图像已经在 20 世纪中后期完全改版。第二，在司法权力化组织体系高度发达的中国，与其否定职权的作用不如承认审判权的作用并加以明确规范，促进司法者能动地输出正义。没有健全而有效的程序规范体系，没有与司法权力相统一的法院（法官）责任制度，没有建立严格恪守职业伦理的司法官队伍，就把发现事实的责任交给当事人，其实就是推卸发现案件事实的责任，放弃了对正义最低限度的追求。❶

笔者同意肖建国先生的观点，认为中国民事诉讼发展的方向是协同主义，即是指民事诉讼中法院（法官）运用职权发挥能动作用，与当事人实现充分的相互沟通与协作，从而使法官和当事人在事实发现、程序促进等方面共同推进民事诉讼程序的一种模式。协同主义是针对传统辩论主义的不足，通过确保法官权力运用与责任强化，促进法官与当事人在诉讼中的互动。主要因素包括：（1）法官有阐明权（义务）；（2）法官为形成心证、发现真实所必要的一些权力，如德、日民事诉讼法中规定法官可以询问当事人、可以依职权勘验等权力；（3）法官有指出要适用的法律的义务；（4）当事人有真实陈述的义务；（5）当事人有

---

❶ 肖建国：“构建协同主义的民事诉讼模式”，载《政法论坛》2006 年第 9 期，第 29~32 页。

诉讼促进义务等。目前可借鉴的比较成熟的制度是法官阐明制度。

阐明是指在诉讼前或诉讼中，法院以适当方式告知有权启动诉讼程序的当事人或者诉讼当事人，进行适当的声明或者在其声明不明确、不完整、不适当时告知其为适当声明。❶ 我国现行法律文件中缺乏对于民事诉讼中的阐明制度的规定，只是在《最高人民法院关于民事诉讼证据的若干规定》第三十五条第一款❷中有所涉及。该款虽然只是从举证时限的角度，对于特定的两个领域——"法律关系的性质"和"民事行为的效力"作出的规定，但毕竟是一个突破。笔者认为，应当从整个民事诉讼架构的角度，就全部民事诉讼领域建立法官阐明制度。其具体内容还应包括适用法律、法条含义的解释、举证指导等。

当然，作为一项完善的制度设计，还应当建立配套的规则以明确阐明适用的范围、程序以及不当阐明的救济。笔者认为，在民事诉讼中，有关身份关系的案件、申请保全或中止审理的问题不应适用阐明制度，其他领域均可适用。但阐明制度的适用必须遵照比较严格的规则，以免出现假阐明之名行偏袒之实❸的情况。笔者认为，进行阐明的程序规则至少应当包括：（1）在双方当事人均在场的情况下进行；（2）阐明内容应当记入笔录；（3）应当首先采取启发式方式（如：向当事人提示欲阐明的问题的概念而不是具体内涵，向当事人就欲阐明的问题提问等），

---

❶ 张力：《阐明权研究》，中国政法大学出版社 2006 年版，第 124 页。

❷ 该款规定：诉讼过程中，当事人主张的法律关系的性质或者民事行为的效力与人民法院根据案件事实作出的认定不一致的，不受本规定第三十四条的限制，人民法院应当告知当事人可以变更诉讼请求。

❸ 笔者认为，行偏袒之实的判断标准是利用诉讼技巧达到违背实质公正的程度。

如未奏效再采取比较明确具体的方式进行阐明。当出现不当阐明❶时,当事人有权提出异议,同时也可以提出上诉或申请再审。

(四)为建立实质平等的民事诉讼制度,实现从结果公开公正向过程公开公正的转变

前文已经论述,当事人对于民事诉讼的评价不仅与审理结果有关,还与审理过程有关。

笔者认为,除应建立法官阐明制度外,还应建立法官心证公开制度。

所谓"心证",按照我国台湾地区学者邱联恭先生的观点:"狭义言之,系指法官在事实认定时所得确信之程度、状况;广义言之,系指法官就系争事件所得或所形成之印象认识、判断或评价。此种意义的心证,依民事审判所具下述特征观之,系可能包含法官的法律上见解在内,而非仅指将其法律上认识、判断或评价予以完全除外者。""心证公开","系指法官将其在诉讼审理中(自其研阅起诉状之时起)所形成上诉意义的心证。于法庭上或程序进行中,向当事人或利害关系人开示、披沥,使其有所知悉、认识或理解一事。而可能包含法律上见解之表明在内。"

由我国台湾地区学者有关"心证"及其"心证公开"基本含义的认识可见,"心证公开"实质上是从程序规范的角度,责成法官在司法审判中将其对于案件事实、证据以及有关法律见解的认识,向当事人和利害关系人公开、披露、阐释为特征的制度。这种源于德国"司图加特审判模式"(Stuttgaer Modell)的制度要求法官在司法审判中,将其对于证据的评价和事实的认定,即在审

---

❶ 所谓不当阐明,是指应当阐明而未阐明,或者不应当阐明而阐明,或者阐明超过了必要的限度,或者阐明不符合程序。张力:《阐明权研究》,中国政法大学出版社2006年版,第304页。

判过程中所形成的"心证",向当事人和利害关系人公开,并告知当事人判决的理由和依据。因而,不仅促进了当事人与法官对于有关案件所涉事实和法律适用上的讨论,改变了"古典自由心证"的神秘性、隐秘性,以及不受任何制约和约束的缺陷,有利于克服法官心证形成过程中的偏差和主观随意性,在裁判上防止对于当事人以及利害关系人的"突袭性裁判",符合司法审判民主、公正和透明的发展潮流。而且,这种审判方式以及有关的学说和思想,也引起了大陆法系各国理论界与司法实务界的极大兴趣和普遍的关注。德国、日本和我国台湾地区的学者先后对此展开了深入研究,形成了有关"心证公开"以及防止突袭性裁判的一系列思想和学说。在一些国家、地区的立法上还进行了相应的立法完善和制度改革,从而促使自由心证制度由传统意义上的秘密心证,以及绝对的不受任何制约的"古典自由心证",发展、演进成为现代意义上的更为民主、公正和具有较高透明度以及更为科学和富有理性的"现代自由心证"制度。❶

在我国,出于尽量避免受到种种不当影响的考虑,法官往往在审理案件过程中对于实质问题讳莫如深,直到判决作出时才一并作出首次然而也是最终的表态。这样做,虽然可以使法官避免在审理过程中受到不当影响,但同样会使当事人产生错误的预期。

笔者认为,上述做法有因噎废食之嫌。关于不当影响的问题应当采取坚持依法独立行使审判权的制度加以解决,而对于举证责任的分配、关键证据的认证等重要问题应当进行心证公开,必要时还可以作出"中间判决"❷。

---

❶ 廖中洪:"'心证公开'若干问题研究",载《法学论坛》2006年第3期,第30页。

❷ 其法律依据为《民事诉讼法》第一百三十九条。该条规定:人民法院审理案件,其中一部分事实已经清楚,可以就该部分先行判决。

四、结 论

笔者认为,应当建立中国特色的民事诉讼指导制度,实现从结果公正向过程公正以及从以法官为中心向以当事人为中心的转变,充分借鉴和利用国外的法官阐明权和心证公开制度,将辩论主义和处分主义转变为协同主义。

当然,我们必须认识到,法官群体也是民事诉讼制度中的一个重要的内生变量。当前我国法官群体在人员数量、知识结构、年龄结构以及政治素质等各方面均有不足。建立民事诉讼指导制度必将加强法官的职权主义,而在法官群体存在诸多不足的情况下,必将凸显许多问题,如果解决不好,甚至会出现事与愿违的情形。而且,在目前我国存在许多关系案、人情案、金钱案的情况下,要求法官与当事人进行过多的沟通,反而可能促使当事人拉关系、走后门。❶

但笔者认为,上述问题的根源并非在于民事诉讼指导制度。对于这些问题,应当逐一分析,对症下药,而不能因噎废食。但是也应当看到,任何一个重大问题的彻底解决绝不是依靠一两项制度的改变就能成功的,必须依靠整体制度的协调改变。目前,针对我国社会存在的司法弱势群体的严重问题,我们不应束手无策,而应解放思想、大胆改革,建立中国特色的民事诉讼指导制度。

---

❶ 据笔者了解,许多法官为避免外界的不当干预,恰恰是采取让当事人猜不出其倾向性意见,突然进行判决的方法。

二、著作权热点问题研究

二、苏什科夫娜京阿瑟研究

合作作品研究

一、引 言

随着社会的发展，智力劳动成果的创造越来越需要人们的合作。在著作权领域，这种情况突出地表现在合作作品上。由于合作作品具有"主体多元化"的特点，因此，在实践中便具有较高的引发纠纷的可能性。在这种情况下，如果著作权法能够科学合理地调整、规范合作作品的创作和使用中的各种关系，就可以适应客观需要，促进文学艺术的繁荣和科学的进步，进而对社会发展起积极作用；否则，就会起相反的作用。

那么，我国关于合作作品的立法和司法保护的情况如何呢？

从司法实践来看，涉及合作作品的著作权纠纷所占比例较大，而且比较复杂。❶但从立法来看，我国著作权法律、法规中对于合作作品的规定过于简单，缺乏可操作性，甚至存在漏洞。

因此，对于合作作品的研究既具有理论价值，又具有实践意义。

二、合作作品的概念与分类

（一）作品的概念与分类

要想准确地把握合作作品的概念，必须首先考察其"种概

---

❶ 从1983年到1991年，在我国发生的一千多起著作权纠纷中，属于"合作作品"的占三分之一以上，而且比较难于解决。吴荣祚："论'合作作品'"，载《著作权》1992年第1期，第17页。

念"——作品。

我国《著作权法实施条例》第二条规定:"著作权法所称作品,指文学、艺术和科学领域内,具有独创性并能以某种有形形式复制的智力创作成果。"❶

为了针对各类作品的不同特点进行深入的分析,有必要对作品从不同角度进行分类。例如:①依照作品的表现形式进行分类是立法规定的重要分类方式;❷ ②依照作品的创作性质可以分为原创作品与演绎作品;③依照作者的职务属性可以分为职务作品与非职务作品;❸ ④依照作者的人数可以分为单人作品与非单人作品。❹ 当然,除了上述分类外,学理上还可能有其他分类。

(二) 合作作品的概念及其辨析

1. 合作作品及其对称❺的概念

我国立法对于合作作品的定义为:"两人以上合作创作的作品"。❻

---

❶ 必须指出:我国《著作权法实施条例》前后有两个,第一个是1991年制定的,第二个是2002年制定的。为了避免混淆,本文将前者称为"旧实施条例",将后者称为"新实施条例";同理,本文将我国1990年制定的《著作权法》称为"旧著作权法",将2001年修正的《著作权法》称为"新著作权法"。就作品的概念而言,新旧两个"实施条例"在内容上完全相同,在条文序号上也没有变化,均为第二条。

❷ 参见我国"旧著作权法"第三条、我国"新著作权法"第三条、《伯尔尼公约》第二条、《世界版权公约》第一条的规定。

❸ 江建名:《著作权法导论》,中国科学技术大学出版社1994年版,第139~141页。

❹ 吴荣祚:"论'合作作品'",载《著作权》1992年第1期,第17页。

❺ 这里的"对称"不是"指图形或物体对某个点、直线或平面而言,在大小、形状和排列上具有一一对应关系",其中的"称"的音调应为"阴平","对称"是指"与之相对的概念",例如:"高"是"低"的对称。下同。

❻ 见"旧著作权法"第十三条、"新著作权法"第十三条。

显然，合作作品的对称就是"一人独自创作的作品"，对于后者，学者们为其冠以不同的名称，例如："单人作品"❶、"独著作品"❷、"独创作品"❸等，而这些不同的名称实际上指向的都是相同的客体。究竟采用哪一个名称更为贴切、妥当呢？笔者认为，其中的"独创作品"可能会被误认为是指具有独创性的作品，进而可能会让人误认为存在不具有独创性的"作品"；而"单人作品"的概念则会产生歧义，既可能是指由一人独自创作的作品，又可能是指由一人独自享有著作权的作品❹；因此，比较而言，采用"独著作品"这一概念作为合作作品的对称比较合适。

可见，合作作品与独著作品是以作者的数量为依据对于作品做出的分类，从逻辑上讲，这种分类方法以"二分法"的方式穷尽了作品的整体，换言之，以全体作品为集合时，合作作品与独著作品互为补集。

2. 相关概念的辨析

（1）合作作品与共有著作权。

由一人单独创作的作品不能成为合作作品，而是独著作品。但是，美国有一种观点认为，由一个作者独著的作品而后将其权利转让给两个或者两个以上的人所产生的结果，使该作品成为合作作品。1984 年美国第九巡回法院在 Oddo V. Ries 一案的判决中认为，作者可以将其著作权利益之一部分转让给他人而自己保留其中的另一部分；这种转移也可以发生在由多个继承人对同一

---

❶ 吴荣祚："论'合作作品'"，载《著作权》1992 年第 1 期，第 17 页。

❷ 费安玲："作品的概述"，载《中华人民共和国著作权法讲析》，中国国际广播出版社 1991 年版，第 131 页；吴汉东等：《西方诸国著作权制度研究》，中国政法大学出版社 1998 年版，第 72 页。

❸ 江建名：《著作权法导论》，中国科学技术大学出版社 1994 年版，第 138 页。

❹ 这两种情况是不同的，下文将做深入探讨。

著作权的继承中。❶

对此,笔者不敢苟同。从前述的合作作品的概念中可以看出,判别合作作品的依据应是作者的数量,而不能以此后作品著作权主体数量的变化改变作者数量的事实。也就是说,合作作品是两个以上的作者的作品,而不是两个以上的著作权人的作品。上述观点实质上是混淆了"作者"与"著作权人",从而混淆了"合作作品"与"共有著作权"。

一般来说,作者是著作权的基本主体,是第一著作权所有人,其例外情形应以合同约定或法律规定为限。❷

共有著作权❸的判别依据则是著作权所有人的数量。它既包括合作作品在创作完成时就已确定的情形,也包括作品在此后发生的权利人变化为复数的各种情形。其具体情形应包括:①合作作品;②著作权人将其著作权转让给两人以上;③著作权人将其著作权的一部分转让给他人,自己保留一部分;④著作权人死亡,由两人以上继承或者受遗赠;⑤法人或非法人单位著作权人分立,或者中止后由两人以上继受。❹

显然,一部作品的作者自其创作完成以后❺就是确定不变

---

❶ 吴汉东等:《西方诸国著作权制度研究》中国政法大学出版社1998年版,第73页。

❷ 有关作者与著作权人的关系问题,可参见吴汉东等:《西方诸国著作权制度研究》,中国政法大学出版社1998年版,第67~72页。笔者认为,这里所说的"例外情形"应包括:法人作品、职务作品、委托创作的作品中约定著作权归属于委托人的作品。

❸ 所谓共有著作权是指两个以上的民事主体对同一作品的著作权的共同享有。

❹ 我国"旧著作权法"第十一条规定:"由法人或者非法人单位主持,代表法人或者非法人单位意志创作,并由法人或者非法人单位承担责任的作品,法人或者非法人单位视为作者。""新著作权法"第十一条第三款做了基本相同的规定,只是将其中的"非法人单位"修改为"其他组织"。

❺ 之所以是"自其创作完成以后"而非"创作伊始"或"创作过程中",是因为可能此后有其他合作作者的加入。

的，而且是永恒不变的；而一部作品的权利状态则是可以不断变化的，人们只能在一个确定的时段上确定该作品著作权人的数量。因此，在实践中完全可能出现这种情况：一部独著作品在某一时段成为多人享有著作权的作品；一部合作作品在其创作完成时由合作者共有著作权，而后成为单人享有著作权的作品；甚至一部合作作品由于合同约定或法律规定自始就是单人享有著作权的作品。可见，合作作品与共有著作权并无必然的联系。

（2）合作作品与演绎作品

演绎作品是从原有作品中派生出的新作品，又称派生作品、衍生作品或二次作品，其内容包括翻译、改编、汇编、摄制电影等。

经原作者许可（即授予演绎权）而在不变动原作品基本情节情况下的再度创作成果——演绎作品，其中固然含有原作者的精神劳动，再创作人在行使自己的版权时也要注意勿损害原作者的利益，但演绎作品的作者却享有完整的版权。合作作品的各个合作作者，则是共享一部作品的版权，其中每个人自己享有的版权都不是完整的。❶

可见，对于演绎作品的形成虽然有赖于原有作品著作权人的授权，但并不能因该授权而使原有作品著作权人自动成为演绎作品的合作作者。

（3）结论

判断合作作品的唯一标准是该作品作者的数量。判断的时点应于作品创作完成之时，在创作过程的"中途"加入创作的人亦为合作作者。演绎作品不因原有作品著作权人的授权而使其成

---

❶ 郑成思：《版权法》（修订本），中国人民大学出版社1997年版，第182～183页。

为合作作品❶。作品不因著作权人为复数而成为合作作品。

(三) 合作作品的分类

我国立法将合作作品分为"可以分割使用的合作作品"和"不可以分割使用的合作作品"。❷ 下面分别进行研究。

1. 可以分割使用的合作作品

我国立法中规定的"可以分割使用的合作作品",在一些国家的著作权法中被称为"合成作品"或"结合作品"(Collective Works),不属于合作作品。

有学者认为,"结合著作者,即在外观上呈一个著作之形态,但其内容,系由各个独立之著作结合而成,有分离利用之可能性者。"❸

例如,《德国著作权法》第9条规定:"【合成著作】数名著作人为共同使用其著作而互相联合,其中任何一名著作人均可要求其他著作人根据诚实信用原则许可他人发表、使用和改动该合成著作。"同时,该法第8条对于"合作作品"做出了专门的规定。❹

这些国家的立法认为,合成作品的著作权不是一个,而是有两级著作权:合作作品本身作为一个整体享有的著作权为一级著作权,但只属于将每个独立存在部分合成为整体的人,而不是所有合作作者;合作作者仅对其创作的部分单独享有著作权,为二

---

❶ 这当然不是说演绎作品不可以是合作作品,只是说它不能因这个原因而成为合作作品。

❷ 参见"旧著作权法"第十三条、"旧实施条例"第十一条、"新著作权法"第十三条、"新实施条例"第九条之规定。

❸ 萧雄淋:《著作权法研究(一)》,三民书局股份有限公司1989年版,第352页。

❹ 沈仁干主编:《著作权实用大全》,广西人民出版社1996年版,第696~697页。

级著作权。有人将此称为"双重著作权"。❶

笔者认为,合成作品的组成部分均为独立的作品,可以称其为"作品的合成"的一种形式。"作品的合成"还应包括由作品组成的汇编作品❷以及由作品组成的而不具有选择或编排上的独创性的数据库,由于后者不是作品,在此不予讨论,这里仅研究合成作品与前者的关系问题。

由作品组成的汇编作品是指对若干作品的选择或者编排体现独创性的作品。它与合成作品的区别在于:作为组成部分的作品的作者在创作时的意思。如果其创作是为了将其作品合并为相互依存的单一整体作品的意思,则为合成作品;如果其意思发生于作品创作完成之后,其作品与他人创作的作品则产生汇编作品。❸

2. 不可以分割使用的合作作品

我国立法中规定的"不可以分割使用的合作作品",在多数国家的著作权法中被称为"共同作品"或"整体作品"(Joint Works),是指两人以上创作的、统一而不可分割使用的作品,认为这才是合作作品。❹

共同作品通常由合作者共同构思和确定编写提纲、分工写作、统一定稿,由于思想观点相互渗透,以致虽有写作分工,也无法确定哪一部分属于谁的创作,所谓"你中有我,我中有你"。

---

❶ 戴建志:《合作作品的著作权》,法律出版社1998年版,第44~45页。
❷ 汇编作品的组成成分还可以是作品的片段[见"旧实施条例"第五条第(十一)项]或者不构成作品的数据或者其他材料(见"新著作权法"第十四条)。
❸ 萧雄淋:《著作权法研究(一)》,三民书局股份有限公司1989年版,第354页。
❹ 德国、英国、法国、美国、日本等国家的著作权法均如此。参见郑成思著:《版权法(修订本)》,中国人民大学出版社1997年版,第294页。

共同作品与演绎作品的区别亦在于作者在创作时的意思。如前所述，演绎作品不因原有作品著作权人的授权而使其成为合作作品。

3. 合成作品与共同作品的区别

二者区别的标准，有"分离可能性说"和"个别利用可能性说"两种。前者以两人以上创作外形上单一的作品的构成部分能否形式的、物理的分离为标准，能够分离者为合成作品，不能分离者为共同作品；后者以分离的作品是否有被个别利用的可能性为标准，有个别利用的可能性者为合成作品，不能被个别利用者为共同作品。

如果作品有分离且个别利用的可能性，当然是合成作品；如果作品不能分离，自然不能个别利用，是共同作品。但对于有分离的可能性，而不能个别利用的作品如何确定其性质呢？例如，座谈会上各个发言者的发言有分离的可能性，但甲的发言是针对乙的发言，个别发言没有独立的价值，不能单独利用，依"分离可能性说"应为合成作品，依"个别利用可能性说"应为共同作品。对此，日本旧著作权法采"分离可能性说"，新著作权法则采"个别利用可能性说"。❶

我国著作权法显然采纳的是"个别利用可能性说"，笔者同意这种学说。我国学者认为鲁迅和许广平合著的《两地书》应为共同作品即是一例。❷

三、认定合作作品的标准

合作作品构成要素或者说认定合作作品的标准到底是什么

---

❶ 萧雄淋：《著作权法研究（一）》，三民书局股份有限公司1989年版，第352页。

❷ 戴建志：《合作作品的著作权》，法律出版社1998年版，第42~44页。

呢？对此，各国法律的规定和学者们的认识是不一样的。一是"二要素说"：其一是有合意，其二是有合作创作的事实。二是"三要素说"：除了上述二要素外，还强调作品构成单一形态，是一个不可分割的整体。匈牙利、法国、前苏联等国的著作权立法基本上采纳"二要素说"的规定，英国、意大利、日本、美国等国的著作权法则采纳"三要素说"。❶ 可见，"二要素说"的外延及于合成作品和共同作品，"三要素说"的外延仅及于共同作品，而将合成作品排除于合作作品之外。

根据前述我国立法的规定可见，我国采纳的是"二要素说"。

笔者认为，构成合作作品应当具备以下要素：

（一）合作作者有合作创作的合意

"合意"是指完成作品的作者之间有共同合作创作的意图。但这并非意味着合作者事先有意思联络，可以在一部分合作者的创作过程中加入进来；也不必要求各自创作部分在同一时间完成；甚至作者完全陌生亦可。

美国有一种理论认为，在创作作品时各创作者之间须具备某种意图（the intention），这种意图即是他们有意将各自创作的作品或者自己对作品贡献结合成一个单一体，而不管是否具有正式的协议或者是否当面接触。1994 年美国第二巡回法院在 Edward B Marks Music Crop. V. Jerry Vogel Music Co. 一案的判决中得出了这样的结论：尽管歌曲《标志》的曲作者与词作者彼此完全陌生，但只要他们具有将各自的创作部分结合成一个单一体的意

---

❶ 温旭、王立华编著：《共有知识产权》，北京大学出版社 1992 年版，第 165～167 页。

图,并且实际上进行了创作,那么该歌曲就是一件合作作品。❶
关于这个问题,美国著作权法第 101 条规定:"合作作品,是两个或者两个以上的、具有将各自的贡献结合成一个不可分割的或相互依存的单一体之意图的创作者共同创作的作品。"

(二) 合作作者有共同创作的行为

这是指合作作者依合意都对作品的完成作出了直接的、实质性的贡献。每个合作作者各自投入的精神劳动,都应当具有相应的质量和数量,是作品必不可少的,与其他合作者投入的精神劳动是互相配合、互相补充、协调一致的。这里的共同创作行为并非要求合作者之间必须做同样形式的行为,也并非意味着合作者必须在创作上互相类似,在数量或质量上相当。

(三) 产生的合作作品必须是一个有机的整体

前面已经说过,合作作品有"二要素说"和"三要素说",无论采纳哪一种说法,合作作品都必须是一个有机的整体。其含义为:(1) 合作作品只能是在共同创作行为全部结束时才会产生,而不会在此期间内陆续地或分别地产生;(2) 合作作品是一个有机的整体,合作作者创作的每一部分对于作品来说都是不可缺少的。❷

综上所述,笔者认为,合作作品的学理定义应当是:由两人以上作出共同创作的意思表示,并通过他们的共同创作行为创作出来的形成有机整体的作品。

四、合作作品作者身份的确定

在涉及合作作品的纠纷中,很多是由于确定合作作者的身份

---

❶ 吴汉东等:《西方诸国著作权制度研究》中国政法大学出版社 1998 年版,第 73~74 页。

❷ 吴荣祚:"论'合作作品'",载《著作权》1992 年第 1 期,第 19 页。

产生矛盾而引起的,而且这部分纠纷也比较难于解决。我国立法规定:"没有参加创作的人,不能成为合作作者。"❶ 但这毕竟过于原则,无法以此作为判断"创造性劳动"的标准。另外,前面虽然已经确定了合作作品的构成要素,但仅仅根据它来确定合作者还是比较困难的。这是因为:(1)判断参加创作的人所提供的工作是创造性的,还是劳务性的,并不能依据事先约定;(2)"创造性劳动"的含义太广泛和一般了,只有很少一部分工作是谈不上任何创造性的纯劳务。❷ 对此,学者们提出了不同的学说。

(一) 价值决定论

张佩霖先生在《著作权》1991年第1期发表文章《试论确定著作权是否共有的界限》,提出了"价值决定论"。文章"根据著作权法第十三条的规定,参考政治经济学中劳动创造价值的理论",提出:"依是否决定作品的价值的创作性劳动来决定能否共享著作权","决定作品价值的创作性劳动"即决定该作品(学术、艺术等)价值的创造性劳动。由此,引起了学者的争鸣。

李迟善先生在《著作权》1991年第2期发表文章《合作创作决定著作权共有——与张佩霖同志商榷》。文章认为,引进价值尺度的实际效果,使我们在概念和判断上更为模糊了:(1)"价值"概念的模糊性。政治经济学中的价值是指凝结在商品中的一般的、无差别的人类劳动,在数人参与的作品的形成过程中,虽然各参与者的劳动形式与分工可能不同,但都能抽象为

---

❶ 见"旧著作权法"第十三条第一款、"新著作权法"第十三条第一款。
❷ 浮新才:"试论合作作者的认定标准",载《著作权》1993年第2期,第25页。在该文中,作者还认为:合作作品只能是一个作品,而不是若干个作品的集合。笔者认为,这一条只适用于共同作品,不适用于合成作品。

一定量的无差别劳动,即价值,即使在作品形成过程中参与一般性劳务合作的人,其劳动价值同样凝结在作品之中。(2)"价值"判断的模糊性。"价值决定论"认为,在作品中只有就自己创作的部分体现一定的学术、艺术价值的作者,才能成为合作作者。这显然与作品的"独创性"要求相违背,不应成为判断合作作者的标准。

笔者同意后者的观点,认为"价值决定论"开阔了人们认定创作性劳动的范围,即创造性体现在作品中的结果要从价值上考虑,但由于"价值"的概念和判断上的模糊性,不能成为判断合作作者的标准。

(二) 作品原创性成分来源的标准

浮新才先生在《著作权》1993年第2期发表文章《试论合作作者的认定标准》,提出了"作品原创性成分来源的标准"。文章认为,无论是单人作品还是合作作品,产生著作权的核心是作品的原创性,只有其劳动直接增加了作品原创性成分的人才是作者(根据最高人民法院的司法解释,该成分不受量上的限制),否则,即使其劳动包含相当高度、复杂的技巧(因而也有创造性,不是一般劳务),也不具有作者的资格。

笔者基本上同意这种观点。这是因为,作品应当是作者的创造性劳动的成果,表现为作者的智力或者精神活动的结果,是具有个人风格的独创。因此,对于参与合作作品的人来说,只有其劳动的结果最终构成了作品的独创性的成分,才能成为合作作者。

五、合作作品著作权的行使

如前所述,我国立法对于合作作品的规定是采"二要素说"的,也就是说,我国合作作品的外延比较广泛,其中不同的合作作品具有各自不同的特点,有必要根据这些特点对合作作品进行分类，然后更有针对性地研究其著作权行使的问题。

（一）合成作品著作权的行使

1. 合成作品作者的内部关系

我国立法规定："合作作品可以分割使用的，作者对各自创作的部分可以单独享有著作权，但行使著作权时不得侵犯合作作品整体的著作权。"❶

《最高人民法院关于贯彻执行〈中华人民共和国民法通则〉若干问题的意见（试行）》第135条规定："合著的作品，著作权（版权）应当认定为全体合著人共同享有；其中各组成部分可以分别独立存在的，各组成部分的著作权（版权）由各组成部分的作者分别享有。"

有学者认为，在合成作品中存在两类著作权人，一是"整部作品著作权人"，二是"按份共有的著作权作者"，后者对整部作品不享有著作权，只分别对自己完成的部分享有一种"整体版权"之后的"分版权"。❷

对此，笔者不敢苟同。

首先，我国著作权法规定合作作品的"著作权由合作作者共同享有"；而在前面讨论的确定合作作者身份中，我们已经知道，只要其劳动的结果最终构成了作品的独创性的成分，就是合作作者，并非要求合作作者必须在创作上互相类似，在数量或质量上相当。因此，包括"按份共有的著作权作者"在内的所有作者都是合作作者，都应当就合作作品的整体享有著作权。

其次，我们知道，按份共有是指两人以上对同一项财产按照

---

❶ 见"旧著作权法"第十三条第二款、"新著作权法"第十三条第二款。
❷ 戴建志：《合作作品的著作权》，法律出版社1998年版，第45～47页；吴荣祚："合作作品的署名与版权——对两本书署名方式的比较分析"，载《著作权》1993年第4期，第48～49页。

份额享有所有权。其法律特征为：（1）各个共有人对于共有物按照份额享有所有权；（2）各个共有人按照各自的份额对共有物分享权利、分担义务；（3）各个共有人的权利并不仅限于共有物的某一部分上，而是及于共有物的全部。❶ 即使"合成作品是按份共有"这一说法成立，❷ 也不能认为"按份共有的著作权作者"的著作权仅限于自己创作的部分，而不能就合成作品的整体享有著作权。

综上所述，笔者认为，一方面，合作作者就合成作品的整体享有著作权，但一般来说，不是平等地享有著作权，也就是说，如果没有特别约定，应当依照其各自创作的比例享有著作权。另一方面，合作作者就自己独立创作的部分分别单独享有著作权。这就是前面所说的"双重著作权"。

2. 合作作品作者的外部关系

（1）当合成作品的著作权受到他人的侵害时，应当如何行使权利呢？有学者认为，"作者只对自己创作的部分享有诉权"，"只有主编者才能对于整体作品享有诉权"。❸

笔者不同意这种说法。这种观点混淆了合成作品与汇编作品，将"双重著作权"错误地理解为：由"主编"享有合成作品的"整体著作权"，由合作者分别享有各自创作部分的"分体著作权"。笔者认为，当合成作品中一部分内容受到侵害时，只

---

❶ 钱明星：《物权法原理》，北京大学出版社1994年版，第242~243页。

❷ 学者们对于合作作品与共有的关系有不同的认识，有人认为"合成作品是按份共有"。可按份共有的共有人按照份额对共有物享有权利，并不能确定到底共有物的哪一部分归某个共有人享有，共有人只能按照其份额对共有物进行法律上的处分，否则共有关系就不存在了；而合成作品的作者在作品完成时就已经确定了作品中的哪一部分归哪个作者单独享有著作权，作者还可以在不侵犯合成作品整体著作权的情况下，就自己创作的部分单独行使著作权。因此，笔者认为，不能简单地认为合成作品就是按份共有。

❸ 江建名：《著作权法导论》，中国科学技术大学出版社1994年版，第198页。

能由创作该部分内容的合作作者主张权利,该主张不必征得其他合作作者的同意即可行使,❶ 但其他合作作者则无权主张;当合成作品的整体受到侵害时,全体合作作者均可个别地或共同地主张权利,但个别主张时仅能就主张者创作的部分内容而为之,共同主张则可以就合成作品的整体而为之。

(2) 同理,如果合成作品侵害了他人的著作权,也应按照上述原则处理。即某个合作作者在合成作品中侵害了他人的著作权,就应当由该合作作者对他人承担侵权责任;只有当该合成作品的全部内容都侵害了他人的著作权时,才由全体合作作者对其承担连带责任。

(二) 共同作品著作权的行使

1. 共同作品作者的内部关系

我国"旧实施条例"第十一条规定:"合作作品不可以分割使用的,合作作者对著作权的行使如果不能协商一致,任何一方无正当理由不得阻止他方行使。""新实施条例"第9条规定:"合作作品不可以分割使用的,其著作权由各方合作作者共同享有,通过协商一致行使;不能协商一致,又无正当理由的,任何一方不得阻止他方行使除转让以外的其他权利,但是所得收益应当合理分配给所有合作作者。"

共同作品的权利由合作作者共同享有,义务由合作作者共同承担,各合作作者的著作权及于作品的整体,各合作作者的著作权平等("平等"不是均等,合作作者可以约定各自享有的份额,如果没有特别约定,则认为份额均等)。

共同作品的著作权行使应当遵循以下的原则:(1) 协商原则。行使著作权必须经全体作者协商一致方可;(2) 共同作品

---

❶ 参见《大清著作权律》第四十五条、《北洋政府著作权法》第三十三条、1928年《国民政府著作权法》第三十条、我国台湾地区"著作权法"第九十条。

经全体作者授权,可以由其中一人或数人行使,但不得损害作品整体的著作权和其他作者的权利;(3)允许有条件地单方行使。在某些特殊情况下,允许单方行使共同作品的著作权。第一种情况是他方合作作者死亡。在这种情况下,作品的使用权和获得报酬权依照继承法而转移,而修改权、保护作品完整权应由他方作者单独行使,死者的继承人或受遗赠人不得干涉。第二种情况是合作作者之间协商不成。在这种情况下,应当允许有正当理由的一方行使著作权,他方无正当理由不得阻止。❶ 其中,是否为正当理由的标准应当是能否在法律上成立。有学者对"正当理由"问题进行了案例分析,可供参考。❷

2. 共同作品作者的外部关系

(1)共同作品被他人侵权。当共同作品的著作权受到他人的侵害时,各合作作者均有权单独请求赔偿和享有诉权,而不必征得其他合作作者的同意或授权,但不得损害其他合作作者的权利;因此取得的利益,应当合理地分配给其他合作作者。❸

笔者认为,这里还存在着一个值得注意的问题,部分合作作者放弃权利或只主张部分权利,其效力不及于其他合作作者。例如,甲、乙为某共同作品的合作作者,丙侵害了该共同作品的著作权,甲在诉讼中仅请求丙停止侵害,赔礼道歉,明确放弃赔偿损失的权利,则乙仍然可以向丙主张该权利。

(2)共同作品侵害他人著作权。同理,当共同作品侵害了他人的著作权时,应由全体合作作者承担连带责任,然后再根据

---

❶ 曹登润:"简论不可分割之合作作品的著作权",载《著作权》1992 年第 4 期,第 43 页。

❷ 姜庶伟:"合作作品著作权的产生及其行使",载《知识产权审判实务》,法律出版社 2000 年版,第 178~181 页。

❸ 参见《大清著作权律》第四十五条、《北洋政府著作权法》第三十三条、1928 年《国民政府著作权法》第三十条、我国台湾地区"著作权法"第九十条。

约定的份额和过错程度分担。

六、结 论

在司法实践中，合作作品引发的纠纷占较大的比例，且较为复杂，而相关的法律规定却相对简单，因此，不同法院在审理合作作品纠纷时往往会在合作作品的认定、合作作者身份的确定、合作作品著作权的行使等方面做出一些不同的判断。这种情况显然不利于司法的统一和法律秩序的稳定。

笔者通过对于合作作品的较为全面的分析，提出了以下观点：

（1）判断合作作品的唯一标准是于作品创作完成之时作者的数量；演绎作品不因原有作品著作权人的授权而使其成为合作作品；作品不因著作权人为复数而成为合作作品。

（2）合作作品以"个别利用可能性"为标准，分为合成作品和共同作品。

（3）构成合作作品的要素为：①合作创作的合意；②共同创作的行为；③产生的合作作品须为有机的整体。

（4）合作作者的判断标准应当是：其劳动结果最终构成了作品的独创性的成分。

（5）合成作品的作者享有"双重著作权"，但只应就自己创作的部分主张权利或承担责任；共同作品的作者共同共有著作权，可以单独主张权利，应当承担连带责任。

"从平面到立体及从立体到平面的复制"问题研究

一、基本案情

2002年底，北京市第二中级人民法院审结了一起涉及"异种复制"的侵犯著作权纠纷案，宣判后各方当事人均未提出上诉，该判决已经成为生效判决。

原告：范英海、李先飞；被告：北京市京沪不锈钢制品厂。

原告诉称：雕塑作品《韵》是其在1995年中央工艺美术学院毕业创作中完成的，曾先后发表在《中央工艺美术学院装饰雕塑设计》、《中央工艺美术学院四十年校庆作品集》、《装饰》等刊物上。2002年4月，原告发现被告京沪不锈钢厂未经许可在其公司主页上使用了该作品，同年5月，原告又发现被告将该作品用于其工厂宣传画册中，改名为《律》，并将其制成产品经营获利。原告认为被告的上述行为侵犯了其对该作品享有的署名权、发表权、展览权、信息网络传播权和相应的获酬权。故请求法院判令被告：1.停止侵权、赔礼道歉、消除影响；2.赔偿经济损失8万元；3.承担原告因诉讼所支出的保全费800元、律师费5 000元。

被告辩称：被告在网页上使用的作品，以及在内部宣传材料上使用的作品并非原告的作品，而是被告法定代表人郑景峰于1995年以山洪流淌为创作来源设计完成的；被告的作品创作时间早于原告涉案作品，不构成对原告作品的侵权，不应承担民事责任；被告对自己作品的使用仅限于本企业的宣传，没有批量制作销售的牟利行为；即便构成侵权，侵权事实也是于 1996 年就存在了，现在已经超过了诉讼时效。故请求驳回原告的诉讼请求。

北京市第二中级人民法院经公开审理查明：原告范英海、李先飞于 1996 年设计了雕塑作品《韵》，后由案外人张明贵制作成不锈钢雕塑作品。该雕塑作品作为二原告在中央工艺美术学院毕业创作的作品于 1996 年 9 月在《装饰》杂志 1996 年第 5 期上发表，并发表在黑龙江美术出版社出版的《装饰雕塑设计》（1996 年 9 月第一版）一书中。

原告创作的雕塑作品《韵》是将中国传统吉祥图案"方胜盘长图形"进行夸张变形，用连续的曲线连接成五环图形，该雕塑正面线条的走向与英文字母"w"手写体形似。

被告法定代表人郑景峰设计并由案外人制作完成了涉案不锈钢雕塑作品，在被告的产品宣传册中，使用了该不锈钢雕塑作品。该不锈钢雕塑作品曾作为被告的产品参加过 1997、1998 年北京国际酒店用品展览会及 1999 年郑州酒店用品展览会，后一直作为展品陈列在业务室内。被告于 2001 年建立网站（http://www.bj-jinghu.com），并在网站首页中使用了该不锈钢雕塑作品。

被告京沪不锈钢厂使用的涉案不锈钢雕塑作品，与原告的不锈钢雕塑作品《韵》相比，二者均由连续的曲线连接成五环图形，在线条走向和连接方式上被告使用的涉案雕塑作品与原告雕塑作品《韵》相同，二者仅在线条的粗细、曲度、圆滑度以及侧面线条连接处的空间位置上有一定的差异。

北京市第二中级人民法院认为：原告范英海、李先飞创作完成了雕塑作品《韵》，作为该雕塑作品的作者，其对该作品所享有的著作权应当受到我国著作权法的保护。

本案双方当事人争议的焦点问题为：第一，被告使用的涉案不锈钢雕塑作品是否构成对原告创作完成的雕塑作品《韵》的剽窃；第二，被告展览及在其网站上和产品宣传册中使用涉案不锈钢雕塑作品是否构成对原告享有的雕塑作品《韵》的著作权的侵犯。

关于本案第一个焦点问题，依据法院查明的事实，原告的雕塑作品《韵》是以该作品的正面照片的形式在公开出版物上发表的。一般人通过该平面照片，均可推知原雕塑作品的线条走向和连接方式，因此，该平面照片能够再现原告的雕塑作品。通过对该平面照片与被告使用的涉案雕塑作品的对比，可得出被告使用的涉案雕塑作品是该平面照片所载物体在立体上的再现的结论，通过对被告雕塑作品与原告雕塑作品《韵》的对比，二者除在线条的粗细、曲度、圆滑度以及侧面线条连接处的空间位置上有细节上的差异外整体基本相同。尤其二者在正面视觉效果上难分彼此，而作为以抽象的线条构成的雕塑作品，线条的走向和连接方式构成了作者具有独创性的实质部分，正面的视觉效果则是比对作品近似与否的重要依据。

被告提出其使用的涉案不锈钢雕塑作品系其法定代表人郑景峰自行创作完成，其应就该主张承担相应的举证责任。现被告缺乏证据证明该作品创作时间早于原告雕塑作品的完成时间，且原告的雕塑作品《韵》具有一定的独创性和创作高度，原告又以平面照片的形式在公开出版物上发表了其雕塑作品，被告主张不同作者可能在互不知情的情况下创作出相似作品的说法缺乏证据支持，被告关于郑景峰以山洪流淌为设计构思来源的说法亦缺乏说服力，因此，被告对涉案不锈钢雕塑作品的创作思路或素材来源缺乏合理依据。被告提出对其产品宣传册具体印刷时间和所使用的涉案不锈钢雕塑作品制作完成的具体时间进行鉴定，由于该鉴定事项不具有可行性，法院对该鉴定请求不予准许。故对于被告的上述主张，法院不予采纳。

综合上述理由，法院确认原告创作完成了雕塑作品《韵》，并于 1996 年在公开出版物上予以发表，被告使用的涉案不锈钢雕塑作品构成了对原告雕塑作品《韵》的剽窃。

关于本案第二个焦点问题，我国著作权法规定美术作品、摄影作品的著作权人对其作品的原件或者复制件享有展览权。对于包括雕塑作品在内的美术作品，其复制件应指由对该作品的复制行为所产生的与该作品完全相同或者相近似的作品。由于被告展览的涉案不锈钢雕塑作品构成了对原告雕塑作品《韵》的剽窃，该剽窃作品应属原告雕塑作品《韵》的复制件，因此，被告展览该剽窃作品的行为对原告享有的雕塑作品《韵》的署名权、展览权构成了侵犯。

除法律另有规定外，未经许可对立体美术作品以平面形式加以使用，构成了对该立体美术作品作者享有的复制权的侵犯。本案被告在其网站和产品宣传册中使用了涉案剽窃作品的行为，应视为是一种以平面的方式商业性使用原告雕塑作品《韵》的行为，侵犯了原告对雕塑作品《韵》所享有的署名权、复制权和信息网络传播权的侵犯。

被告对上述侵犯原告著作权的行为应承担相应的法律责任。被告关于其产品宣传册系内部资料，并未公开发行的主张，缺乏合理性及相应的证据支持，法院不予采纳。原告主张被告侵犯了其对雕塑作品《韵》享有的署名权、展览权、信息网络传播权和相应的获酬权，应当承担停止侵权、赔礼道歉、赔偿经济损失的法律责任的诉讼请求，法院予以支持。鉴于原告已于 1996 年 9 月以公开出版物的方式发表了雕塑作品《韵》的平面照片，而该平面照片再现了原告的雕塑作品《韵》，故应认定原告已就雕塑作品《韵》进行了发表，原告主张被告侵犯其对雕塑作品《韵》所享有的发表权的诉讼主张，法院不予支持。由于原告未提交证据证明被告将涉案不锈钢雕塑作品制成产品销售获利，法院对原告指控被告存在上述侵权行为的主张,亦不予支持。

由于被告未能举证证明其所使用的涉案不锈钢雕塑作品于1996年制作完成,且其涉案使用行为一直持续进行,故其关于原告主张权利已过诉讼时效的主张,缺乏事实依据,法院不予采纳。

原告未能就其因被告侵权行为所受经济损失提交相应的证据,原告请求被告赔偿经济损失的数额,缺乏合理的依据,法院将根据涉案的作品类型、被告侵权行为的性质、后果、合理费用支出等因素酌情确定被告赔偿原告经济损失的数额。

北京市第二中级人民法院依照《中华人民共和国著作权法》第十条第一款第(二)、(八)、(十二)项、第二款、第四十六条第(五)、(六)项、第四十七条第(一)项的规定,判决如下:1.北京市京沪不锈钢制品厂未经许可不得以展览的方式及在其网站和产品宣传册上使用涉案侵权雕塑作品;2.北京市京沪不锈钢制品厂于本判决生效后30日内在一家全国发行的报纸上刊登向范英海、李先飞赔礼道歉的声明,致歉内容需经本院核准,逾期不执行,本院将在一家全国发行的报纸上公布本判决内容,相关费用由北京市京沪不锈钢制品厂负担;3.北京市京沪不锈钢制品厂于本判决生效后15日内赔偿范英海、李先飞经济损失1.5万元人民币,赔偿范英海、李先飞为本案诉讼支出的合理费用2 800元;4.驳回范英海、李先飞的其他诉讼请求。案件受理费3 084元,由北京市京沪不锈钢制品厂负担。

二、学理研究

(一)我国著作权法关于"复制"的规定及其理解

本案的核心法律问题是——从平面到立体及从立体到平面的复制是否属于我国著作权法所规定的"复制"。

复制,是对作品的最初始、最基本、也是最重要和最普遍的传播利用方式。复制权是著作财产权的一项最基本的权利。但是，各国著作权法对复制的定义却有不同的理解和规定，相应的有狭义复制权和广义复制权之分。狭义的复制权是严格意义上的复制权，一般仅指以同样形式制作成品的权利，如复制文字作品成书籍、杂志、报纸等方式；广义的复制权除狭义复制权之外，还包括以不同于作品的原来形式表现该作品的权利，例如将工程设计或产品设计等平面图形作品制作成立体方式的工程或产品的权利。❶

那么，在我国，"从平面到立体及从立体到平面"的复制能否受到著作权法的保护呢？

欲研究上述问题，必须分别考察"旧法"和"新法"❷对于"复制"的规定。

"旧法"第五十二条规定："本法所称的复制，指以印刷、复印、临摹、拓印、录音、录像、翻录、翻拍等方式将作品制作一份或者多份的行为。按照工程设计、产品设计图纸及其说明进行施工、生产工业品，不属于本法所称的复制。"

"新法"删去了"旧法"第五十二条，在第十条第一款第（五）项中规定："复制权，即以印刷、复印、拓印、录音、录像、翻录、翻拍等方式将作品制作一份或者多份的权利"。

两相比较，不难发现，文字性的变化有两点：一是"新法"完全删去了"旧法"第五十二条第二款，由于该款内容与本案所要研究的核心法律问题无关，故在此不予讨论；二是"新法"

---

❶ 刘春田主编：《知识产权法》，高等教育出版社、北京大学出版社2000年版，第57页。

❷ 我国著作权法于1990年9月7日第七届全国人民代表大会常务委员会第十五次会议通过，并于1991年6月1日施行；于2001年10月27日第九届全国人民代表大会常务委员会第二十四次会议通过，并于同日施行。为了避免混淆，便于表述，在本文中，将前者称为"旧法"，将后者称为"新法"。

将"旧法"第五十二条第一款的内容略作改变（将"临摹"从"复制"的范畴内排除出去了）后，将该款从"附则"部分改至规定"著作权的各个权项"的第十条。

那么，从平面到立体及从立体到平面的复制是否属于我国著作权法所规定的"复制"呢？

从法律所列举的各种相关的复制方式（印刷、复印、拓印）来看，显然只规定了从平面到平面的复制行为，而没有（至少是没有直接）规定从平面到立体及从立体到平面的复制行为。

直接参与我国著作权立法工作的著作权专家、时任国家版权局副局长的沈仁干对于"旧法"第五十二条所做的"释义"为："复制的含义有广义和狭义之分。广义的复制概念，包括复制平面作品和将平面作品制成立体作品，将立体作品制成平面作品。本法规定的复制是狭义的，仅指以印刷、复印、临摹、拓印、录音、录像、翻录、翻拍等方式将作品制作一份或者多份的行为。"❶

在司法部、国家版权局委托中国政法大学举办的"著作权法培训班"上，时任国家版权局法律处副处长的许超详细介绍了相关的立法背景，特别指出："国际上把平面到立体或从立体到平面也称为复制。我们没有引进这种概念，是基于我们的国情。一下给予这么高水平的保护，是不可能的。把从平面到立体也视为复制将会导致许多工业领域的生产寸步难行。所以著作权法第五十二条排除从平面到立体属于复制的提法。"❷

这里有一个"实然"和"应然"的关系问题，"实然"问题指我国著作权法是否保护"从平面到立体及从立体到平面"

---

❶ 沈仁干主编：《著作权实用大全》，广西人民出版社1996年版，第77页。
❷ 江平、沈仁干等主讲：《中华人民共和国著作权法讲析》，中国国际广播出版社1991年版，第186页。

的复制,"应然"问题指我国著作权法是否应当保护"从平面到立体及从立体到平面"的复制。在这个问题上,虽然通说认为我国"旧法"规定的"复制"不包括从平面到立体及从立体到平面的复制,但这并不意味着学者们都同意这一条款。

郑成思先生认为:"我国著作权法在第五十二条详细解释'复制'时,有它积极的一面,也有可能被误解的消极一面。它可以使人明确专利法与著作权法保护的主要不同点之一,却又完全排除了认定某立体作品侵犯一平面作品版权的可能性。"❶

可见,我国著作权法的这一规定具有一定的历史背景和利益分配考量。但是,随着时间的推移,知识产权在社会生活中的地位越来越重要,尊重和保护知识产权的意识日益深入人心,面对与本案情况相似的从平面到立体及从立体到平面的复制行为大量出现却不能制止;特别是我国著作权法的这一规定与我国参加的国际条约的规定不一致,因此,我们必须重新考虑这一问题。

(二) 国际公约关于"复制"的规定

《保护文学艺术作品伯尔尼公约》(1971年7月24日巴黎文本) 第9条规定:"(一) 受本公约保护的文学艺术作品的作者,享有授权他人以任何方式或形式复制其作品的专有权。(二) 本联盟各成员国可自行在立法中准许在某些特殊情况下复制有关作品,只要这种复制与作品的正常利用不相冲突,也不致不合理地损害作者的合法利益。(三) 为实施本公约,任何录音或录像均被视为复制。"

TRIPs协议第9条之一规定:"全体成员均应遵守伯尔尼公约1971年文本第一条至第二十一条及公约附录。但对于伯尔尼公约第六条之二规定的权利或对于从该条引申的权利,成员应依本协议而免除权利或义务。"

---

❶ 郑成思:《版权法》(修订本),中国人民大学出版社1997年版,第170页。

由于我国是伯尔尼公约和世界贸易组织的成员国（1992年7月1日，我国加入了伯尔尼公约；2001年11月10日，我国加入了世界贸易组织。），因此，在研究我国著作权法保护的"复制"范围时，就必须考虑上述两个国际公约的规定。

显然，上述两个国际公约关于"复制"的规定采用了广义的概念。

著作权和邻接权方面杰出的女专家德利娅·利普希克教授指出："复制权包括：将二维作品复制成一件或数件三维作品（如以各种不同的平面图表示一幢建筑物）或是将三维作品复制成一件或数件二维作品（如雕塑作品的照片）。因此，即使是在不同于原作载体的载体上复制（在上彩釉的陶盘或瓷盘上复制绘画、雕刻或油画作品）或者使用不同的技术（将一件艺术作品拍摄成照片）也都是复制。"❶ 显然，这种观点是对采广义概念的国际条约的学理解释。

（三）对于我国著作权法"复制"范畴扩大的必要性和可行性研究

考虑到社会的发展，实践的需要，以及我国加入国际条约后应承担的义务，我们应当将"从平面到立体以及从立体到平面的复制"纳入我国修改后的著作权法中关于"复制"的范畴之内。

但是，这里显然存在着一个法律技术方面的障碍——法律所列举的各种具体的复制方式中没有任何一条可以被解释为包含"从平面到立体以及从立体到平面的复制"。这一障碍是否足以导致上述解释的不成立呢？

我们注意到著作权法并未穷尽列举所有的使用方式，而是规

---

❶ [西班牙] 德利娅·利普希克著，联合国教科文组织译：《著作权与邻接权》，中国对外翻译出版公司2000年版，第136~137页。

定了"等方式"。对于这里所说的"等"的理解,虽然有争议,但一般被理解为"等外等",而非"等内等","新法"第十条第一款第(十七)项更是明确规定了"应当由著作权人享有的其他权利"。可见,立法时对于著作权具体权项的规定实际上都采用了"列举"加"概括"的立法模式,或者说开了个"口子",就像是计算机程序中预留的"后门"。这是为什么呢?

我们认为,这是为了解决社会现实与立法的滞后性之间的矛盾采取的立法技巧。当社会生活迫切需要法律提供保护而相应的立法修正和立法解释尚未作出时,可以通过法院的裁判加以确立。

当然,不论是"等外等"还是"其他权利",后面"概括"的内容都应当与前面"列举"的内容相一致,并非任何内容都可以通过这个"口子"或者"后门"被硬塞进著作权法。

我们认为,能够通过这种途径而纳入著作权法的"使用方式"有下面两种情况:

第一种情况是过去没有这种使用方式,自其出现之初就被纳入著作权法保护的范畴。在当前科学技术飞速发展的时代,出现了前所未有的作品传播的手段——通过因特网或其他网络传播作品,我国修正后的《著作权法》"与时俱进"地为著作权人增设了相应的权利——"信息网络传播权"。该权利的立法解释是:"以有线或者无线方式向公众提供作品,使公众可以在其个人选定的时间和地点获得作品的权利"。这里所称的"网络"不仅限于因特网,也不仅限于计算机网络,还应包含其他种类的"有线或者无线"网络。例如,目前手机(即移动电话)短信业务方兴未艾,随着技术的进步,"短信"必将成为"长信",即很可能传播一部完整的作品,如一首诗、一支歌曲,甚至是一部动画乃至电影,显然,"信息网络传播权"对这种情况也应适用。事实上,现在的手机上往往"装"上了几个小游戏,一般来说,这些游戏都是作品,因此,就目前而言,手机"领域"已经具备了侵犯"信息网络传播权"的技术可能性。

第二种情况是过去就有这种使用方式,由于立法政策的原因未被纳入我国著作权法保护的范畴,随着立法政策的改变,后来被纳入了。例如,随着对著作权人保护力度的增强,过去某种既有的作品使用方式可以不经著作权人许可也不必付酬,而现在却须经著作权人许可并向其付酬,也就是说,过去公有领域的使用方式现在被纳入了著作权人的私有领域之内。

本文所讨论的从平面到立体及从立体到平面的复制,显然不属于第一种情况;但确实符合第二种情况,该方式是既有存在的,在有关的版权国际公约中提供了这种保护。因此,可以将从平面到立体及从立体到平面的复制解释为"等方式"之一。

(四)判断从平面到立体及从立体到平面的同一性的标准

著作权法不保护制作方法和制作过程,只保护表达形式。因此,我们可以引用澳大利亚1968年版权法第71条的规定作为判断从平面到立体及从立体到平面的同一性的标准,即:只有当一个非专家的第三者认为某立体物即为某平面物的再现时,方能认定前者是后者的复制品。反过来也是一样,如果某平面作品被人指为立体作品的侵权复制品,也要有非专家的第三者能看出二者的同一性才行。[1]

---

[1] 郑成思:《版权法》(修订本),中国人民大学出版社1997年版,第167页。

玩具（实用艺术品）的著作权保护问题研究

一、基本案情

原告北京陈幸福玩具设计中心（下称陈幸福中心）诉称：2004年12月，原告设计完成了"陈幸福兔"系列作品，依法享有著作权。此后，被告普天同庆公司提供版权、被告上海声像出版社出版了《拾荒小孩》CD。在该CD的包装盒、CD盘面及宣传册中多处使用了原告享有著作权的陈幸福兔作品。二被告还通过Tom网站对该CD进行宣传，在宣传网页上标有"勇敢兔选为吉祥物"内容，使用了陈幸福兔图片。原告认为，二被告的上述行为侵犯了原告对陈幸福兔作品享有的复制权、发行权、署名权、修改权、保护作品完整权。故诉至北京市第二中级人民法院，请求判令：1. 被告上海声像出版社停止出版、发行《拾荒小孩》CD；2. 被告普天同庆公司停止销售《拾荒小孩》CD；3. 被告上海声像出版社返还原告因侵权行为所得利润5万元；4. 被告上海声像出版社赔偿原告经济损失5万元；5. 二被告在搜狐网首页上连续10日向原告赔礼道歉，消除影响；6. 二被告承担本案诉讼费用。

被告上海声像出版社答辩称：涉案陈幸福兔不具有独创性，不是著作权法意义上的作品。即使陈幸福兔属于著作权法意义上的作品，原告也没有证据证明其为著作权人。被告上海声像出版社的出版行为有合法授权，已尽到合理注意义务，主观上没有过错。因此，请求法院判决驳回原告陈幸福中心对被告上海声像出版社的诉讼请求。

被告普天同庆公司未答辩。

北京市第二中级人民法院根据审理查明的事实认为：根据相关法律规定，我国著作权法所指作品包括各种形式创作的文学、艺术和自然科学、社会科学、工程技术等作品。在本案中，原告陈幸福中心设计的涉案陈幸福兔玩具并非真实兔形象的简单复制，而是通过变形、夸张等艺术手法进行创作，具有艺术性，达到了一定的创作高度，属于我国著作权法所称的美术作品中的实用艺术作品。因此，北京市第二中级人民法院认定涉案陈幸福兔玩具依法应受我国著作权法保护，被告上海声像出版社关于涉案陈幸福兔玩具不是我国著作权法意义上的作品的主张，北京市第二中级人民法院不予采信。

根据相关法律规定，当事人提供的涉及著作权的底稿、原件、合法出版物、著作权登记证书、认证机构出具的证明、取得权利的合同等，可以作为证据。在本案中，原告陈幸福中心提交了涉案陈幸福兔玩具的设计图、介绍文章以及说明书，因此，北京市第二中级人民法院确认原告陈幸福中心是涉案陈幸福兔的作者，依法享有著作权。

在本案中，被告普天同庆公司未经原告陈幸福中心许可，在其向被告上海声像出版社提供材料而出版发行的《拾荒小孩》CD中使用涉案陈幸福兔玩具的形象，未署名，且有1幅涉案陈幸福兔形象被裁剪了约一半。被告普天同庆公司在Tom网站上宣传《拾荒小孩》CD时亦使用了涉案陈幸福兔玩具的形象，且未署名。被告普天同庆公司的上述行为侵犯了原告陈幸福中心的复制权、署名权、修改权和保护作品完整权，依法应当承担停止侵害、赔礼道歉、赔偿损失的法律责任。

被告上海声像出版社作为《拾荒小孩》CD的出版、发行者，有义务对该CD的外包装、宣传册、CD盘面的设计进行审查,现被告上海声像出版社未举证证明其已对此尽到合理的审查义务,其行为亦侵犯了原告陈幸福中心对涉案陈幸福兔玩具享有的复制权、发行权、署名权、修改权和保护作品完整权,依法应当承担停止侵害、赔礼道歉、赔偿损失的法律责任。

北京市第二中级人民法院将根据涉案侵权行为的性质和后果等情节确定二被告赔礼道歉的具体方式。原告陈幸福中心虽主张被告普天同庆公司赔偿其经济损失5万元,被告上海声像出版社返还侵权利润5万元,但其无充分的证据证明具体数额,北京市第二中级人民法院将根据作品类型、侵权行为的性质和后果等情节确定二被告应承担的具体数额。

北京市第二中级人民法院依据《中华人民共和国著作权法》第二条、第十条第一款第（二）项、第（三）项、第（四）项、第（五）项、第四十六条第（四）项、第四十七条第（一）项,《最高人民法院关于审理著作权民事纠纷案件适用法律若干问题的解释》第七条第一款、第二十条的规定,判决如下：

一、上海声像出版社和普天同庆文化传媒（北京）有限公司于本判决生效之日起,停止侵犯北京陈幸福玩具设计中心著作权的涉案行为；

二、上海声像出版社和普天同庆文化传媒（北京）有限公司于本判决生效之日起30日内,在搜狐网（网址为：www.sohu.com）首页上连续24小时刊登向北京陈幸福玩具设计中心赔礼道歉的声明（声明内容须经北京市第二中级人民法院核准,逾期不执行,北京市第二中级人民法院将在一家全国发行的报纸上公布本判决主要内容,相关费用由上海声像出版社和普天同庆文化传媒（北京）有限公司负担）；

三、普天同庆文化传媒（北京）有限公司于本判决生效之日起10日内,赔偿北京陈幸福玩具设计中心经济损失6 000元；

四、上海声像出版社于本判决生效之日起 10 日内，赔偿北京陈幸福玩具设计中心经济损失 2000 元；

五、驳回北京陈幸福玩具设计中心的其他诉讼请求。

本案宣判后，双方当事人在上诉期内均未提出上诉，该判决已经发生法律效力。

二、评　析

本案的关键问题在于，涉案玩具——陈幸福兔是否属于我国著作权保护的客体。该问题的本质在于包括玩具在内的实用艺术品是否属于我国著作权所保护的作品。❶

我国《著作权法》及我国《著作权法实施条例》通过概括❷、列举❸加排除❹的立法技术规定了其欲保护的作品。

那么，实用艺术品是否在被列举的作品类型之中呢？在我国《著作权法》第三条中并未规定实用艺术品（或实用艺术作品），但列举了美术作品。人们容易想到的是，立法者是否将实用艺术

---

❶ 必须强调指出，该问题是从宏观的角度探讨某种类型或以某种具体表现形式完成的成果是否具有成为作品的"可能性"，而并不意味着只要具备此种"可能性"，则其中任何一个具体成果就具有成为作品的"必然性"。例如，以图画的形式完成的成果具有成为作品的"可能性"，但并非任何一幅图画都具有成为作品的必然性，孩童的胡乱涂鸦就不是作品。也就是说，如果实用艺术品具有成为作品的"可能性"，那么其中的"实用艺术作品"就是作品。类似地，文字成果具有成为作品的"可能性"，则其中的"文字作品"就是作品。

❷ 我国《著作权法实施条例》第二条规定：著作权法所称作品，是指文学、艺术和科学领域内具有独创性并能以某种有形形式复制的智力成果。

❸ 详见《著作权法》第三条，《著作权法实施条例》第四条。

❹ 详见《著作权法》第四条，第五条。此处应注意两点：一是第四条与第五条不同，前者是不受著作权法保护，后者是不适用著作权法；二是第四条的客体也是作品，但不受著作权法保护，但随着意识形态及社会观念的发展变化，某一时期被认为应当禁止出版、传播的作品在另一时期可能被认为可以出版、传播，或者相反。

品作为美术作品中的一类给予著作权保护呢？

笔者认为，就《著作权法》及《著作权法实施条例》立法本身而言，并未给出直接的答案。

我国1991年版的《著作权法实施条例》中第四条第（七）项规定：美术作品，指绘画、书法、雕塑、建筑等以线条、色彩或者其他方式构成的有审美意义的平面或者立体的造型艺术作品。而我国国务院于1992年9月25日颁布的《实施国际著作权条约的规定》第六条规定：对外国实用艺术作品❶的保护期，为自该作品完成起25年。考虑到该规定中的主要条款均为当时的"超国民待遇"保护条款，故人们有理由认为，该规定中关于"外国实用艺术作品"的规定也是当时的"超国民待遇"保护条款之一，否则没有必要在此规定；进而认为，当时的著作权法中规定的"美术作品"中并不包括"实用艺术作品"，也就是说，1990年版的《著作权法》并不保护非"外国实用艺术作品"的"实用艺术品"。

2001年10月27日修正了《著作权法》，与此相应，2002年8月2日，国务院颁布了新的《著作权法实施条例》，其中第四条第（八）项规定：美术作品，是指绘画、书法、雕塑等以线条、色彩或者其他方式构成的有审美意义的平面或者立体的造型艺术作品。

前后对照，人们不难看出，除后者将"指"改为"是指"外，实质性的变化仅在于将"建筑"排除在美术作品之外了，其原因在于《著作权法》将"建筑作品"从"美术作品"中提取出来，作为与"美术作品"并列的概念单独列出了。但后者并未明确列举出"实用艺术作品"的概念。

---

❶ 值得注意的是，该规定中关于"外国作品"的外延远大于《著作权法》中关于"外国人的作品"的范围，详见该规定第四条。

那么，能否得出相反的结论，即修正后的著作权法依然不保护非"外国实用艺术作品"的"实用艺术品"呢？

笔者认为，并非如此。

我国全国人大常委会于 1992 年 7 月 1 日批准加入了《伯尔尼公约》。该公约第 2 条之一明确规定，"文学艺术作品"中包括"实用艺术作品"（works of applied art）。

值得注意的是，该公约第 2 条之二规定，本联盟各成员国法律有权规定仅保护表现于一定物质形式的文学艺术作品或其中之一种或数种。

能否认为我国修正后的《著作权法》及新的《著作权法实施条例》并未明确列举"实用艺术作品"这一类型，正是依据前述规定做出的"选择"呢？

笔者认为，答案是否定的。

我国于 2001 年加入了 TRIPs 协议，其中第 12 条规定："保护期限"除摄影作品或实用艺术作品外，如果一作品的保护期限不以自然人的寿命为基础计算，则该期限自作品准予出版的那一公历年年底起不得少于 50 年，或者，如果作品在创作后 50 年内未得授权出版，则自创作的那一公历年年底起不得少于 50 年。而 TRIPs 协议并不允许成员方进行前述"选择"，而我国加入 TRIPs 协议时也并未就此做出特别声明或保留。故应当认为，我国在"实用艺术作品"这个问题上至少受到 TRIPs 协议的约束。因此，笔者认为，即使我国修正后的《著作权法》及新的《著作权法实施条例》并未明确列举"实用艺术作品"这一类型，也应当将其作为我国著作权保护的作品形式之一。

应当如何解决这一矛盾呢？

首先，马克思主义认为，无论是政治的立法或市民的立法，都只是表明和记载经济关系的要求而已。法律只是事实的公认。

在现实生活中，存在着大量的实用艺术品，对于其中具有独创性的部分，虽然依不同情况可以受到外观设计专利法、商标法及不正当竞争法的保护，但著作权保护却具有保护手续简单、保护期限长等不可替代的特点。

其次，笔者认为，著作权法中列举的作品类型类似于合同法中列举的"有名合同"的类型。有名合同，又称典型合同，是立法上规定有确定名称与规则的合同。我国《合同法》中列明的15项合同均为有名合同，而且许多单行法律也规定了一些有名合同❶。而在有名合同之外，存在着大量的无名合同，或称非典型合同，即是立法上尚未规定有确定名称与规则的合同。

有名合同是在社会生产、生活中长期、反复、大量出现的合同类型，人们经常接触，对其认识比较成熟，因而法律对其做出特别明确的规定。无名合同往往出现的时间晚、发生的频率低、涉及的范围窄，人们对其认识不够成熟，故而法律没有对其做出特别明确的规定。但这并不意味着无名合同不是合同，也不意味着无名合同不受合同法的调整。事实上，我国《合同法》第一百二十四条规定：本法分则或者其他法律没有明文规定的合同，适用本法总则的规定，并可以参照本法分则或者其他法律最相类似的规定。

并且，随着社会的发展变化，某些有名合同可能会逐渐淡出人们的生活而转化为无名合同，而某些无名合同则可能逐渐重要转化为有名合同。

就作品的类型而言，也是如此。人们将社会生活中长期积累的、司空见惯的、认识成熟的作品类型冠以确定的名称并在法律

---

❶ 例如，《保险法》规定的保险合同，《合伙企业法》规定的合伙合同（协议），《担保法》规定的保证合同和抵押合同或者质押合同，《中外合资经营企业法》规定的中外合资经营企业合同、《中外合作经营企业法》规定的中外合作经营企业合同，等等。

中加以列举，成为"有名作品"。随着科技的发展、社会的进步，某些"无名作品"如数据库作品、多媒体作品等应运而生，传统的"有名作品"就难以包容了。而且，类似于现实生活中不仅有单一合同关系，还存在"联立合同"和"混合合同"一样，一个作品也可能包含复杂的情况。如一首歌曲就包括文字作品——词与纯音乐作品——曲；一幅画作可能包括书法作品和绘画作品。

因此，拘泥于"有名作品"的窠臼是不能满足社会生活的丰富需要的。实际上，我国《著作权法》第三条第（九）项还规定了"法律、行政法规规定的其他作品"，作为立法的"技术中立性"和"未来包容性"的弹性条款。

笔者认为，"实用艺术作品"在目前的立法模式下，可以将其作为"美术作品"中的一类给予著作权保护。为了与国际公约的立法相一致，未来修改《著作权法》时最好将其独立出来，作为与美术作品并列的一类"有名作品"给予著作权保护。

出版社的合理注意义务研究

相当多的出版社,甚至包括某些著名出版社都认为,按照国家版权局制作的标准的《图书出版合同》与作者签订了协议,就意味着出版社对于图书的版权情况尽到了法定审查义务,即使图书出版后被认定侵权,也只应由侵权作者承担全部侵权责任,而不应由出版社承担。

但是,这种认识是否符合法律的规定,并能在案件中得到法院的认同呢?

下面,笔者通过对一起案件的评析予以说明。

一、梁启超外孙女创作梁氏家族史

梁启超,这是一位中国近代史上的名人,是清末"戊戌变法"的领导人之一。他不仅是中国近代资产阶级改良派的著名政治活动家、思想家、文学家和学者,同时,还是一位成功的家庭教育家,他的全部九个子女个个成才,其中包括梁思成、梁思永和梁思礼三名院士。海内外研究梁启超的文献颇多,但涉及梁氏家族的却几乎没有。梁启超的外孙女、北京大学教授吴荔明根据自己的亲身经历、从家人了解到的情况以及研究心得,创作了《梁启超和他的儿女们》一书,并于1999年1月由上海人民出版社出版。该书是当时唯一一本有关梁氏家族的真实历史记录,受到海内外各方面的好评和梁氏家族成员的广泛认可,曾多次印行。

二、出版《梁启超教子满门俊秀》引发纠纷

2002年3月10日,丁宇、刘景云委托张国华与中国工商联合出版社联系《梁启超教子满门俊秀》一书的出版事宜。同年3月20日,中国工商联合出版社按照国家版权局制作的格式合同,与张国华、丁宇、刘景云签订了《图书出版合同》。该合同约定:《梁启超教子满门俊秀》一书的作者署名为丁宇、刘景云;著作权人授予中国工商联合出版社以图书形式出版发行该书中文本的专有使用权;著作权人保证拥有该书的著作权,如果该书侵犯他人著作权,由著作权人承担全部责任并赔偿因此给中国工商联合出版社造成的损失。

2002年4月,中国工商联合出版社出版了《梁启超教子满门俊秀》一书。该书于2002年4月第一次印刷,于同年6月第二次印刷,两次印刷共一万册。此后,吴荔明看到了此书。经对比,吴荔明认为,该书大量地抄袭了自己创作的《梁启超和他的儿女们》一书,侵犯了自己依法享有的著作权。吴荔明即与中国工商联合出版社联系,要求其停止侵权,公开赔礼道歉并赔偿经济损失,但双方协商未果。吴荔明遂以中国工商联合出版社为被告起诉至北京市第二中级人民法院,要求法院依法判令被告:1. 在全国范围内立即停止销售《梁启超教子满门俊秀》一书;2. 赔偿其经济损失10万元,其中包括自己为诉讼支出的合理费用10 500元;3. 在三种全国发行的报纸上向其公开赔礼道歉,消除不良影响。

三、针锋相对的诉讼

由于双方当事人的观点针锋相对,因此双方律师在法庭上唇枪舌剑,使庭审过程激烈而又精彩。

(一)《梁启超教子满门俊秀》是否抄袭了《梁启超和他的儿女们》

原告认为：《梁启超教子满门俊秀》一书对于原告作品的抄袭十分严重，不仅在正文中有大量的内容一字不差地照搬照抄，还抄袭了原告作品的前言和后记中的部分内容；而且，《梁启超教子满门俊秀》在全书结构上完全抄袭了原告作品，因此，应认定《梁启超教子满门俊秀》完全抄袭了原告作品。

被告则认为：《梁启超教子满门俊秀》与吴荔明的作品《梁启超和他的儿女们》在立意、体裁上均不相同，结构也完全不同。虽然这两本书的部分内容相同，但也不能简单地认定这些相同的部分就是抄袭了原告作品，《梁启超教子满门俊秀》一书的作者完全可能说明其中一些内容是来源于其他文献。《梁启超教子满门俊秀》一书体现了作者的创造性劳动，是完全不同于《梁启超和他的儿女们》的新作品，并未抄袭原告作品。

(二) 中国工商联合出版社是否尽到了"合理注意义务"

原告认为：被告在出版《梁启超教子满门俊秀》一书时未尽"合理注意义务"。理由是：(1)《图书出版合同》的主体关系混乱。图书出版合同应当由著作权人与出版社签订，但《梁启超教子满门俊秀》一书的作者是丁宇、刘景云，著作权人却是张国华，这三个人又都在《图书出版合同》上签字，到底谁是著作权人？(2) 对于作者的身份、创作能力未进行审查。《梁启超教子满门俊秀》一书中涉及大量梁氏家族的历史资料，梁氏家族以外的人从何得到？作者丁宇、刘景云均是二十几岁的年轻人，却在该书后记中声称研究梁氏家族四年之久，这可能吗？(3) 审查时间很短，不可能详加审查。2002年3月10日，张国华与中国工商联合出版社联系出版事宜，10日后就签订了《图书出版合同》,一个月后就出版了该书。如此"神速",根本不可能严加审查。(4)对于原告创作的当时唯一一本有关梁氏家族的真实历史记录的《梁启超和他的儿女们》一书的内容都没有进行对比,可见中国工商联合出版社对于抄袭行为采取了完全不负责任的放任态度。

被告则认为:在出版《梁启超教子满门俊秀》前,本社对该书是否侵犯他人著作权已经尽到了合理注意义务。在出版该书的过程中,本社严格按照有关规定对该书稿进行了认真审核并按规定与作者及著作权人签订了《图书出版合同》。该书的稿件来源及作者署名均是真实的。由于该书不是编辑作品,因此,对于该书内容是否侵权进行审查不属于出版社责任范围。即使《梁启超教子满门俊秀》一书侵犯了原告的著作权,本社也只能依法承担相应的责任。原告自愿放弃对《梁启超教子满门俊秀》一书作者及著作权人责任的追究,这是原告的权利,但原告无权将应当由他人承担的责任强加给本社。

四、法院的判决

北京市第二中级人民法院根据查明的事实,依据相关法律规定,判决如下:"1. 被告中国工商联合出版社于判决生效之日起,立即停止销售《梁启超教子满门俊秀》一书;2. 被告中国工商联合出版社于判决生效之日起30日内,在《法制日报》上公开向原告吴荔明赔礼道歉,消除影响(内容须经法院审核),预期不执行,法院将在报纸上公布判决内容,相关费用由被告中国工商联合出版社负担;3. 被告中国工商联合出版社于判决生效之日起10日内,赔偿原告吴荔明经济损失6 000元;4. 被告中国工商联合出版社于判决生效之日起10日内,赔偿原告吴荔明为制止侵权支出的合理费用5 000元;5. 驳回原告吴荔明的其他诉讼请求。"

宣判后，双方当事人均未提出上诉，该判决生效。

五、相关法律问题的评析

（一）《梁启超教子满门俊秀》是否抄袭了《梁启超和他的儿女们》

北京市第二中级人民法院经核对，认为《梁启超教子满门俊秀》一书中有部分内容与《梁启超和他的儿女们》相同，扣除其中引用案外人作品的部分，还有约 22 000 字与原告作品相同。由于原告作品出版发行早于《梁启超教子满门俊秀》，因此，对这部分内容，被告中国工商联合出版社要想证明并非抄袭原告作品，即负有举证责任。虽然被告认为这部分内容中有一些来源于他人作品，但被告未就此举出相应的证据，因此依法应当承担举证不能的法律责任。基于这一理由，法院认定对于这 22 000 字的内容，《梁启超教子满门俊秀》一书构成对原告作品的抄袭。

那么，原告关于《梁启超教子满门俊秀》一书抄袭原告作品结构的主张能否成立呢？

著作权保护的客体是具有独创性的作品。作品的结构如果具有独创性，也可以受到著作权保护。考察《梁启超和他的儿女们》一书，其结构可以分为两个层次，第一层次是以不同的人物为标准分为不同的部分，其顺序是按照辈分顺序排列的，同一辈分的人物则按照长幼排序；第二层次是每个人物各自的部分，这是按照时间顺序写作的。显然，这种辈分顺序和时间顺序的结构并非原告的独创，因此不能受到著作权保护；否则，一旦他人按照上述顺序写作梁氏家族的作品，即使其中的内容与《梁启超和他的儿女们》一书并不相同，也将构成侵权。

综上，法院认定《梁启超教子满门俊秀》一书抄袭《梁启超和他的儿女们》约 22 000 字的内容。

（二）被告中国工商联合出版社是否尽到了"合理注意义务"

首先，我们必须知道出版社的"合理注意义务"的法律依据是什么。

我国《著作权法》第二十九条规定："图书出版者出版图书应当和著作权人订立出版合同，并支付报酬。"《最高人民法院关于审理著作权民事纠纷案件适用法律若干问题的解释》第十九条规定："出版者、制作者应当对其出版、制作有合法授权承担举证责任，发行者、出租者应当对其发行或者出租的复制品有合法来源承担举证责任。举证不能的，依据著作权法第四十六条、第四十七条的相应规定承担法律责任。"第二十条规定："出版物侵犯他人著作权的，出版者应当根据其过错、侵权程度及损害后果等承担民事赔偿责任。出版者对其出版行为的授权、稿件来源和署名、所编辑出版物的内容等未尽到合理注意义务的，依据著作权法第四十八条的规定，承担赔偿责任。出版者尽了合理注意义务，著作权人也无证据证明出版者应当知道其出版涉及侵权的，依据民法通则第一百一十七条第一款的规定，出版者承担停止侵权、返还其侵权所得利润的民事责任。出版者所尽合理注意义务情况，由出版者承担举证责任。"

其次，我们再来考察在本案中，被告是否应尽"合理注意义务"。

被告认为，根据《最高人民法院关于审理著作权民事纠纷案件适用法律若干问题的解释》第二十条第二款的规定，出版者仅应对于编辑作品尽"合理注意义务"。

那么，该款中规定的"所编辑出版物"是否仅指编辑作品呢？

编辑作品作为一个法律概念，是在1990年施行的《著作权法》中规定的。由于这一概念容易引起歧义，因此在2001年修正的《著作权法》中将其改变为"汇编作品",是指"汇编若干作品、作品的片段或者不构成作品的数据或者其他材料,对其内容的选择或者编排体现出独创性的作品"。考察上述司法解释,"所编辑出版物"显然并非仅指汇编作品,而是指出版者出版的全部作品,其中并无种类上的限制。

在本案中,原告关于被告未尽"合理注意义务"的理由能否成立呢?

1. 《图书出版合同》的主体关系问题

图书出版合同的主体应当是著作权人和出版社。在本案中,《梁启超教子满门俊秀》一书的《图书出版合同》中列名著作权人是张国华,作者是丁宇、刘景云,这三个人均在《图书出版合同》上签了字,这种行为并不影响该合同的性质。一般来说,作者就是著作权人,但二者在某些情况下也可能分离,该合同就是一例。可以将其理解为作者丁宇、刘景云将著作权转让给张国华,由著作权人张国华授权中国工商联合出版社出版《梁启超教子满门俊秀》一书,作者署名为丁宇、刘景云。

因此,法院认为,在这一问题上,被告并非未尽合理注意义务。

2. 作者的身份和创作能力的问题

虽然《梁启超教子满门俊秀》一书的作者丁宇、刘景云均不是梁氏家族的成员,也不是著名的专家、学者,而是二十几岁的年轻人,但并不能因此断定他们不可能创作有关梁氏家族的作品。在本案中,张国华、丁宇、刘景云分别向中国工商联合出版社提供了身份证明,丁宇还提供了文学学士学位证书。在实践中,常常出现"名不见经传"的年轻人创作出优秀作品的事例。因此,法院认为,在这一问题上,被告并非未尽合理注意义务。

3. 审查时间问题

虽然从张国华与被告联系至签订《图书出版合同》只有10

天,且一个月后被告就出版了《梁启超教子满门俊秀》一书,但由于法律并未规定出版社进行审查的最短时间,且被告提供证据证明其已经按照有关规定对该书稿进行了"三审",因此,法院认为,在这一问题上,被告并非未尽合理注意义务。

4. 对《梁启超和他的儿女们》一书进行对比的问题

被告认为,面对浩如烟海的出版物,出版社不可能穷尽地进行对比。出版社已经依据国家版权局制作的格式合同与著作权人签订了《图书出版合同》,且该合同中约定了著作权人保证其著作权无瑕疵的条款,即使该书侵犯他人著作权,也应依据合同由著作权人承担责任。

但就本案涉及的问题而言,研究梁氏家族的文献为数十分有限,且原告创作的《梁启超和他的儿女们》一书是当时唯一一本有关梁氏家族的真实历史记录,受到了广泛的报道,产生了巨大的影响。被告并未将《梁启超教子满门俊秀》一书与该书进行对比,主观上具有放任侵权行为发生的过错。

因此,法院认为,在这一问题上,被告未尽"合理注意义务"。《图书出版合同》是由被告与《梁启超教子满门俊秀》一书的著作权人签订的,其效力只及于合同各方,不得以此对抗善意第三人。被告应当向原告承担相应的法律责任,此后被告才可以依据该合同的约定,另行向著作权人主张权利。

故法院依据《著作权法》第四十七条第(一)项、第四十八条,《最高人民法院关于审理著作权民事纠纷案件适用法律若干问题的解释》第二十条、第二十四条、第二十六条的规定,作出了前述判决。

六、结 论

图书是社会的产物,它反映社会,同时又影响着社会。出版对于社会进步和生产力的发展起着推动作用。在我国,所有正式向社会发行的图书都必须由出版社出版。出版社对于繁荣祖国的文艺事业和促进科学研究方面起着不可或缺的重要作用。但是，在出版图书的过程中，可能会出现侵犯他人著作权的情况。法律赋予出版社对其出版的图书进行审查的义务，出版社必须履行这一法定义务。

在现实生活中，许多出版社都存在着本文开头所述的错误观点，因而产生了许多纠纷。在这类诉讼中，出版社往往被判决承担侵权责任，图书不能出了，还得赔偿损失和登报致歉。如果能够加强著作权保护意识，按照法律规定履行合理注意义务，就可以大大减少侵权行为的发生，即使不能杜绝所有的侵权行为，也可以依据《最高人民法院关于审理著作权民事纠纷案件适用法律若干问题的解释》第二十条第三款的规定，承担停止侵权、返还不当得利的法律责任，而不必公开赔礼道歉，且赔偿数额一般来说也会大大降低。当然，即使在这种情况下，出版社在向权利人承担法律责任后，还可以依据《图书出版合同》再向合同的对方主张权利。

著作权侵权损害赔偿中"2至5倍"赔偿计算方法研究

一、引 言

2005年1月11日,北京市高级人民法院出台了《关于确定著作权侵权损害赔偿责任的指导意见》。这是我国第一个关于著作权赔偿的规范意见,❶ 具有很强的指导性。该意见引起了版权、出版、司法领域的广泛关注。❷

笔者认为,总体而言,该指导意见总结了多年来北京市法院系统关于著作权侵权损害赔偿问题的审判经验,细化了《著作权法》及《最高人民法院关于审理著作权民事纠纷案件适用法律若干问题的解释》的相关规定,结合现实需要补充了一些内容,为最高人民法院做出新的司法解释乃至全国人民代表大会常务委员会进一步修订《著作权法》提供了很好的参考,具有极高的指导审判工作的实践意义。

但是,笔者对该指导意见中规定的"2至5倍"赔偿计算方法问题却有些不敢苟同,故不揣鄙陋,写下以下的文字,希望引起大家的重视,更希望得到大家的批评指正。

二、"2至5倍"赔偿计算方法的含义

《关于确定著作权侵权损害赔偿责任的指导意见》中关于

---

❶ 李京华:"北京出台全国首个规定",载《人民日报》2005年3月15日,第10版。
❷ 张雪松、王凌:"为著作权赔偿定准星",http://www.chinaiprlaw.cn/file/200505164844.html,2005年6月8日访问。

"2至5倍"赔偿计算方法的直接表述有两处。

一是第二十五条,该条规定:"依据本规定第七条第一款第(二)项❶所述方法确定原告损失的,可以参考以下因素,在国家有关稿酬规定的2至5倍内确定赔偿数额:(一)作品的知名度及侵权期间的市场影响力;(二)作者的知名度;(三)被告的过错程度;(四)作品创作难度及投入的创作成本。文字作品字数不足千字的以千字计算。原告如证明类似情况下收取的合理稿酬标准,应予考虑。"

二是第三十二条,该条规定:"依据本规定第二十六条至第三十一条的方法确定赔偿数额的,可以同时根据第二十五条第一款规定的因素,在上述数额的2至5倍内确定具体的赔偿数额。"

可见,根据该指导意见的规定,"2至5倍"赔偿计算方法实际上可以适用于第二十五条至第三十二条的情况。

三、"2至5倍"赔偿计算方法的"渊源"

1996年12月9日,北京市高级人民法院《关于审理著作权纠纷案件若干问题的解答》第37条规定如下:著作权侵权损害赔偿可以采取那种计算方法?答:可以采取下面方法:(1)以被侵权人因被侵权所受到的损失为赔偿数额;(2)以侵权人因侵权行为获得的全部利润为赔偿数额;(3)国家规定有付酬标准的,按付酬标准的2~5倍计算赔偿数额。侵权人除了应赔偿被侵权人上述损失外,还应承担著作权人因调查、制止侵权行为等而支出的合理费用。

可见,著作权侵权损害赔偿的"2至5倍"赔偿在当时只是

---

❶ 该项的内容为:被告以报刊、图书出版或类似方式侵权的,可参照国家有关稿酬的规定。

针对"国家规定有付酬标准的"情形才适用。

那么,"国家规定有付酬标准的"情形包括什么内容呢?

笔者通过上网搜索,发现主要是指国家版权局对于使用作品支付报酬的规定,例如:《关于使用已发表的作品出版音像制品向版权所有者付酬原则的复文》《关于对音像制品付酬问题的复函》《关于修订本稿酬支付问题的答复、书籍稿酬暂行规定》《关于适当提高美术出版物稿酬的通知》《关于当前报刊转载、摘编已发表作品付酬标准的通知》《演出法定许可付酬标准暂行规定》《录音法定许可付酬标准暂行规定》《报刊转载、摘编法定许可付酬标准暂行规定》《出版文字作品报酬规定》《关于复制发行境外录音制品向著作权人付酬有关问题的通知》,等等。

北京市高级人民法院显然是认为"国家规定"的"付酬标准"过低,故在《关于审理著作权纠纷案件若干问题的解答》中做出了适用"2至5倍"赔偿计算方法的规定。

那么,上述"国家规定"的"付酬标准"是否真的过低呢?这当然需要进行一定的实证分析。由于篇幅所限,笔者准备选取在审判实践中运用得最多的文字作品的稿酬问题,特别是著作稿(即原创作品)的基本稿酬标准问题,作为典型加以"解剖"。

著作稿(即原创作品)的基本稿酬标准在"文革"后经历了以下几次增长:1977年的《稿酬办法》规定,著作稿的基本稿酬标准为每千字2~7元。1980年5月,中央宣传部以中宣发【1980】14号文件转发了原国家出版局制订的《关于书籍稿酬的暂行规定》,将著作稿的基本稿酬标准提高到每千字3~10元。1984年9月22日,文化部发布的《书籍稿酬试行规定》规定,著作稿的基本稿酬标准为每千字6~20元。1990年6月15日,国家版权局发布的《书籍稿酬暂行规定》将著作稿的基本稿酬标准提高为每千字 10～30 元。1999 年 4 月 5 日，国家版权局发布的《出版文字作品报酬规定》，再次将原创作品的基本稿酬标准提高到每千字 30～100 元。

如何判断上述标准是否适当呢？显然应当选择收入的一项指标与之相比较，笔者在此选取了"全国职工年平均工资"作为比较对象。

根据国家统计局公布的年度统计公报❶，笔者制作了以下的图表：

表2　历年基本稿酬标准与全国职工平均工资关系

年　度	1977	1978	1979	1980	1981	1982	1983
全国职工平均工资（元）	602	664	705	762	772	798	826
基本稿酬标准（元/千字）	2～7	2～7	2～7	3～10	3～10	3～10	3～10
所占比例（%）	0.3～1.2	0.3～1.1	0.3～1.0	0.4～1.3	0.4～1.3	0.4～1.3	0.4～1.2

年　度	1984	1985	1986	1987	1988	1989	1990
全国职工平均工资（元）	961	1142	1332	1415	1692	1950	2150
基本稿酬标准（元/千字）	6～20	6～20	6～20	6～20	6～20	6～20	10～30
所占比例（%）	0.6～2.1	0.5～1.8	0.5～1.5	0.4～1.4	0.4～1.2	0.3～1.0	0.5～1.4

---

❶ 资料来源：http://www.stats.gov.cn/tjgb/，2005 年 6 月 8 日访问。

知识产权案件热点问题研究

年 度	1991	1992	1993	1994	1995	1996	1997
全国职工平均工资（元）	2365	2677	3236	4510	5500	6210	6470
基本稿酬标准（元/千字）	10~30	10~30	10~30	10~30	10~30	10~30	10~30
所占比例（％）	0.4~1.3	0.4~1.1	0.3~0.9	0.2~0.7	0.2~0.5	0.2~0.5	0.2~0.5

年 度	1998	1999	2000	2001	2002	2003	2004
全国职工平均工资（元）	7479	8346	9371	10870	12422	14040	16024
基本稿酬标准（元/千字）	10~30	30~100	30~100	30~100	30~100	30~100	30~100
所占比例（‰）	0.1~0.4	0.4~1.2	0.3~1.1	0.3~0.9	0.2~0.8	0.2~0.7	0.2~0.6

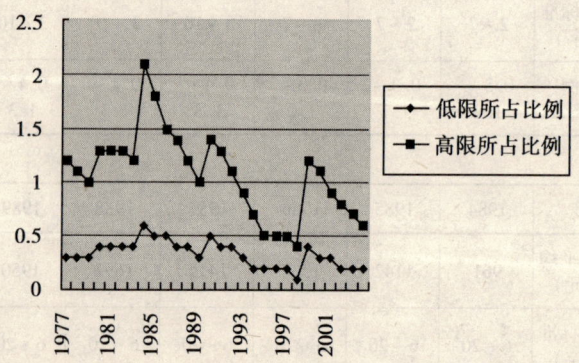

从上面的图表可以看出，1984年文化部《书籍稿酬试行规定》规定的著作稿基本稿酬标准（每千字6~20元）与该年度全国职工平均工资相比所占比例最高，为0.6%~2.1%。而1996年北京市高级人民法院发布《关于审理著作权纠纷案件若

干问题的解答》时，这一比例已经下降为 0.2%～0.5%，只有 1984 年时的 1/4～1/3；至今年北京市高级人民法院发布《关于确定著作权侵权损害赔偿责任的指导意见》时，这一比例也只有 0.2%～0.6%，仍不及 1984 年时的 1/3。

不可否认，与 1984 年相比，现在出书容易多了；但同样不可否认的是，随着全社会愈发尊重知识、崇尚科学文化的发展进程，随着人民物质文化生活水平的不断提高，随着知识在社会生产、生活中的重要地位的日益加强，人们越来越愿意为获取更多的科学文化知识而支付得更多，反之，对于侵犯著作权，阻碍科学、文化、艺术创作的行为，也就应当给予更加严厉的制裁。

因此，笔者完全赞同在这种情况下适用"2 至 5 倍"赔偿计算方法确定著作权侵权的损害赔偿数额。

正如一位资深的知识产权法官所说：在过去，在文字作品的侵权案件中，知识产权庭一般采取严格按照行政管理部门制订的稿酬标准、按字数确定赔偿额的办法，但实践中发现这种方式计算出的赔偿额过低，许多案件赔偿额不足 1 000 元。这种方式的弊端在于：让侵权人承担的经济责任与合法使用的支出相同，不足以起到制止侵权行为的作用。1997 年以来，北京市高级人民法院对著作权案件明确规定，在确定赔偿额时，可以比照法定稿酬的 2～5 倍进行计算。知识产权庭案件审理的事实证明，这种计算方式是成功的，也是可行的。这以后，侵犯文字作品著作权案的上诉率在所有案件中是最低的，因赔偿额而上诉的仅有极少几件，说明这种计算方式已经得到了当事人（包括原告和被告）的认可。同时，在北京地区，一定程度上改变了公众对于知识产

权诉讼得不偿失的认识。❶

四、"2至5倍"赔偿计算方法适用范围的"扩大化"

在北京市高级人民法院发布的《关于确定著作权侵权损害赔偿责任的指导意见》中,"2至5倍"赔偿计算方法的适用范围被大大扩展了,如前所述,其适用范围还包括第二十六条至第三十一条的情形。

该指导意见第二十六条规定:"在网络上传播文字、美术、摄影等作品的,可以参照国家有关稿酬规定确定赔偿数额。"第二十七条规定:"以广告方式使用文字、美术、摄影等作品,包括用于报刊广告、户外广告、网络广告、店面广告、产品说明书等,可以根据广告主的广告投入、广告制作者收取的制作费、广告发布者收取的广告费,以及作品的知名度、在广告中的作用、被告的经营规模、侵权方式和范围等因素综合确定赔偿数额。原告如证明类似情况下的合理许可使用费,应予考虑。"第二十八条规定:"商业用途使用文字、美术、摄影等作品,如用于商品包装装潢、商品图案、有价票证、邮品等,可以根据作品的知名度、在产品中的显著性、被告的经营规模、侵权方式、范围、获利等因素综合确定赔偿数额,所确定的赔偿数额一般应高于按照本规定第七条第一款第(二)项及第二十五条确定的赔偿数额。"第二十九条规定:"侵犯音乐作品著作权、音像制品权利人权利的,可以按照以下方法确定赔偿数额:(一)原告合理的许可使用费;(二)著作权集体管理组织提起诉讼的,按其许可费标准;(三)商业用途使用的,可以参考本规定第二十八条确定赔偿数额的方法。"第三十条规

---

❶ 马来客:"著作权侵权赔偿问题研究",载《知识产权审判实务(第2辑)》,法律出版社2005年版,第176页。

定:"提供图片、音乐等下载服务的,可以按照以下方法确定赔偿数额:(一)原告合理的许可使用费;(二)著作权集体管理组织提起诉讼的,按其许可费标准;(三)被告提供侵权服务获得的利润。"第三十一条规定:"软件最终用户侵犯计算机软件著作权的,可以按照以下方法确定赔偿数额:(一)原告合理的许可使用费;(二)正版软件市场价格。"

上述范围几乎涵盖了著作权侵权审判实践中的绝大部分情况,因此,北京市高级人民法院在该指导意见中将这一部分定名为"常见侵权赔偿数额的确定"。

以笔者之见,上述条款本身并无不妥,但笼统地规定均可适用"2至5倍"赔偿计算方法却有些不妥。

首先应当明确的问题是,著作权侵权损害赔偿的原则是"补偿性赔偿原则"还是"惩罚性赔偿原则"。

我国《著作权法》第四十八条规定:侵犯著作权或者与著作权有关的权利的,侵权人应当按照权利人的实际损失给予赔偿;实际损失难以计算的,可以按照侵权人的违法所得给予赔偿。赔偿数额还应当包括权利人为制止侵权行为所支付的合理开支。权利人的实际损失或者侵权人的违法所得不能确定的,由人民法院根据侵权行为的情节,判决给予50万元以下的赔偿。

最高人民法院《关于审理著作权民事纠纷案件适用法律若

干问题的解释》的第二十四条至第二十六条❶对于《著作权法》第四十八条的规定进行了细化。

可见，在立法层面，著作权侵权损害赔偿的原则与我国《民法通则》的精神是一致的，即"补偿性赔偿原则"，该原则也被形象地称为"填平原则"。

实际上，即使在本文所讨论的北京市高级人民法院《关于确定著作权侵权损害赔偿责任的指导意见》中也做出了相同的规定。❷

既然如此，那么著作权侵权损害赔偿通常应以权利人的实际

---

❶ 该司法解释第二十四条规定："权利人的实际损失，可以根据权利人因侵权所造成复制品发行减少量或者侵权复制品销售量与权利人发行该复制品单位利润乘积计算。发行减少量难以确定的，按照侵权复制品市场销售量确定。"第二十五条规定："权利人的实际损失或者侵权人的违法所得无法确定的，人民法院根据当事人的请求或者依职权适用著作权法第四十八条第二款的规定确定赔偿数额。人民法院在确定赔偿数额时，应当考虑作品类型、合理使用费、侵权行为性质、后果等情节综合确定。当事人按照本条第一款的规定就赔偿数额达成协议的，应当准许。"第二十六条规定："著作权法第四十八条第一款规定的制止侵权行为所支付的合理开支，包括权利人或者委托代理人对侵权行为进行调查、取证的合理费用。人民法院根据当事人的诉讼请求和具体案情，可以将符合国家有关部门规定的律师费用计算在赔偿范围内。"

❷ 该指导意见第五条规定："确定的侵权赔偿数额应当能够全面而充分地弥补原告因被侵权而受到的损失。在原告诉讼请求数额的范围内，如有证据表明被告侵权所得高于原告实际损失的，可以将被告侵权所得作为赔偿数额。"

损失❶或侵权人的违法所得❷为依据来确定。当然,权利人为制止侵权所支付的合理开支也应计算在内❸。

根据上文对于"2至5倍"赔偿计算方法的"渊源"可以看出,该计算方法实际上是为了弥补"国家规定"的"付酬标准"过低而采取的措施,其本身并无直接的法律、法规或司法解释作为依据,但这一规定却是符合实际情况的,在长期的审判实践中也取得了很好的效果。

但是,如果在不存在"付酬标准"过低的情况下,也要生搬硬套这一"成功经验",那恐怕就会犯"扩大化"的错误。

例如,该指导意见规定,在软件最终用户侵犯计算机软件著作权时,也可以适用"2至5倍"赔偿计算方法确定赔偿数额,而其"基数"是"原告合理的许可使用费"或者"正版软件市场价格"。笔者认为,这一规定不妥,在这种情况下,不应适用"2至5倍"赔偿计算方法。原因是:计算机软件的市场价格并

---

❶ 其计算方法在该指导意见第七条中做了规定:"本规定第六条第一款第(一)项所称'权利人的实际损失'可以依据以下方法计算:(一)被告侵权使原告利润减少的数额;(二)被告以报刊、图书出版或类似方式侵权的,可参照国家有关稿酬的规定;(三)原告合理的许可使用费;(四)原告复制品销量减少的数量乘以该复制品每件利润之积;(五)被告侵权复制品数量乘以原告每件复制品利润之积;(六)因被告侵权导致原告许可使用合同不能履行或难以正常履行产生的预期利润损失;(七)因被告侵权导致原告作品价值下降产生的损失;(八)其他确定权利人实际损失的方法。"

❷ 其计算方法在该指导意见第八条中做了规定:"本规定第六条第一款第(二)项所称'侵权人的违法所得'包括以下三种情况:(一)产品销售利润;(二)营业利润;(三)净利润。一般情况下,应当以被告营业利润作为赔偿数额。被告侵权情节或者后果严重的,可以产品销售利润作为赔偿数额。侵权情节轻微,且诉讼期间已经主动停止侵权的,可以净利润作为赔偿数额。适用上述方法,应当由原告初步举证证明被告侵权所得,或者阐述合理理由后,由被告举证反驳;被告没有证据,或者证据不足以证明其事实主张的,可以支持原告的主张。"

❸ 该指导意见第六条第二款做出了该规定。

不是国家规定的,而是市场形成的。对于某些基础性的软件还具有一定的垄断性的因素,此类软件的市场价格不是过低,而至少是偏高。通常来说,软件的市场价格是能够完全地实现权利人的利益的。

可能的反对意见是:仅仅要求侵权人按照软件的市场价格予以赔偿,并不足以遏制侵权行为,侵权人完全可以预测,侵权之后,如果没被"逮住"就算捞着了,如果被"逮住"也不过是该给的钱给出去而已,无所谓;对于购买正版软件的最终用户这也是不公平的,因为侵权人并没有因其侵权行为受到额外的惩罚。

实际上,上述观点并不正确。著作权侵权的法律责任有多种形式,赔偿损失只是其中一种,绝非全部。在笔者所知的过去所有的软件著作权侵权纠纷案中,原告都会主张被告停止侵权行为,如果法院认定被告侵权,则该主张必将得到支持。也就是说,侵权人并不能因其向权利人支付正版软件市场价格的赔偿之后,其所使用的盗版软件就"正版化"了,相反,侵权人应当删除该盗版软件,并销毁其复制品。最终,侵权人是"花"了正版软件的钱,却什么也没得到。而且,我们知道,软件的市场价格是"每况愈下"的,对于某些更新换代快的软件,旧版软件的价格比它刚刚上市时可能要便宜许多,在审判实践中,由于侵权人往往不能证明其使用盗版软件的确切时间,法院会推定侵权人于该软件上市之初即使用,因此以该软件上市之初的市场价格作为损害赔偿依据。到了判决生效之时,软件的市场价格常常比侵权人须支付的赔偿金便宜一半以上了。此时,侵权人通常会十分懊悔。如果考虑到侵权人为诉讼投入的时间、金钱,以及败诉判决对其造成的不利影响,侵权人就更不会"无所谓"了。

当然,在客观事实上,侵权人使用盗版软件的时间差距是很有意义的,假设一定要侵权,其理性选择就应当是在软件刚一上市时就使用盗版软件。但即使这样做，权利人的损失也能够得到完全的弥补。但在客观事实上，使用时间的差距会造成侵权人责任的不公平。在这种情况下，使用盗版软件时间短的侵权人就应当尽量举出其开始使用盗版软件时间的证据，例如，其开业时间、购买计算机的时间等等。此时，法院就可以依据指导意见第三十一条第（一）项的规定，依据"原告合理的许可使用费"确定赔偿数额。

总之，笔者认为，对于软件最终用户侵犯计算机软件著作权案件而言，侵权人可能的最大责任就是正版软件上市之初的市场价格，而不会存在适用"2至5倍"赔偿计算方法的余地。

在前述关于软件最终用户侵权问题的分析中，笔者考虑赔偿数额不同的主要原因在于使用时间的差异。这是因为，对于特定的计算机软件，通常不会存在因使用者或用途的差异导致权利人选择的问题，也就是说，软件的权利人通常不会因为使用者或者用途的不同而在对方购买时拒绝提供软件。但这一情况对于其他作品而言就不同了。

例如，权利人是一幅美术作品的作者，侵权人找到权利人想通过支付正常的市场价格获得其许可而使用，但权利人由于对侵权人或其用途不满而拒绝，侵权人遂径行使用。此时，如果法院仅根据此类作品在此种用途下通常的市场价格作为赔偿依据，是否妥当？此时，是否应适用"2至5倍"赔偿计算方法？

有人会说，如果仅仅按照市场价格进行赔偿，实际上是鼓励了侵权人，打击了权利人。权利人的许可权形同虚设，实际上只剩下获得报酬的权利了。

但如果反问一下，即使按照"2至5倍"赔偿计算方法，就可以实现权利人的许可权了吗？或者说，如果当初侵权人愿意向权利人支付"2至5倍"的市场价格，权利人就会许可其使用吗？

笔者认为，在这种情况下可以要求侵权人进行精神损害赔偿。实际上，北京市高级人民法院《关于确定著作权侵权损害赔偿责任的指导意见》第二十一条至第二十四条❶对于精神损害赔偿做出了规定。如果侵权人对于作品进行严重歪曲、篡改，或者对作品进行贬损性使用，侵权人当然应当承担停止侵权、消除影响、赔礼道歉以及精神损害赔偿的责任。

五、结论与建议

在目前我国民法及知识产权法确定"补偿性赔偿原则"的前提下，著作权侵权损害赔偿中"2至5倍"赔偿计算方法的适用范围应作一定的限制，主要适用于"国家规定"的"付酬标准"过低的情况，一般不应适用于有市场价格的情况。

但是，损害赔偿制度的目的正在从仅仅补偿权利人的损失，

---

❶ 该指导意见第二十一条规定，侵犯原告著作人身权或者表演者人身权情节严重，适用停止侵权、消除影响、赔礼道歉仍不足以抚慰原告所受精神损害的，应当判令被告支付原告精神损害抚慰金。法人或者其他组织以著作人身权或者表演者人身权受到侵害为由，起诉请求赔偿精神损害的，不予受理。第二十二条规定，具有以下情形之一的，可以判令被告支付原告精神损害抚慰金：（一）未经原告许可，严重违背其意愿发表其作品，并给原告的信誉、社会评价带来负面影响的；（二）抄袭原告作品数量大、影响广，并使被告因此获得较大名誉的；（三）严重歪曲、篡改他人作品的；（四）未经许可，将原告主要参加创作的合作作品以个人名义发表，并使被告获得较大名誉的；（五）没有参加创作，为谋取个人名利，在原告作品上署名的；（六）严重歪曲表演形象，给原告的社会形象带来负面影响的；（七）制作、出售假冒原告署名的作品，影响较大的；（八）其他应当支付权利人精神损害抚慰金的情形。第二十三条规定，精神损害抚慰金的数额应当根据被告的过错程度、侵权方式、侵权情节、影响范围、侵权获利情况、承担赔偿责任的能力等因素综合确定。精神损害抚慰金一般不低于2000元，不高于5万元。第二十四条规定，著作权人或者表演者权人死亡后，其近亲属以被告侵犯著作人身权或表演者人身权使自己遭受精神痛苦为由，起诉请求赔偿精神损害的，应当受理。

转变为对损失的预防,即通过损害赔偿数额的确定,给潜在的侵权人一个"价格",通过这个"价格",让潜在的侵权人产生预防的激励。❶

通过上面的分析,我们可以看出,现有的著作权侵权损害赔偿制度即使能够"全面而充分"地弥补权利人的损失,在某些情况下,也难以遏制侵权行为。这是因为,侵权人对于特定作品的特定使用方式的主观价值感受超过了市场价格。在这种情况下,法律并不是束手无策的。实际上,我国《著作权法》❷、《著作权法实施条例》❸、《计算机软件保护条例》❹ 都规定了行政处罚的内容,国家版权局《著作权行政处罚实施办法》更是这方面的专门性法律文件。

包括著作权在内的知识产权侵权的行政处罚正是我国保护知识产权的一大特点。据统计:2000～2003年的4年间,全国地方法院共受理知识产权民事一审案件23 257件,其中著作权案件6 397件。❺ 2001年全国各级版权行政管理机关共受理案件4 420件;2002年全国各级版权行政管理机关共受理案件6 408件;2003年全国各级版权行政管理机关共受理案件23 013件;2004年全国各级版权行政管理机关共受理案件9 691件。❻

---

❶ 王成:《侵权损害赔偿的经济分析》,中国人民大学出版社2002年版,第186页。

❷ 《著作权法》第四十七条规定了行政处罚的内容。

❸ 《著作权法实施条例》第三十六条、第三十七条规定了行政处罚的内容。

❹ 《计算机软件保护条例》第二十四条规定了行政处罚的内容。

❺ 曹建明:《中国知识产权司法保护的新发展——最高人民法院副院长曹建明在中国知识产权研究会第四届全国代表大会上的司法保护专题报告》,http://www.chinaiprlaw.com/fgrt/fgrt222.htm,2005年6月7日访问。

❻ 《2004年全国版权工作统计情况简述》,http://www.ncac.gov.cn/servlet/servlet.info.StatiServlet?action=list&issue=2004,2005年6月9日访问。

可见，要想实现预防著作权侵权发生这一根本目的，就必须全面地综合运用著作权的民事保护、行政保护直至刑事保护。而简单地凭借加大民事赔偿数额的办法，并不能从根本上解决这一问题。

三、网络知识产权热点问题研究

涉及计算机网络的侵权案件之地域管辖问题研究

一、引　言

20世纪90年代以来，计算机网络的发展日新月异，用户数量迅速增长，网上信息量"爆炸"式地膨胀。❶计算机网络已经日益渗透到社会生产、生活的方方面面，并产生了一个新兴的产业——IT产业（即信息产业），给人类社会带来了一场革命。计算机网络为人类社会提供了前所未有的便利和近乎无限的商机，带来了巨大的利益。

但是，在现实生活中，凡是有利益存在之处就几乎必定存在着利益的冲突，利益的冲突产生纠纷，诉讼便是解决纠纷的一个重要的和最终的途径。

在我国的司法实践中，涉及计算机网络的民事诉讼案件就"从无到有，由少变多"地迅速发展了起来。❷

这种新类型案件给传统的法律制度带来了一系列的冲击和挑战，引发了各界有识之士的广泛兴趣和热烈讨论，但在这些研究中，也呈现出一定的"重实体，轻程序"的倾向。当然，笔者

---

❶ 目前全球因特网用户人数已达5亿人，预计2003年将达6亿人。根据中国互联网络信息中心2002年1月的统计报告，我国大陆地区上网计算机数为1254万台，上网用户人数约3370万人，见 http：//www.cnnic.net.cn/develst/2002 - 1/4.shtml，2004年8月2日访问。

❷ 程永顺：《中国知识产权司法保护的新发展》，2001年5月11日，在第四届中国北京高新技术产业国际周知识产权保护论坛上的演讲。

承认，上述问题主要是实体问题，自然应当主要由实体法（特别是知识产权法）专家、学者进行研究，但是，这类案件中有关诉讼法的新问题也具有十分重要的意义，对它们的研究也是不可或缺的。

笔者在这里所说的"新问题"，实际上并不是指在非计算机网络环境下不存在，只是在计算机网络环境下才首次出现的问题；而是指由于计算机网络自身的特点，使得在非计算机网络环境下已经得到解决或基本解决的问题，在计算机网络环境下出现了难以解释的情况或难以克服的障碍，笔者认为，其中比较突出的应当是诉讼管辖问题和电子证据问题。

本文试图通过针对计算机网络的特点，梳理侵权案件地域管辖理论，分析上述理论对于该环境应用的效果，归纳出一些适用于该环境的地域管辖原则，为我国未来的立法提出建议。

二、计算机网络的特点

要想研究涉及计算机网络的侵权案件，首先必须研究计算机网络的特点。

计算机网络环境被人们形象地称为"虚拟世界"、"网络空间（Cyberspace）"，它具有"互联性"这一本质特征，以此为基础，计算机网络还具有其他一些特点。

（一）计算机网络具有广泛联结、任意联结的特点

计算机网络遍布全世界，无论采取何种连接方式，[1] 只要上了网，就成为计算机网络上的一个终端，并可以同网络上的任何一个其他终端相连接。

---

[1] 通常的连接方式为：电话拨号上网、分组上网、帧中继上网、专线上网、局域网上网。

(二) 计算机网络具有无中心性和开放性的特点

从历史起源考察,计算机网络发端于美国国防部的 ARPA-NET 计划,其设计目的就是为了使美国在遭受苏联的核攻击后仍能保留主要信息,故采用了无中心、不封闭的结构。信息传播过程简单地描述为：信源→信道→信宿。其中,"信源"是信息的发布者,即上载者;"信宿"是信息的接收者,即最终用户。在传统的信息传播过程中,对信源的资格有严格的限制,通常是广播电台、电视台等机构,采用的是有中心的结构。而在计算机网络中,对信源的资格并无特殊限制,任何一个上网者都可以成为信源。

(三) 计算机网络具有信息容量巨大和信息种类丰富的特点

随着计算机网络的产生和发展,几乎所有原先以传统介质为载体的信息都在日益"数字化",并被上载到网络上广泛传播,我们甚至可以说,整个世界正在被日益"网络化"。计算机网络所容纳的信息量巨大,以至于人们创造出"海量"这一词语加以描述,网络数据库就是典型的例子。与此同时,计算机网络信息在种类方面也与传统形式有着根本的区别。传统形式的信息往往是单一种类的,可分为文字、图形、声音、图像等,而在计算机网络环境下,则常常是一个文件包含了多种形式,形成了多媒体这一新的形式。

(四) 计算机网络具有信息传播"交互性"的特点

如前所述,传统的信息传播方式基本上是从信源到信宿的单向方式,一般来说,信宿只能"被动"地接收信源传播的信息。而在计算机网络环境下,信宿却可以"主动"地向信宿传递信息,要求信宿根据自己的要求提供信息。

(五) 计算机网络具有信息传播"阶段性"的特点

实际上,任何信息传播都是一个过程,笔者这里所强调的这一特点是指,由于计算机网络信息传播过程在技术上可分为截然不同几个阶段,处于不同阶段的主体对于完成信息传播整体过程的贡献不同,他们的权利义务也因此不同,应当分别进行研究。

三、侵权案件地域管辖理论在计算机网络侵权案件中的适用及其分析

(一) 侵权案件地域管辖的传统理论

所谓地域管辖,是指确定同级人民法院之间,在各自的辖区内受理第一审民事案件的分工和权限,它是以人民法院的辖区和案件的隶属关系为标准来确定案件的一审管辖的,故又称为土地管辖或区域管辖❶。根据我国民事诉讼法的规定,地域管辖又可分为一般地域管辖、特殊地域管辖和专属管辖。

一般地域管辖是指根据当事人所在地来确定案件的管辖法院❷,确立了"原告就被告"的原则(民事诉讼法第二十二条),并规定了该原则的例外(民事诉讼法第二十三条)。

特殊地域管辖是指根据诉讼标的所在地或者引起诉讼法律关系发生、变更、消灭的法律事实所在地确定案件的管辖法院❸(民事诉讼法第二十四条、第二十六条、第二十七条、第二十八条、第二十九条、第三十条、第三十一条、第三十二条、第三十三条),其中,第二十九条是关于侵权行为案件的规定。

---

　❶ 梁书文、回沪明、杨荣新主编:《民事诉讼法及配套规定新释新解》,人民法院出版社1996年版,第61页。

　❷ 柴发邦主编:《中国民事诉讼法学》,中国人民公安大学出版社1992年版,第143页。

　❸ 柴发邦主编:《中国民事诉讼法学》,中国人民公安大学出版社1992年版,第146页。

专属管辖是指根据某些案件的特殊性，法律规定它们只能由特定人民法院管辖，其他人民法院无权管辖❶（民事诉讼法第三十四条）。

下面，结合本文所要研究的问题，对上述管辖分别进行分析。

由于民事诉讼法第二十九条规定："因侵权行为提起的诉讼，由侵权行为地或者被告住所地人民法院管辖。"因此，在侵权案件中，一般地域管辖实际上被包含在特殊地域管辖之中了。

又由于专属管辖的各国立法通例为不动产所在地、港口所在地、登记地和遗产继承地作为管辖的依据，而我国民事诉讼法第三十四条仅仅对不动产纠纷、港口作业纠纷、继承遗产纠纷进行了规定❷，根据上文的分析，这些规定显然均不适用于涉及计算机网络的侵权案件。

综上，笔者有理由将本文研究的问题转化为涉及计算机网络侵权案件之特殊地域管辖问题，也就是研究"侵权行为地"与"被告住所地"这两个联结点在计算机网络侵权案件中的适用问题。

根据我国1982年10月1日生效的《民事诉讼法（试行）》第二十二条、第二十九条的规定，因侵权行为提起的诉讼，由侵权行为地人民法院管辖；但执行有困难的，可以由被告住所地人民法院管辖。该法已于1991年4月9日由于《民事诉讼法》的施行而失效。与现行法相对比，不难看出，二者的区别在于：旧法对"侵权行为地"和"被告住所地"作出了先后顺序的规定，

---

❶ 柴发邦主编：《中国民事诉讼法学》，中国人民公安大学出版社1992年版，第151页。

❷ 对于我国与世界立法通例在专属管辖方面的区别与评述，可参见黄川：《民事诉讼管辖研究——制度、案例与问题》，中国法制出版社2001年版，第159~165页。

即以"侵权行为地"为第一顺序,以"被告住所地"为第二顺序;新法将这两个联结点作出了并列选择式的规定,一般认为并无先后顺序之分。但对于新法所作的这一修改,有学者认为与国际立法的通例及公认的民事诉讼理论不符。❶

就本文所研究的问题而言,"被告住所地"这一联结点丝毫不受计算机网络特点的影响,对它的确定与非计算机网络环境是一致的。❷ 而"侵权行为地"却因受到计算机网络特点的影响,因此呈现出与在非计算机网络环境下截然不同的特性,进而影响到地域管辖的原则。

(二)"侵权行为地"联结点在计算机网络侵权案件中的适用

将"侵权行为地"作为确定侵权案件管辖法院的联结点,这是世界各国的通例。❸ 我国《最高人民法院关于适用〈中华人民共和国民事诉讼法〉若干问题的意见》第28条规定:"民事诉讼法第二十九条规定的侵权行为地,包括侵权行为实施地、侵权结果发生地。"学者认为,这一解释与德国、法国及我国台湾地区的规定是一致的。❹ 下面分别进行讨论。

1. 侵权行为实施地

---

❶ 章武生:"民事诉讼对特别管辖制度的修改",载《法学杂志》1994年第1期,第19页。

❷ 对该联结点的详细论述,可参见梁书文、回沪明、杨荣新主编:《民事诉讼法及配套规定新释新解》,人民法院出版社1996年版,第59~69页。

❸ 参见《德国民事诉讼法》第32条、《法国民事诉讼法典》第46条、《日本民事诉讼法》第5条第(9)项的规定。

❹ 黄川:《民事诉讼管辖研究——制度、案例与问题》,中国法制出版社2001年版,第141~142页。该书认为《日本民事诉讼法》中的侵权行为地也是指侵权行为实施地和侵权结果发生地。但实际上,《日本民事诉讼法》第5条第(9)项仅规定了"侵权行为发生地",白绿铉编译:《日本新民事诉讼法》,中国法制出版社2000年版,第34页。

侵权行为实施地是指实施侵权行为的地点，又称侵权行为发生地。由于计算机网络具有信息传播"阶段性"的特点，其侵权行为实施地呈现出分离化的特征。

以最常见的非法上载他人作品并在网上传播为例，侵权人最初实施上载行为一般都是在计算机终端❶上完成的，只有极少数情况下是直接在网络服务器❷上完成的，但此后的传播行为则都是在网络服务器上完成的。在这种情况下，侵权行为的实施表现为两个阶段——上载和传播，故侵权行为实施地也表现为两个——上载的计算机终端所在地和传播的网络服务器所在地。如果这两个地点恰好是一致的❸，管辖问题当然很好确定；但当二者分离时，应如何确定管辖呢？

有学者认为，侵权行为实施地的确定应当以侵权人为中心，以实施复制、传播等侵权行为的设备为线索，认定其所实施侵权行为的地点。❹ 笔者基本上同意这种观点，认为此时应当确立一个顺序的管辖标准——以上载的计算机终端所在地为第一顺序，以传播的网络服务器所在地为第二顺序；能够确定第一顺序的地点时，排斥第二顺序的地点作为管辖依据；当第一顺序的地点难以确定时，以第二顺序的地点作为管辖依据。

有学者借鉴国外的案例提出"服务器接触管辖标准"，即认为侵权人"接触"了存放权利人数字化作品的计算机服务器，

---

❶ 终端设备（terminal）是指经由通信设施向计算机输入程序和数据或接收计算机输出处理结果的设备。

❷ 服务器（server）是指在计算机网络中的网点上的一个部件，能向网络用户提供特定的服务。

❸ 这种情况在实践中并不鲜见，笔者认为这是由于我国目前的网络服务公司和网民相对集中于中心城市造成的。

❹ 蒋志培主编，孔嘉、阿拉木斯副主编：《网络与电子商务法》，法律出版社2001年版，第237页。

该服务器所在地法院就享有管辖权。北京市海淀区人民法院受理的瑞得（集团）公司与宜宾市屏翠区东方信息服务有限公司侵犯著作权纠纷案就是以此为标准确定管辖的❶。其实这是将实施侵权行为过程中的一个片段作为侵权行为实施地判断管辖。被告的全部侵权行为应当说是在其计算机终端上完成的，主要侵权行为地应当认为是宜宾市❷。笔者认为，该标准的实质目的是将原告所在地作为地域管辖的依据，这是违背侵权案件地域管辖原则的。

2. 侵权结果发生地

侵权结果发生地是指造成损害后果的地点。由于计算机网络具有广泛联结、任意联结的特点，其侵权结果发生地呈现出扩散化的特征。

仍以非法上载他人作品并在网上传播为例，从理论上说，该作品可以到达计算机网络所覆盖的全部范围——全世界，并可传播给全体网民。如果将该作品所能到达的地点都作为侵权结果发生地，则全世界的法院就都有管辖权了，这一推论显然与设立管辖制度的初衷❸相违背，因而是不可能成立的。

那么，能否对于涉及计算机网络侵权案件中"侵权结果发生地"这一联结点做出特别的限制，从而使其适应计算机网络的特点呢？

关于这一点，《最高人民法院〈关于全国部分法院知识产权审判工作座谈会纪要〉》（1998年7月20日）中称："与会同志

---

❶ 该案一、二审案情及其评论，详见朱家贤、苏号鹏：《法治网——网上纠纷·立法·司法》，中国经济出版社2000年版，第354～356页。

❷ 蒋志培主编，孔嘉、阿拉木斯副主编：《网络与电子商务法》，法律出版社2001年版，第238页。

❸ 关于建立民事诉讼管辖制度的意义，可参见黄川：《民事诉讼管辖研究——制度、案例与问题》，中国法制出版社2001年版，第22～40页。

普遍认为,在知识产权侵权纠纷案件中,侵权结果发生地,应当理解为是侵权行为直接产生的结果发生地,不能以原告受到损害就认为原告所在地就是侵权结果发生地。"❶ 笔者同意这一观点,认为这是从侵权行为导致侵权结果的方向对于侵权结果发生地作出的限制,但该意见中的"直接"应如何界定范围尚不明确;同时,笔者试图从管辖地反推联结点的方向对于侵权结果发生地提出限制。

笔者认为,在研究地域管辖问题时,一般来说,如果根据某联结点得出的管辖地是全部法域(一般为一国的范围),甚至超过全部法域(如全世界),则该联结点应归属无效,此时应寻找另外的联结点作为管辖的依据,否则,就会出现依据管辖制度得出的结果否定了管辖制度基础的情况。

按照上述结论进行分析,笔者并不抽象地否定侵权结果发生地作为涉及计算机网络侵权案件管辖的联结点的可能性,而是持谨慎地具体分析的态度。

在一般情况下,只有当某个侵权结果发生地具有管辖意义上的确定的特殊指向性,即具有"收敛性"时,它才可以作为管辖的联结点;如果它可以从理论上任意地指向全部法域,(这一点并不要求在实践中确定,即并不要求管辖异议人举证证明全部法域的网民确实接触到了被诉侵权物,只需其证明全部法域的网民确实具有接触被诉侵权物的可能性即可),即具有"发散性",则不可以作为管辖的联结点。

在特殊情况下,如果难以找到"收敛"的联结点,此时才可以将"发散"的联结点作为补充确定管辖。

也就是说,涉及计算机网络侵权案件地域管辖的联结点应当

---

❶ 最高人民法院知识产权审判庭编:《最新知识产权司法文件精选(一)》,中国标准出版社 1999 年版,第 75 页。

具有"层次性"或"顺序性",应以"收敛"的联结点作为第一顺序,将"发散"的联结点作为第二顺序;在可以适用第一顺序时,排除第二顺序的适用。

如果我们将最高人民法院纪要中确定的标准称为"判断侵权行为结果地的积极条件",那么也就可以将此标准称为"判断侵权行为结果地的消极条件"了,侵权结果发生地应同时满足这两个条件。下面,我们将这两个条件相结合,以此为依据分析学者们提出的种种主张,并试图在这两个总的约束条件之间,提出一些更为具体的标准。

(1)域名注册地管辖。

有的司法实践部门和律师对于域名抢注纠纷案件主张以域名注册地为管辖标准。由于在我国,".cn"项下一级域名注册由中国互联网信息中心(即 CNNIC)独家负责的情况下,该标准的结果只能由 CNNIC 所在地的特定法院管辖。但实际上,该标准并不是"侵权行为直接产生的结果发生地",即不符合上述"积极条件",不应作为管辖依据。

实际上,这种管辖依据如果能够成立,也是类似于"集成电路布图设计"、"植物新品种"的情况,即由最高人民法院在司法解释中做出明确的规定。但就本文的问题而言,最高人民法院并不同意该标准。[1]

(2)固定标准或滑动标准。

在计算机网络发展最早、最充分的美国,有的法院提出了不与案件情况结合的"固定标准":①被告在网上建立网站,有意

---

[1] 关于这一点,可参见蒋志培主编,孔嘉、阿拉木斯副主编:《网络与电子商务法》,法律出版社 2001 年版,第 238 页。特别值得注意的是,该书的第四章"网络与电子商务的诉讼管辖"是由最高人民法院民事审判第三庭庭长蒋志培先生撰写的(见该书作者介绍第 1~2 页)。

创造一个全国性市场，进行招揽和销售，侵犯本州主体的知识产权的，应由本州法院管辖；②当被告的网站内容侵犯本州原告的商标权，且该网站为本州居民清晰可见时，本州法院有管辖权；③维持一个网站足以构成与本州最小限度接触；④在网上刊登广告和提供一个消费者免费电话号码，足以证明被告有意识享受在本州经营的权利，其广告侵犯本州主体知识产权的，本州法院有管辖权；⑤被告在网上做广告，明知本州居民会看到其广告，且进一步与本州居民进行交易，达成合同，本州法院有管辖权；⑥被告在网上主动招揽客户，要求得到客户的电子邮件地址，并且为各个客户建立个人信箱，使被告可能根据客户兴趣、需要向他们发出电子广告，对这种"积极招揽"行为侵犯本州原告知识产权的，本州法院有管辖权。

另外一些法院则认为上述标准动摇了侵权行为地的概念将侵权行为地解释成任何可以看到网上侵权行为的地方，使真正的侵权行为地法院丧失了对案件应有的管辖权。这些法院认为，对外州被告的网上知识产权侵权行为，应参照被告是否实际经营，包括网上经营和网下经营的具体情况，决定本州法院有无管辖权，提出了与案件情况结合的"滑动标准"：①外州居民在网上侵犯本州主体知识产权的，如果该外州居民故意、反复通过网络发送文件与本州居民接触，本州法院可行使管辖权；②如果外州居民在外州的网站是消极网站，即只提供信息而不进行商务活动，其有关表达侵犯了本州主体的知识产权的，本州法院不应行使管辖权；③处于前两类案件中间的案件，是否行使管辖权，应当合理认定被告网站的经营性质、经营行为的程度，依具体情况而定。比较多的法院采用此标准。❶

---

❶ 张玉瑞：《互联网上知识产权——诉讼与法律》，人民法院出版社2000年版，第496~497页，相关案例见该书第498~520页

笔者认为，"固定标准"明显地具有"长臂法律"（Long-arm Statute）的特征，这是在立法上承认"地方保护"的一个例子，如果适用于我国，必将造成无数的冲突与混乱。与其相比，"滑动"标准更加合理，但却失于笼统，不够具体。

（3）交互程度标准。

有人将网站所显示出的交互程度分为六级：①网上仅为单纯的广告，只有简单与静态的网页，不涉及"交互"的电子商务，其用户对网页的内容只是浏览；②支持用户的浏览器，用户可以浏览网页内容，并能使用用户根据其需要下载所选择的内容，多数网站都属于此种类型接触；③网站要求用户提供基本资料或回答问题，并能根据用户的要求提供资料，此种网站的互动性已经比较高了；④通过此类网站可以购买或是交付所需要的资料，其范围包括多数收费网站，用户需要向网站提供信用证号码或付费后取得密码才能进入该网址；⑤此类网站进行网上计算机程序的销售，购买者付费通过密码进入该网站，购得所需要的计算机程序；⑥通过此类网站，用户可以直接进行网上金融等交易，如下单购买证券或其他金融商品，通过网络进行转账。❶

显然，这种标准比"滑动标准"更加具体、明确。笔者同意蒋志培先生的观点，在上述交互程度中的第④、⑤、⑥三种情况下，可以认定原告所在地的法院享有管辖权；而在第①、②、③三种情况下，则原告所在地的法院不享有管辖权。

（三）对相关司法解释的分析及立法建议

到目前为止，我国专门针对涉及计算机网络侵权案件的地域

---

❶ Eric Schneiderman & Ronald Kornreich, Personal jurisdiction and Internet Commerce, The New York Law Journal, June 4, 1997.

转引自蒋志培主编，孔嘉、阿拉木斯副主编：《网络与电子商务法》，法律出版社 2001 年版，第 239～240 页。

管辖的规定只有以下两条。

一是《最高人民法院关于审理涉及计算机网络域名民事纠纷案件适用法律若干问题的解释》,第 2 条规定:"涉及域名的侵权纠纷案件,由侵权行为地或者被告住所地的中级人民法院管辖。对难以确定侵权行为地和被告住所地的,原告发现该域名的计算机终端等设备所在地可以视为侵权行为地。"(以下简称"域名"规定。)

二是《最高人民法院关于审理涉及计算机网络著作权纠纷案件适用法律若干问题的解释》,第 1 条规定:"网络著作权侵权纠纷案件由侵权行为地或者被告住所地人民法院管辖。侵权行为地包括实施被诉侵权行为的网络服务器、计算机终端等设备所在地。对难以确定侵权行为地和被告住所地的,原告发现侵权内容的计算机终端等设备所在地可以视为侵权行为地。"(以下简称"著作权"规定。)

笔者认为,上述两条规定提供了涉及计算机网络侵权案件地域管辖的基本范例;"著作权"规定比"域名"规定有所进步;针对涉及计算机网络侵权案件地域管辖的规定仍欠完备。

"域名"规定重申了民事诉讼法关于侵权案件地域管辖的规则,并规定了联结点的顺序性。❶"著作权"规定除此之外,更进一步列举了"侵权行为地"的类型。不难看出,这里列举的实际上仅是"侵权行为实施地"的类型,但这里使用了"包括",而不是"是指",似乎表示"立法者"❷并不愿意只

---

❶ 实际上,该条还规定了级别管辖,但级别管辖的问题不在本文讨论范围之内,故不做赘述。

❷ 严格来说,根据《立法法》的规定,司法解释并不是我国法律体系中的一类,但在实践中,特别是司法实践中,司法解释起着非常重要的作用,其原因十分复杂,其效果有待深入研究。董皞:《司法解释论》,中国政法大学出版社 1999 年版。

将"侵权行为实施地"纳入第一顺序的范围从而与现行民事诉讼法相冲突。涉及计算机网络侵权案件的种类很多,上述两条规定只涉及了知识产权中的两个部分,适用范围远未覆盖全部;而且,对于涉及计算机网络侵权案件地域管辖的规定如果采取这种根据案由分别作出的话,显然是既麻烦又重复,从立法技术上说很不科学,最好能够在针对民事诉讼法的司法解释中统一规定。

网络服务公司将他人作品上网使用的著作权问题研究

一、本课题产生的背景

（一）因特网的产生和发展

千年交替，万象更新，我们迎来了 21 世纪——网络的世纪。这里所说的"网络"当然是指"囚特网"（即 Internet）。它最初是美国国防部的一项实验产物，其前身为 APPANet（美国国防部高级研究机构项目网络），是美国政府于 1969 年为军事目的开发研究的，是一个广域网，重点联结美国各大学从事国防项目的计算机。1986 年，美国国家科学基金网络正式成立，它将美国的一些学术机构合作性网络联结起来，成为全球性学术研究教育网络。❶

此后，Internet 得到了飞速的发展。截至 2005 年底，全球因特网用户人数达到 10.8 亿。❷

（二）因特网在我国的发展

Internet 在我国的发展是从 1994 年开始的，发展速度却十分迅速。中国互联网络信息中心（CNNIC）2008 年 7 月发布的《中国互联网络发展状况统计报告》显示，截至 2008 年 6 月底，中国网民数量达到 2.53 亿，网民规模跃居世界第一位，同比增

---

❶ 严康敏、赖茂生：《信息高速公路——面对未来的震荡》，山东教育出版社 1996 年版，第 28 页。

❷ 《全球互联网用户数超 10 亿》，载《每日经济新闻》，http://tech.sina.com.cn 2006-01-16/0717820642.shtml。

长 56.2%；中国网站数量为 191.9 万个，年增长率为 46.3%。在这个基础上正在形成信息产业中前途广阔的一个重要分支：Internet 服务业。

（三）网络服务公司的概念

目前，对于 Internet 服务业的主角有多种提法：网络服务提供商（Internet Service Provider 简称 ISP）是为用户提供接入 Internet 服务的公司，但在实践中，ISP 不仅提供接入服务，也同时在自己的网站上提供丰富的信息服务；网络内容提供商（Internet Content Provider 简称 ICP）则提供网上信息服务，而不提供接入服务；网络平台提供商（Internet Presence Provider）只是为用户提供了一个信息交流和技术服务的空间。有些 ICP 人士认为 ISP 等于 IAP（Internet Access Provider），就只是提供接入服务，但 ISP 人士称 ISP = IAP + ICP。在本文中，笔者不打算在这些概念上作过多的纠缠，而是采用业界的通称——网络服务公司。

（四）研究本课题的理论和实践意义

Internet 可以使信息资源在最大限度内得以共享，而且这种共享比以往任何一种信息传递的媒介都要迅捷、方便和便宜得多。正是由于这一原因，全球各种各样的信息正在以前所未有的速度被数字化，然后上网传输；而作品上网就是其中的重要内容。

但是，在享受着高科技所带来的空前的便利而且廉价的信息服务的同时，人们也面临着空前的问题。其中，网络服务公司将他人作品上网使用的著作权问题就是困扰网络服务业乃至整个信息产业发展的重要问题之一。

研究这一课题，不仅要解决既有的著作权保护问题在网络中的延伸和发展，还要解决由于网络的特殊性质所引起的新兴的著作权保护问题，具有理论和实践两方面的重要意义。笔者不揣才疏学浅，对本课题进行了初步的研究，愿做抛砖引玉之用，并乐于得到大家的批评指正。

二、网络服务公司将他人作品上网使用的著作权问题的表现

（一）网络服务公司将他人作品上网使用的现状

网络服务公司要想吸引用户浏览，必须有丰富的内容。在业界流传着一句格言："Content is the King."他们将信息产业称为内容产业。各网络服务公司现在都想方设法寻找信息丰富自己，比如网络服务公司A提出花两亿元买信息，并打算把公司分成两部分，一部分专做接入服务，另一部分专做信息提供服务。由此可见信息提供服务对于网络服务公司的重要性。而在网上日益丰富的信息中自然也包括大量他人拥有著作权的作品。那么网络服务公司是如何获得这些作品的呢？

目前的主要方式是由网络服务公司与作品的提供者签订合同获得授权使用，作品的提供者作为合作者在相应栏目内列出。此外有些作品则是由网络服务公司买下其著作权，这主要是对于一些制作优秀的个人网站，网络服务公司希望把它作为长期栏目，为防止别的网站挖走便干脆掏钱买下。

我国《著作权法》明确规定了著作权人的多项权利，如复制权、改编权、翻译权等，在授权许可协议中应明确表示授予哪些权利。但在实践中，网络服务公司与作品提供者签订的作品授权许可协议内容十分简单，网络服务公司B甚至坦言这就是"君子协议"，一般只规定了作品的上网许可和修改权，这种修改权仅限于简单的文字修改。至于著作权的其他权利则在协议中根本未予涉及，因为协议双方都对我国著作权法关于著作权许可使用合同的规定并不了解，在商业操作中对这个问题也不重视。也有个别网络服务公司还就作品上网后的下载问题获得了明确许

可，虽然从技术上来说他人未经许可下载这些作品是很容易实现的。

不过网络服务公司获得的著作权许可在很多情况下并非由作者亲自授权，比如大多数网站上有的影视频道，上面使用的海报、图片等往往是由影视发行公司授权，而非著作权人亲自授权。至于影视发行公司自己得到著作权人多大范围的授权，他们授予网络服务公司的权利是否在其获得的权利范围内则都是网络服务公司并不了解的。网络服务公司C的有关人士表示，他们在将他人作品上网时都与作品提供者签订协议，规定由作品提供者解决著作权问题。至于作品提供者是否就是作者，或他在多大范围内得到作者的授权，则该公司并不调查。C公司也认识到这种协议存在着法律上的缺陷，但在网络环境下公司没有能力调查作品的真实著作权信息，而签订这种协议即使发生著作权纠纷，网络服务公司也只是做第二被告，承担次要责任。C公司所反映的情况在网络服务公司中是一个普遍现象。网络服务公司D为了避免这种情况的发生，在协议外还要求作品的提供者提供权利无瑕疵的担保书。

目前在网络服务公司中普遍存在着抄袭国外网站作品的情况，即未经允许将国外网站上的作品翻译成中文后放在自己的网站上。网络服务公司E有关人士坦言这是自己网站上材料的一个来源，并且指出这种行为目前在网络服务公司中很普遍，全世界网站那么多，又把外文译成中文，著作权人能发现这种情况的可能性很小。其他公司的有关人士也表示，现在确实存在这种现象。

至于将作家作品上网，网络服务公司都表示与作家本人签有协议，特别是在发生了王蒙等六位作家诉"北京在线"的案件后，各网络服务公司对这个问题都很注意，例如国中网公司与王朔签订协议，将其作品全部上网。目前在网上更为流行的是网上创作小说,比如多家网站都有"爱情鸟小说"栏目,这个栏目往往给出一个故事开头,让网民自己往下写,并将其中优秀之作放在网上供大家欣赏。网络服务公司都表示这些作品是由网民通过电子邮件的方式寄到网站,网站决定采用后支付稿酬,其操作过程与向报纸杂志投稿一样。

(二) 传统著作权法对于作品的保护及其在网络环境下的局限性

我国《著作权法》规定了作品的人身权和财产权,人身权包括发表权(即决定作品是否公之于众的权利)、署名权(即表明作者身份,在作品上署名的权利)、修改权(即修改或者授权他人修改作品的权利)和保护作品完整权(即保护作品不受歪曲、篡改的权利),财产权主要是使用权和获得报酬权(即以复制、表演、播放、展览、发行、摄制电影、电视、录像或者改编、翻译、注释、编辑等方式使用作品的权利;以及许可他人以上述方式使用作品,并由此获得报酬的权利)。❶ 下面结合网络服务公司将他人作品上网使用分别探讨传统著作权在网络环境下的适用情况。

1. 作品的数字化

网络服务公司将他人作品上网使用首先应当将该作品数字化,❷ 遇到的第一个问题就是这种数字化的权利是否属于作者的专有权利;进一步应当考虑,如果答案是肯定的,那么这是一种什么权利;网络服务公司应当怎样做才能避免侵权。

网络的飞速发展使著作权所涉及的各方没有考虑到作品在网络上的使用,因此就出现了所谓的"数字化权"(digital right)。网络服务公司作为作品的传播者,倾向于认为作品在网络上的使

---

❶ 参见我国《著作权法》第十条。
❷ 当然,如果作品已经是数字化的就不存在此问题了。

用不需要另外的授权；而作品的著作权人则坚持认为作品在网络上的使用权在原有授权范围之外，上网使用需要另外的授权。

例如，某家专业媒体除发行周报外，还与一家网站合作在该网站上设立本报的主页，把每期内容都上网。有作者提出将周报内容上网没有征得其同意，是侵权行为，要求停止上网，至少将其文章撤下来。该周报则认为作者把文章交其发表，该报就获得了专有出版权，周报上网还是原来的周报，不是侵权。❶

目前国内外法学界一般倾向于认为将作品数字化属于现行著作权法授予著作权人的专有权利的范畴，但对于该行为到底属于著作权中的哪项权利则有不同意见，主要有以下两种观点。

一是认为将作品数字化是类似"翻译"的演绎行为。该观点认为，"数字化作品和数字化前作品之间的关系是单纯的演绎关系，它和把一件英文作品译成中文作品没有本质上的区别。""传统的翻译和数字化过程之间唯一的区别在于前者是由人完成的，而后者是由机器机械完成的。"❷

二是认为将作品数字化是复制行为。该观点认为，"一部作品经过数字化处理，并没有产生新的作品。""著作权法保护的作品是人的创作，而数字化通常是由机器完成的，机器是不具备创作行为能力的。"❸

此问题在1996年世界知识产权组织在北京召开的"数字技术与著作权保护"研讨会上曾经引起过激烈的争论。会议上，有的中国学者坚决主张数字化是一种"翻译"，而不是复制。当

---

❶ 李朝应："报刊内容同期上网是否侵犯作者权利？"，载《电子知识产权》1999年第9期，第34页。

❷ 金渝林："数字化技术对著作权保护的影响"，载《国际电子报》1996年第7期，第3版。

❸ 许超："面对数字技术挑战的中国著作权法"，载《电子出版》1997年第11期，第36页。

时世界知识产权组织副总干事舍尔博士解释说,将贝多芬的音乐数字化录制在 CD-ROM 上,音乐本身并没有改变。❶

所谓"演绎作品"(derivative works)是指"根据另外一件前已存在的作品所创作的作品。它的创造性就在于对前已存在的作品进行改编,或在于将其译成其他语文的创新成分。❷"显然,将作品数字化只是改变了作品存在的载体,没有产生新的创造性,也就是说,没有产生新的作品,因此,将作品数字化不是一种演绎行为,而是一种复制行为。

在某些发达国家和地区,作品数字化被明确地规定为复制行为。例如,欧盟《信息社会的著作权与邻接权绿皮书》中关于"对于数字技术环境中的复制权定义问题"部分要求:"使得作品和其他受保护对象的数字化……都能落入复制权之中。"❸ 1997 年 7 月我国国家版权局拟订的著作权法修订稿建议把"数字化"补充进 1990 年《著作权法》第 52 条列举的复制行为中去,因此在我国,该问题的争论也基本上有了结论。❹

2. 作品上网向公众传播的行为

作品上网向公众传播行为的法律性质是什么呢?有学者认为这是一种"发行"行为,另外一些学者认为这是一种类似于广播的"播放"行为。下面分别进行研究。

---

❶ 薛虹:"因特网上的著作权及有关权保护",载《知识产权文丛(第一卷)》,第 92 页。

❷ 应明:"作品数字化转换的著作权法律性质",载《著作权》1997 年第 1 期,第 17 页。

❸ 何菁、张春波译,韦之校:"欧洲共同体《信息社会的著作权及邻接权绿皮书》",载《国外信息化政策法规选编》,第 169 页。

❹ 薛虹:"因特网上的著作权及有关权保护",载《知识产权文丛(第一卷)》,第 92~93 页。

(1) 发行行为。

《世界知识产权组织版权条约》第 6 条第 1 款将"发行权"（Right of Distribution）定义为："文学和艺术作品的作者应享有授权通过销售或其他所有权转让形式向公众提供其作品原件和复制件的专有权。"我国《著作权法实施条例》第 5 条第 5 项规定："发行，指为满足公众的合理需求，通过出售、出租等方式向公众提供一定数量的作品复制件"。

可见，发行权与出版权既有联系又有区别，❶ 其实质是向公众提供复制件的权利，其形式包括：出版、散发、出租、出借、出售、出口等等。作品上网后，用户可以将其下载（download），保存在自己的硬盘、软盘或其他有形介质中，这当然是一种复制行为。但在大多数情况下，用户只是浏览上网作品，并未下载，这只是一种"暂时复制"的行为。在我国，一般认为暂时复制并没有将作品复制在有形载体上，从而将其排除于复制行为之外。另外，作品上网并不导致"权利一次用尽"（first sale doctrine），这一点也与发行行为有着本质的区别。❷ 因此，作品上网向公众传播不属于发行行为。

(2) 播放行为。

《世界知识产权组织版权条约》第 8 条规定了"向公众传播的权利"（Right of Communication to the Public），即"文学和艺术作品的作者应享有专有权，以授权将其作品以有线或无线方式向公众传播，包括将其作品向公众提供，使公众中的成员在其个人选定的地点和时间可获得这些作品"。我国《著作权法实施条

---

❶ 郑成思：《版权法》（修订本），中国人民大学出版社 1997 年版，第 156～159 页。

❷ 薛虹："因特网上的著作权及有关权保护"，载《知识产权文丛（第一卷）》，第 97～100 页。

例》第五条第（三）项规定："播放，指通过无线电波、有线电视系统传播作品"。

也就是说，播放行为只是一种作品的传播行为，公众并没有得到作品的复制件。作品上网当然也是一种传播行为，但它与传统的播放行为相比有着明显的差异。

首先，传统播放行为所采用的传输手段往往是无线电波或有线电视系统，而作品上网所采用的传输手段则是因特网。

其次，作品上网行为的传输内容排除了现场表演，仅限于借助装置向公众传输信息的行为。

再次，传统播放行为是"一点对多点"的传播方式，也就是说信息源是一点，而接受者是多点，传播是单向的，公众接收是被动的。而在网络上作品的传输除了"一点对多点"的方式之外，还可采用"一点对一点"的方式，也就是所谓的"按需服务"（on-demand service）公众主动地在网络上访问需要的作品。节目的播送由过去的面向一般公众的"广播"（broadcasting），发展到面向人数有限的特定的用户群的"窄播"（narrowcasting），直至延伸到为公众中的每一位成员单独"点播"（video on demand）。这时就必须对于"公众"的概念加以解释。澳大利亚 1994 年公布的"变革高速路——新传播环境下的著作权法"报告中提出了内容广泛的"向公众传输的权利"（right of transmission to the public），并认为"凡是出于商业目的进行的传输都属于向公众传输"。❶

尽管将作品上网界定为播放行为与传统概念有上述明显的差

---

❶ Copyright Convergence Group (CCG), "Highway to Change——Copyright in the New Communications Environment", August 1994, at 25.
转引自薛虹："因特网上的著作权及有关权保护"，载《知识产权文丛（第一卷）》，第 103~104 页。

别，但由于网络技术的飞速发展和广泛应用，法律面临着一次考验。法律必须具有足够的前瞻性和扩容性，才能容纳技术的不断进步，否则难免陷于僵化，甚至阻碍技术的进步。在上文提到的澳大利亚"变革高速路——新传播环境下的著作权法"报告，以及欧盟1996年的"续绿皮书"和世界知识产权组织版权条约中，在此问题上都体现了"技术上的中立性"，很有借鉴意义。

总之，网络传输的技术融合必然导致作品传播方式的融合和传播权的融合，因此综合性的广义的传播权是著作权保护发展的必然结果。

三、网络服务公司将他人作品上网使用的著作权问题的对策

（一）网络环境的特殊性及传统著作权保护的困难

从历史的角度来看，自作为近代世界著作权法开端的1710年英国的安娜法案开始，著作权法经历了印刷技术、广播电视技术和数字技术的三次重大飞跃。❶前两次飞跃都给著作权法带来了革命性的影响，第三次也不例外，而且更加深刻。

利用数字技术可以将几乎所有的传统作品"数字化"，把它们以"0"、"1"组合的二进制形式表达，并且可以轻而易举地处理海量数据，可以迅速、方便、廉价地复制和传输作品。在网络环境下，这些特点体现得更加鲜明。不仅如此，网络还具有自身的特点。

1. 网络上的信息呈几何级数增长

近年来，世界信息市场发生了巨大变化，数字化媒体尤其是在线信息产业的迅猛发展带来了一场信息爆炸，据统计，现在全

---

❶ 袁泳："数字著作权"，载《知识产权文丛（第二卷）》，第7页。

球每年的信息增长量已经是50年前所有信息的总和。❶ 世界首富比尔·盖茨就此举了一个众所周知而又形象的例子,即发明国际象棋的人请求国王赏赐麦粒,第一格放一粒,第二格放两粒,第三格放四粒……最后一格竟然要放184亿亿多粒。❷ 尼葛洛庞帝也举了一个类似的例子说明网络上的信息呈指数增长。❸

2. 网络具有虚拟性的特点

在网络上,有"虚拟社团"、"虚拟会场"、"虚拟商场"、"虚拟课堂"、"虚拟家庭",甚至有"虚拟政治"、"虚拟经济",人们因此创造了一个新名词——"虚拟实在"(Virtual Reality)。随着网络的飞速发展,"虚拟实在"已经从一种技术提升为一种文化,它在给人类带来空前的便利的同时,也带来了空前的危险。

3. 网络具有民主性的特点

有人将网络称为继报纸、广播、电视之后的"第四媒体",但它却与前三种媒体具有本质的区别。网络是一个信息平台,在这个平台之上,所有人都可以十分方便地发表自己的意见,传播方式从过去的"作者——公众"转变为"公众——公众",因此它具有直接性、平等性和快捷性的特点。

上述特点在本课题中的具体表现就是,任何一个网络服务公司的网站上的内容都必须极为丰富多彩而且需要迅速更新,这就

---

❶ Proposal for a Council Directive on the legal protection of database, COM (92) 24 final, 1992, The Proposal was accompanied by the Explanatory memorandum to the Proposal for a Council Directive on the legal protection of database, COM (92) 24 final, 1992, at 26.
转引自薛虹:"因特网上的著作权及有关权保护",载《知识产权文丛(第一卷)》,第48页。

❷ [美]比尔·盖茨:《未来之路》,北京大学出版社1996年版,第43~44页。

❸ [美]尼葛洛庞帝:《数字化生存》,海南出版社1997年版,第13~14页。

使网络服务公司将他人作品上网使用的需求大大增加，范围广阔直至全球，过程快捷直至即时，这既是网络服务业整体的客观要求，也是个体的网络服务公司在激烈的竞争中脱颖而出的必由之路。在这种情况下，如果继续沿用传统的著作权保护方法，要求网络服务公司将他人作品上网使用之前必须分别找到每一位作者征得其同意，显然十分困难，甚至是不可能的，最终将导致网络服务业的萎缩乃至消亡。当然，如果一味强调网络服务公司的利益而忽视作者的利益，就会严重地削弱作者创作的积极性，阻碍文化的繁荣，进而影响社会的进步。

为了实现我国《著作权法》第一条所规定的"保护文学、艺术和科学作品作者的著作权，以及与著作权有关的权益，鼓励有益于社会主义精神文明、物质文明建设的作品的创作和传播，促进社会主义文化和科学事业的发展与繁荣"的目的，必须以利益平衡原则作为著作权法修改和著作权制度设计的基本准则。就本课题而言，必须平衡网络服务公司、作者和社会公众三者之间的利益。

网络服务业是知识经济的重要内容，代表了未来发展的趋势，我国网络服务业的发展虽然十分迅速，但与客观需要还有很大的差距，传统著作权保护在网络环境中的困难就是其中一个重要原因。为此，必须根据网络的特点修改传统著作权法，以适应社会进步的要求；而且，由于我国网络服务业的发展需要政策法律的大力扶持，因此，在设计网络环境下的著作权制度时，必须在利益平衡的基础上，在一定时期内和一定程度上，对网络服务公司作出适当的照顾；实际上，在我国的现实情况下，只有这样做，才能促进网络服务业的发展，使作者和公众享受网络带来的利益，在社会进步的基础上实现利益平衡。因此，必须对作者的著作权进行一定的"权利限制"。

（二）权利限制

"权利限制"，就其本质讲，指的是有的行为本来应属侵犯了著作权人的权利，但由于法律把这部分行为作为侵权的"例外"，从而不再属于侵权。因此，有些国家的著作权法中，把"权利限制"称为"专有权所控制的行为之例外"。❶ 其中主要包括"合理使用"制度和"法定许可"制度。

1. 合理使用

"合理使用"（fair use）是美国著作权法的称谓，该法第107条规定："尽管有第106条的规定，但为了批评、评论、新闻报道、教学（包括供课堂用的多份复制件）、学术研究等目的而合理使用有著作权的作品，包括用复制成复制件或录音制品，或者该条中所规定的任何其他方式来使用有著作权作品，不属于侵犯著作权。"❷ 我国《著作权法》第22条也有类似的规定。其含义为："本来是著作权人专有领域的东西，被使用（未经许可）而应属侵权行为。但由于法律在使用条件及（或）方式上划了一个'合理'范围，从而排除了对该行为侵权的认定。"❸

在合理使用的情况下，用户不必征得著作权人的许可，也不必支付使用许可费。可见，这种规定对著作权人的利益影响极大，必须根据实际情况进行分析研究，才能作出使各方利益基本平衡的规定。

就本课题而言，合理使用问题大致有以下几个方面。

（1）判断标准。

《伯尔尼公约》第9条第2款规定："本联盟各成员国可自

---

❶ 郑成思：《版权法》（修订本），中国人民大学出版社1997年版，第249页。
❷ 沈仁干主编：《著作权实用大全》，广西人民出版社1996年版，第580页。
❸ 郑成思：《版权法》（修订本），中国人民大学出版社1997年版，第250~251页。

行在立法中准许在某些特殊情况下复制有关作品,只要这种复制与作品的正常利用不相冲突,也不致不合理地损害作者的合法利益"。该条款确立了合理使用必须满足的三项标准:①属于特殊情况;②不与作品正常利用相冲突;③不过分损害著作权人的合法利益。这被称为"三步检验标准"(three-step test),是确定一个行为是否属于合理使用的标准。可以认为在网络环境下,该标准作为判断合理使用的准则仍然适用。

《世界知识产权组织版权条约》(WCT)和《世界知识产权组织表演和唱片条约》(WPPT)虽然没有对权利限制作出具体规定,但规定其原则为"限于某些不与作品/录音制品的正常利用相抵触、也不无理地损害作者/表演者或录音制品制作者合法利益的特殊情况。"❶ 按照 WCT 议定的声明的解释,WCT 既没有缩小也没有扩大《伯尔尼公约》规定的权利限制和例外,但其中某些规定可能会由于在网络环境下不合适而被排除。目前来看,虽然合理使用在网络环境下有缩小范围的趋势,但它在理论和实践中仍然有其不可替代的作用。

(2) 网络教学科研。

我国《著作权法》第二十二条第(六)项规定:"为学校课堂教学或者科学研究,翻译或者少量复制已经发表的作品,供教学或者科研人员使用,但不得出版发行"是合理使用。在现实生活中,越来越多的人利用网络进行教学科研活动,许多网络服务公司也开设了有关教学科研的栏目。这种行为当然会使用他人作品,在非网络的环境下属于合理使用的范围;在网络环境下使用这些作品也应属于合理使用的范围,同时也应注意到网络传播的极端广泛性可能对著作权人利益造成的不利影响。但总的来说,在网络给教学科研带来空前便利的情况下,著作权法不应横

---

❶ 参见 WCT 第 10 条第 2 款、WPPT 第 16 条第 2 款。

加阻碍,只应在特殊情况下予以适当调整。

(3)数字化图书馆。

各国著作权法都将图书馆使用规定为合理使用的一种情况。我国《著作权法》第二十二条第(八)项规定:"图书馆、档案馆、纪念馆、博物馆、美术馆等为陈列或者保存版本的需要,复制本馆收藏的作品"是合理使用。在网络迅猛发展的情况下,图书馆也将其藏书进行了数字化和上网,各国都在大力建设数字化图书馆。

美国著作权法对图书馆复制的免责规定是:"(1)复制、发行不能有任何直接和间接商业利益;(2)图书馆藏书必须向公众或不仅向与该馆有关系的人员,而且向在某一专业领域从事研究的其他人员开放;(3)作品的复制发行有著作权标记"。在1995年的美国白皮书中认为图书馆复制发行著作权作品而不承担侵权责任的情况包括:"(1)存档复制,包括一般复制手段的复制以及"用缩微胶卷或静电复印过程制作手稿的照相复制件,但不可以在信息系统中用机读语言复制作品"。这种免责不包括以电子或数字形式保存作品;(2)替换复制,为了代替损坏、恶化、丢失或被盗的复制件或录音制品,可以以保真本的形式复制,但不允许以数字形式复制已发表作品(至少在已发表作品的原始复制件不是数字形式时);(3)文章摘录、用于学术目的的绝版复制,但都必须标明著作权警告;(4)馆际互借,允许少量复制进行馆际互借,但禁止复制数量大到取代对作品的预定或购买行为。从白皮书的规定看实质上是取消了图书馆在数字环境下继续享受传统媒介下的合理使用的规定。"

在英国,图书馆在1988年著作权法规定下可以享受到复制权的例外,但很清楚"这种例外是不能延伸到电子信息上——甚至发送著作权作品的传真都是技术上不合法的。现在,图书馆在未经允许情况下不得为读者研究学习目的而制作数字复制品"。❶ 1997 年的欧盟指令草案中对复制权规定了"公共图书馆、博物馆和其他向公众开放的机构的没有直接或间接商业好处的特定复制行为"的例外,不过,这个例外却是成员国可以选择在本国法中是否适用的例外。

总之,在网络环境下,图书馆进行电子版本的馆藏复制与在传统环境下制作复制件并无区别,因此,这种行为在满足现行著作权法对图书馆使用规定的条件下,应当仍然包含在合理使用的范围内。

(4) 为视觉或听觉障碍者的非商业性使用。

我国《著作权法》第二十二条第(十二)项规定:"将已经发表的作品改成盲文出版"是合理使用。欧盟 1997 年底拟议的协调信息社会著作权和有关权规则指令也将这种行为纳入合理使用的范畴。显然,网络服务公司为视觉或听觉障碍者提供他人作品上网进行非商业性使用,完全符合上述立法目的,网络环境并没有给作品的著作权人造成过多的损害,因此,也应属于合理使用。

2. 法定许可

我国《著作权法》第三十二条第二款规定:"作品刊登后,除著作权人声明不得转载、摘编的外,其他报刊可以转载或者作为文摘、资料刊登,但应当按照规定向著作权人支付报酬。"这是一种"法定许可"制度,是我国特有的著作权法律制度。在这种情况下,已刊登作品的著作权人的"许可权"没有了,只剩下了"获得报酬权",因此也是一种权利限制。

必须指出,这一规定不仅是对著作权人权利的一种限制,同时也是对著作权人权利的一种保护。这是因为,在一般情况下,

---

❶ Sandy Norman, The Electronic Environment: The Librarian's view, [1996] 2 EIPR, 第 72 页。

作品被多家报刊转载，著作权人就能获得更多的利益，他们是不会反对的。只有在特殊的情况下，著作权人只希望其作品刊登在特定的报刊上，这时他可以通过声明的方式达到这一目的。而且在我国，许多报刊都附有这样的声明："转载本刊的文章必须征得本刊的同意。"这样一来，本来属于著作权人的"许可权"竟被报刊获得了，这当然损害了著作权人的利益。因此，这一规定保护了作品著作权人的利益。❶

笔者认为，这一规定对于网络环境很有借鉴意义。可以设计这样的规则："作品刊登后，除著作权人声明不得转载、摘编的外，网络服务公司可以转载或者作为文摘、资料刊登，但应当按照规定向著作权人支付报酬。"

当然，这样的规则不可能单独发挥作用，它需要其他配套规则的支持。其中，最重要的就是著作权集体管理制度。所谓著作权集体管理（Collective Administration of Copyright），是指著作权人（包括邻接权人）授权著作权集体管理组织管理其权利，即监视作品的使用，与未来作品使用者洽谈使用条件、发放作品使用许可证，在适当条件下收取使用费并在著作权人之间进行分配。❷

该制度产生的根本原因在于，著作权人几乎无法自己管理其范围广泛的著作权，这一点在网络环境下尤其突出。因此，在我国建立健全著作权集体管理制度不仅是传统方式下行使著作权的有力保障，更是网络环境下进行著作权保护的基础之一。在此制度的基础之上建立网络环境下的法定许可制度，一方面可以使网

---

❶ 郑成思：《版权法》（修订本），中国人民大学出版社1997年版，第253～254页。

❷ 张建华："现代技术发展与著作权集体管理之探讨"，载《知识产权》1999年第1期，第14页。

络服务公司可以较为自由地向社会提供服务并取得利益;另一方面可以充分发挥网络传播的优势,使公众能够尽情地享受网络所带来的便利;同时能够有效地保护著作权人的利益,保护其创作积极性,繁荣文艺事业。

(三) 结论

面对网络技术和网络文化的冲击,传统著作权法的保护方法有种种困难,必须进行相应的修改,其立足点就是我国的具体国情,即网络发展相对落后以及著作权法不够完善。因此,一方面,我国不能盲目追求发达国家的高水平的著作权保护模式;另一方面,也不应谨小慎微、裹足不前,而应当有一定的立法前瞻性。其基本原则应当是利益平衡原则,即平衡著作权人、网络服务公司和社会公众三者之间的利益。在此基础上,考虑到当前我国网络服务业亟待发展的现实,可以适当照顾网络服务公司的利益,使其形成规模,最终全面促进人类福祉;否则,如果一味强调各方利益的绝对平衡,必将导致网络服务业的萎缩乃至消亡,进而阻碍社会进步,这当然不是进步基础上的利益平衡,而是停滞基础上的"利益平衡",最终也无法实现真正的利益平衡。

在具体的制度设计上,应当在深入研究网络传播实际运行情况的基础上,结合著作权法的立法目的并借鉴外国的立法模式,进行探索,目前可以考虑的是设立网络环境下的合理使用制度、法定许可制度以及著作权集体管理制度。

Internet 网页的知识产权保护问题研究

一、引 言

随着科学技术的飞速发展，诞生于 20 世纪 60 年代的 Internet，已经成为世界上最大的计算机互联网络，它连接着 150 个国家，20 000 多个大小网络和数以百万计的电脑，❶ 给人类社会带来了一场革命。

Internet 服务包括很多类型，包括：E-mail，Gopher，WAIS，FTP，UseNet 以及 WWW 等，其中，最成功和最流行的就是 WWW❷。人们常说的 Internet 网页，就是指 WWW 网页（Web Page）；人们常说的网站（Web Site）❸，就是在特定的人或组织的控制下的页面的集合❹。因此，我们可以说，网页是发布和传播网络信息的主要载体，也是网站提供服务和吸引网民的主要手段。

网络产业的迅猛发展已经形成了一个数万亿美元的庞大市场，其中网页的作用显然"功不可没"。换句话说，网页可以为网站带来巨大的经济利益和精神利益。因此，人们有理由相信，在网络环境中，因网页而产生的纠纷一定会大量出现。

---

❶ 孙江涛、陈曦：《网页制作学习教程》，北京大学出版社 2000 年版，第 1 页。
❷ 所谓 WWW，是指 World Wide Web，即全球信息网或万维网，是建立在 Internet 上的交互的、动态的、多平台的图形信息系统。
❸ 包括但不限于商业网站。
❹ ［美］Todd Stauffer 著，钱新等译：《看实例学 HTML》，清华大学出版社 1997 年版，第 13 页。

这里必须指出，网页中有一种特殊类型的主页（Home Page）❶。主页又称首页，是指网站内容的第一页，也是该网站设置的默认页。"主页是一个网站的精华所在，是其内容和形式的缩影，代表着该网站最鲜明的特点。"❷ 可以想象，因网页而产生的纠纷中最典型、最集中的必然是因主页而产生的纠纷。

二、典型案例

1999 年，北京市海淀区人民法院处理了中国第一起网页侵权案——"瑞得在线"主页案。

原告瑞得公司诉称：被告东方信息公司的主页在整体版式、色彩、图案、栏目设置、栏目标题、文案、下拉菜单的运用等方面都几乎是照搬该公司的"瑞得在线"网站主页，侵犯了该公司的著作权和商业信誉。

被告东方信息公司辩称：原告主页所采用的设计版式并非原告所独创，该主页的"色彩、栏目设置、栏目标题、下拉菜单"等均属公有领域的"思想表达形式"，在原告设计制作其主页前已被人们广泛采用，不具备著作权保护作品所应具有的独创性，原告对此并无专有使用权，无权禁止他人使用与其相同的表达方式。

北京市海淀区人民法院认为：第一，瑞得公司的主页虽然所用的颜色、文字、图标以数字化的方式加以特定的组合，仍然给人以美感，应是一种独特构思的体现，具备独创性，故该主页应视为受著作权保护的作品。第二，东方信息公司的主页虽然在内容上与瑞得公司的主页并不完全一致，但在部分图标、文字、颜

---

❶ 与之相对应的是子页（Sub Page）。
❷ 张平：《网络知识产权及相关法律问题透析》，广州出版社 2000 年版，第 50 页。

色的组合搭配上已构成实质上的相同。在庭审过程中，东方信息公司并未举证证明这部分内容由其独立创作完成或已处于公有领域，故应视为取自瑞得公司的主页。第三，东方信息公司使用瑞得公司主页上的部分内容设计出的新主页并将该主页上载到因特网上，未经瑞得公司的许可或向其付酬，而且出于商业目的，故被告侵犯了原告的保护作品完整权、作品使用权和获得报酬权，应依法承担相应的责任。判决东方信息公司向瑞得公司公开致歉；赔偿瑞得公司经济损失 2 000 元。❶

宣判后，原、被告均服判。

三、法理评析

（一）著作权法列举的作品形式及其不足

在考虑网页的知识产权保护问题时，人们首先想到的著作权保护。这是因为，网页往往包括文字、图像、音乐、动画等内容，而这些内容都是受著作权保护的作品形式。但问题在于，由这些内容综合形成的网页，属于哪种作品形式呢？

我国《著作权法》第三条列举了八种形式的作品，即文字作品、口述作品、音乐、戏剧、曲艺、舞蹈作品、美术、摄影作品、电影、电视、录像作品、工程设计、产品设计图纸及其说明、地图、示意图等图形作品，计算机软件。《伯尔尼公约》第二条也列举了多种作品形式。

显然，网页几乎可以包括上述各种作品形式，但一般来说，却又不能简单地归属于其中的任何一种形式。这是否意味着，网页不属于著作权保护的作品呢？笔者认为，答案是否定的。

---

❶ 李东涛："侵犯'瑞得在线'主页著作权纠纷案"，载《北京知识产权审判案例研究》，第 214～215 页。

（二）网页应属于著作权保护的客体

首先，从网络业界的角度考察。目前，网络服务公司认为网络上侵犯知识产权最突出的现象是网页抄袭十分普遍。网页的著作权保护已经成为网络服务公司知识产权保护中的一个重要问题。网页是上网浏览时的屏幕显示，美观大方、有创意、界面友好的网页才会吸引人，从而提高网站的访问量。目前，很多网络服务公司都有专门的部门，配备美工人员专门进行网页的设计、制作。业界人士介绍说一个网页包括四个部分：版式，指网页内容的布局安排；信息，指网页上的具体内容；设计，指具体的美术设计，如栏目名称前的小图标，分割各部分内容的几何图案等；更新，指网页更新的方法和更新速度。由于网页的设计、制作要花费公司大量的人力、物力，因此各家网络服务公司都认为网页是作品，应当受到著作权的保护。❶

其次，这一点可以在我国《著作权法》第三条规定的概括性条款——"法律、行政法规规定的其他作品"和《伯尔尼公约》第二条规定的概括性条款——"'文学艺术作品'一词包括科学和文学艺术领域内的一切作品，不论其表现方式或形式如何"中得到立法上的支持。

笔者认为，网页可以作为"多媒体作品"受到著作权的保护。所谓"多媒体"，是指在"计算机程序的驱动下结合了数字形式的文字、图形、声音、动画并能被用户以交互方式访问的制品"。❷

---

❶ 冯刚、张昱："网络服务公司知识产权保护现状调查报告"，载《科技与法律》2000年第1期，第24页。

❷ 薛虹："因特网上的版权及有关全保护"，载《知识产权文丛（第一卷）》，第15页。

当然，多媒体本身的知识产权保护也存在着许多不同的模式。❶ 表面上看，笔者的这一观点似乎并未使网页的知识产权保护问题得以前进。但这一观点至少可以使我们摆脱作品形式的"束缚"，免除硬要将网页纳入某种既定的作品形式的困难，从而为网页的可版权性排除了一个障碍。❷

再次，从著作权的基本理论出发。著作权保护创作的形式而不保护思想，独创性和可复制性是作品的必要条件。网页存储于计算机硬盘中，可以上载、下载，也可以打印在纸介上，显然具备可复制性。因此，网页的可版权性问题就可以转化为网页是否具有独创性的问题。

（三）网页的独创性问题

要想弄清这个问题，首先必须弄清网页的构成。人们通常所说的网页，实际上应当包括三部分内容：一是网页上的文字、图像、音乐、动画等内容；二是网页的整体版式；三是与网页相对应的源程序。

对于第一部分内容，一般来说没有什么分歧，大家都认为网页上原创的文字、图像、音乐、动画等是应当受到著作权保护的作品。

但对于第二部分，则有分歧。而且分歧意见主要集中在主页的版式部分，主页的版式是指主页的整体设计效果，主要是内容的布局安排，体现为 LOGO（标志广告）和 BANNER（旗帜广告）在网页上的位置、搜索引擎和链接的位置、栏目标题的布

---

❶ 薛虹："因特网上的版权及有关权保护"，载《知识产权文丛（第一卷）》，第 14~78 页。

❷ 已经有学者对于著作权法对于作品形式的传统分类提出了种种质疑，甚至有学者主张彻底取消作品的分类。但据笔者所知，目前的主流观点是保留传统的作品分类，并将新类型的作品"解释"为既有的作品形式加以保护。关于这一点，可以参见美国《知识产权与国家信息基础设施》白皮书。

局、颜色的搭配等。由于子页的内容各不相同,其独创性主要体现在具体内容而非版式上,因此其著作权保护重点在于具体内容而非版式。而主页的内容主要是子页的标题,这些标题很多都是业界的通用名称,如果版式雷同则主页也会在很大程度上雷同。各网站都主张对主页的版式进行著作权保护,但有以下两种不同意见。

一种意见认为主页的整体版式是网站最能够给浏览者留下深刻印象的部分,它体现了一个网站的"风格"。瑞得公司在对东方信息公司的起诉书中称:"因特网上的主页如同杂志的封面和报纸的头版一样,是信息站点整体结构的反映……具有多方面的示范功能和极大的经济价值。"因此版式是主页中最重要的部分,只要是自己制作的,无需创作高度的要求就应受到著作权的保护。

另一种意见则认为目前主页设计是模块化设计,大家都使用Frontpage、Hotdog、VBScript、Java 及 JavaScript 等软件制作主页,这些软件已经预置了主页的版式供使用者选择。这就造成了目前主页设计中存在着共趋性的特征,即各个网站的主页如果去掉 LOGO 和 BANNER,则其版式效果基本上一样。至于颜色搭配,虽然可供选择的很多,但适合中国人欣赏习惯的选择并不多。而主页上真正有创造性的是由美工人员制作的精美的网上美术作品,它们既包括各个公司的 LOGO,如搜狐的狐狸头、网易的印章标志,还包括各个栏目名称前的小图标。它们体现了美工人员的独特创意,可以单独作为美术作品受到著作权的保护。网站的 LOGO 可以注册为商标,从而受到著作权和商标权的双重保护,而主页上其余的图标只能享受著作权保护。这种意见认为保护主页重点在于保护主页上的美术作品,而所谓的版式的著作权保护倒在其次,因为这种版式要想得到著作权保护必须有很高的独创性,而我国网站的主页版式设计基本上是学自国外网站,特别是学自雅虎,以至于有的业界人士称我国多数网站的主页如果把字体、颜色换成一样的则给人们视觉上的效果也会一样。

尽管存在着上述分歧意见,笔者还是坚持主张网页的整体版式具有可版权性。人们不妨将一个网页内容从计算机中打印到纸上,再来考察这张纸上所承载的内容是否具有可版权性。笔者认为,这就与有人直接在这张纸上写/画上该内容一样。众所周知,独创性是可版权性的必要条件,哪怕这种创造性和个性的分量十分微小。❶ "作品本身也可以具有新颖性,但是,著作权并不把新颖作为受到保护的必要条件。只要作品具有某种独创性或个性、作品表达作者特有的思想、作品具有作者的人格就足够了。"❷

因此,笔者认为,这一问题的答案是不言而喻的。网页的整体版式至少可以被认为是报纸的整体版式,作为汇编作品受到著作权的保护。

解决了前两个部分的问题,第三部分的问题是否就可以迎刃而解了呢?

笔者认为,并不尽然。这是由于网页与源程序之间既存在着一定的对应关系,又存在着一定的不对应关系。对应关系比较简单,具体表现为:用同样的网页编辑软件设计的同样的源程序一定会产生同样的网页。不对应关系则比较复杂,具体表现为:

---

❶ 在 Feist Publications v. Rural Telephone Service Company, INC. 案中,法官写道: To be sure, the requisite level of creativity is extremely low; even a slight amount will suffice. The grade quite easily as they posses some creative spark, "no matter how crude, humble or obvious" it might be.

张平:《网络知识产权及相关法律问题透析》,广州出版社2000年版,第214页。

❷ [西班牙]德利娅·利普希克著,联合国教科文组织译:《著作权与邻接权》,中国对外翻译出版公司2000年版,第43页。

（1）用不同的网页编辑软件设计的不同的源程序可以产生相同的网页；（2）用相同的网页编辑软件设计的不同的源程序也可以产生相同的网页。

上述不对应关系产生的原因在于，网页编辑软件的功能强大，选择不同的功能组合可以得到相同的效果。笼统地说，源程序属于计算机程序，当然应该受到著作权保护。但由于上述不对应关系的存在，就会出现了下列问题。

1. 当网页具有著作权时

（1）如果源程序也具有著作权，就可能出现不同的源程序设计者分别就各自的源程序享有著作权，而这些源程序产生的网页的著作权则会发生权利冲突。（2）如果源程序不具有著作权，那么，由它产生的网页却为什么享有著作权呢？（3）如果某些源程序具有著作权，而其他源程序则不具有著作权，这同样会产生网页著作权的权利冲突，而且，这种区别又如何判断呢？

2. 当网页不具有著作权时

（1）如果源程序具有著作权，由它产生的网页为什么不具有著作权呢？（2）如果源程序不具有著作权，这似乎是合理的答案。（3）如果某些源程序具有著作权，而其他源程序则不具有著作权，权利冲突虽然可以避免，但这种区别同样难以判断。

由于源程序与网页的密切联系，人们自然会想到程序的外观和感受（Look and Feel）的可版权性问题。随着审判实践的发展和人们认识的深化，最早提出该问题的美国已经有所改变。❶

笔者认为，由于网页与源程序之间的既对应又不对应的关系，网页与源程序在可版权性的问题上存在着不一致性。之所以提出上述问题，是因为我们没有考虑到实践中的情况。在实践

---

❶ 应明：《计算机软件的版权保护》，北京大学出版社1991年版，第145~161页。

中,(1)某人设计了一个具有著作权的源程序,产生了一个具有著作权的网页,此后,如果另外一个人也独立地设计了一个源程序,产生了相同的网页,这种可能性是很小的。而且,随着网页编辑软件的功能日益强大,网页表达能力的日益提高,这种可能性会越来越小。在这种情况下,其他人既不能抄袭前者的源程序,也不能抄袭前者的网页。(2)某人设计了一个具有著作权的源程序,产生了一个不具有著作权的网页,其他人同样不能抄袭前者的源程序,却可以另外设计源程序,产生相同的网页。(3)某人设计的源程序及其产生的网页均不具有著作权,这就是公有领域的知识,其他人可以自由使用。(4)从逻辑上讲,还存在另外一种可能,即某人设计的源程序不具有著作权,产生的网页却具有著作权,这显然在实践中是不会出现的。

(四)其他法律保护模式

尽管著作权能够为网页提供保护,但由于在实践中发生的"搭便车"行为往往不是简单的抄袭,而是"改头换面",常常造成认定上的困难,因此,利用反不正当竞争法乃至民法基本原则来保护网页,特别是保护网页的整体版式就显得尤为重要。

此外,有人还提出了网页的著作权保护包括保护网站的结构,这是指多级网页的链接顺序,其实质是由各个网页组成的集合——网站整体内容的可版权性问题。由于本文主要研究单个网页(特别是主页)的知识产权保护问题,因此不再赘述,并希望得到各位专家的指教。

涉及搜索引擎的侵犯著作权纠纷研究

2001年6月22日，北京市第二中级人民法院宣判了一起引起知识产权界和IT业界高度关注的案件——叶延滨诉搜狐公司案。

一、案情简介

原告叶延滨诉称：原告系《路上的感觉》一书的著作权人。2001年1月3日，原告发现多来米公司开办的网站未经原告许可登载了该书，被告搜狐公司开办的搜狐网站给予了链接。原告遂致函被告要求其立即停止侵权。被告收函后，并未采取断开链接等积极措施。2001年1月10日，原告再次进行查阅时，通过搜狐网站仍能看到《路上的感觉》一书全文。被告的行为侵害了原告享有的著作权，使原告的图书销售市场受到严重冲击。故向法院起诉，请求法院判令被告：（1）立即停止侵权，并公开道歉；（2）赔偿经济损失；（3）承担本案的其他相关费用。

被告搜狐公司辩称：被告接到原告的信函后，立即与原告享有著作权的作品《路上的感觉》一书断开了链接。从原告2001年1月10日的检索结果中可以看到这一点。被告虽与多来米公司开办的"多来米黄金书屋"有链接关系，但"多来米黄金书屋"并没有直接登载原告作品《路上的感觉》，只有关于该书的一份简介，实际登载原告作品的是域名为 www.shuku.net 和 www.shulu.net 的网站。原告要求被告对提供链接服务的后果承担责任没有任何法律上的依据，故应依法驳回其请求。

法院经审理查明：原告享有《路上的感觉》一书的著作权。

2001年1月，叶延滨在访问搜狐网站时发现，通过在该网站搜索栏中键入"路上的感觉"和"叶延滨"，在页面上可以看到两项查询结果：（1）被告直接链接的原告所著作品《路上的感觉》；（2）"多来米黄金书屋"中有原告所著《路上的感觉》。原告将此查询结果下载后，连同致搜狐网站的要求其停止上载《路上的感觉》一书的函、原告的身份证复印件及《路上的感觉》一书版权页复印件，于2001年1月3日，以挂号信的方式一并邮寄给被告。

2001年1月10日，原告再次查询。在搜狐网站主页的"搜索"栏内键入"叶延滨"后，可以看到搜索结果的第189项为"多来米黄金书屋"。进入"多来米黄金书屋"后，在其页面"我要找书"栏内键入"路上的感觉"，可以看到《路上的感觉》一书的简介。继续点击"路上的感觉"后，多来米黄金书屋为阅读全文提供了两条链接路径，点击其中之一的"163搜索"，查询到全景中文（www.Cnovel.com）的网页，继续点击该网页上"[1]《路上的感觉》"，进入书路（www.shulu.net）的网页，此时可以看到《路上的感觉》一书的全文。原告以此证明被告在接到其发出的通知函后并没有对原告的作品《路上的感觉》断开链接。

被告于2001年2月23日进行公证，证明搜狐网站已停止了与"多来米黄金书屋"的链接，但承认虽已断开了与"多来米黄金书屋"的链接，但公众通过其他途径仍可搜索到原告的作品。

法院认为：被告设立搜索引擎，并没有将原告的作品直接上载到互联网上。在被告的服务器上并未生成作品的复制件，因此，法院认为被告提供此种链接服务的行为不构成对原告著作权的侵犯。原告提出被告与非法上载其作品的网站均实施了侵犯其著作权的行为，应承担连带责任的主张，没有法律依据，法院不予支持。

由于互联网的技术特点和用户需要，要求设置搜索引擎的网络服务商，对其搜索引擎搜索到的全部信息内容是否存在权利上的瑕疵先行作出判断和筛选是不现实的。但当权利人得知权利被侵害并向相关网站的经营者发出通知后，被通知者有义务承担包括停止链接、关闭路径等抑止侵权的责任。本案原告在发现自己的作品被其他网站非法上载后，便向被告发出通知。被告在接到原告的通知后，针对原告通知中所指出的两条路径，积极地采取了停止与上载原告作品网站链接的措施，法院认为被告已经履行了合理义务，被告无需再承担其他民事责任。

原告在法庭审理时进一步主张在被告网站上仍能搜索到原告所著《路上的感觉》一书，被告对此应承担责任，并将以"叶延滨"及"路上的感觉"作为关键词全部从被告的网站上加以删除。法院认为原告的这一主张不尽合理这样做的结果不仅可能损害其他权利人的权利，也损害公众利益。原告应当请求信息提供者或传播者承担侵权责任。

综上所述，法院判决：驳回原告叶延滨的诉讼请求。

二、本案的特殊意义和研究价值

这是一起涉及搜索引擎的侵犯著作权案件。无独有偶，就在北京市第二中级人民法院（以下简称二中法院）宣判的前一天，即今年6月21日，北京市海淀区人民法院（以下简称海淀法院）也宣判了一起涉及搜索引擎的侵犯著作权案件。更为巧合的是，这两起案件的原告是同一人；被告均为国内著名的"门户网站"——新浪公司和搜狐公司；而且，这两起案件的诉因也是相同的：原告叶延滨是《路上的感觉》一书的作者，通过两被告的搜索引擎，可以分别在因特网上检索到该书。原告通知两被告，要求停止上述行为，两被告按照原告提供的线索切断了链接,但原告发现通过其他途径仍然可以分别利用两被告的搜索引擎检索到该书,故认为两被告侵犯其著作权,并分别诉至上述两家法院;判决结果都是原告败诉。因此,笔者有理由将这两起案件并列地加以考虑。

根据笔者掌握的资料,这两起案件应当是中国大陆地区并列的首例涉及搜索引擎的知识产权案件。

值得指出的是,在国外,已经有多起涉及搜索引擎的知识产权案件,但大多是利用搜索引擎功能侵犯他人商标权、商号权等标识性权利或不正当竞争纠纷案。❶ 主要形式为:在自己的网页源代码元标记(meta-tag)或网页中写入或者向网络服务公司提供与自己无关但被查询的几率较高的关键词,而这些词多是知名企业的商标、商号。❷ 例如:将其网页关键词写为"China-Microsoft",这样,当用户在查询"Microsoft"时,搜索引擎会自动将包含该网页的搜索结果显示出来。还可以设想一种更加"巧妙"的方法,将关键词写为"精微软件",则当用户在查询"微软"时,搜索引擎也会将包含该网页的搜索结果显示出来。❸ 而这类案件的原告往往是知名标识性权利的享有者,被告则是利用搜索引擎和关键词系统企图借助原告的声誉误导消费者的侵权者,尚未发现原告将搜索引擎服务提供者单独或者并列诉为被告的案例。而且,国外涉及搜索引擎的侵犯著作权案件似乎也不多见,特别是将搜索引擎提供者列为被告的情况。

---

❶ 薛虹:《网络时代的知识产权法》法律出版社 2000 年版,第 446~453 页;张玉瑞:《互联网上知识产权——诉讼与法律》,人民法院出版社 2000 年版,第 462~481 页。

❷ 冯刚、张昱:"网络服务公司知识产权保护现状调查报告",载《科技与法律》2001 年第 1 期,第 29 页。

❸ 据说,美国近期已经作出了一个判例,将一家公司在网上使用"*AOL*"形式的关键词认定为侵犯商标权。但具体内容笔者尚未知悉,姑且"立此存照"。

因此，我们似乎可以进一步说，这两起案件也许是世界范围并列的首例涉及搜索引擎的并以搜索引擎提供者为被告的侵犯著作权案件。

如果上述判断能够成立，这当然具有一定的启示意义：中国的知识产权保护水平和保护意识已经达到了较高的层次。面对这样一个"首例"，当然也就需要深入地研究和探讨。另一方面，可能的反对意见是：即使是知识产权保护水平很高的发达国家，也没有或鲜有这样的案例，而在中国这样一个发展中国家却出现了，大概是出于新闻炒作的目的，法律界不必过于认真。笔者认为，问题既然出现了，就必须加以解决；面对"首例"问题，必须慎重对待；面对网络给法律带来的冲击，应当结合网络的技术特点和我国 IT 业界的实际情况，依据法律明文规定或其基本原则、立法精神，平衡各方的利益，从而取得良好的司法效果和社会效果。

三、搜索引擎的技术特点

要想解决涉及搜索引擎的法律问题，首先必须了解搜索引擎的技术特点。

众所周知，20 世纪 90 年代以来，因特网的发展日新月异，用户数量的迅速增长，网上信息量迅速地膨胀。因特网已经日益渗透到社会生产、生活的方方面面，并产生了一个新兴的产业——IT 产业（即信息产业）。

面对浩如烟海的网络信息，用户要想自由地"冲浪"，就必须利用网络查询工具。网络查询工具进行查询的依据是网址

(Internet Address)，网址是在因特网上的信息的地址。❶

在当前的因特网中，WWW（World Wide Web）❷ 的信息量最大（据统计，WW 的信息量占因特网全部信息量的 78.3%❸）、表现方式最灵活多样、应用最广泛。因此，常用的网络查询工具多针对 WWW 而开发和使用。本文也重点讨论基于 WWW 网页的搜索引擎的有关问题。

在 WWW 网页中，最基础的查询工具就是与网址相对应的域名（Domain name）。显然，让用户通过在 WWW 浏览器的地址栏上键入域名的方式来访问单个的网站，是违背因特网的根本属性——互联性的，而且用户上网极不方便。

第二种查询工具工具是超链接（Hyperlink），即在一个网站上提供其他网站的标识及网址，用户直接点击该标识，就可以访问被链接的网站。这种方式比前者虽有所进步，但仍然不够方便。

尤其是当用户想查询某一特定主题的信息时，上述两种查询方式既不全面又会产生很多冗余信息。于是，又产生了一种新的网络查询工具——搜索引擎（Search Engine）。

所谓搜索引擎，是指"一些在 Web 中主动搜索信息并将其自动索引的 Web 网站，其索引内容存储于可供检索的大型数据库中。""以网站管理员的角度来讲，搜索引擎就是一套用于检索的软件；而从普通用户的角度来讲，搜索引擎就是提供查

---

❶ 包括 E‑mail 地址、URL 地址、Usenet 新闻组地址、Gopher 地址、FTP 地址和 Telnet 地址。详见（美）Cynthia B·Leshin：《WWW 辞典》，裴晓明、田银海译，清华大学出版社 2000 年版，第 7～11 页。

❷ WWW 是基于一组公共协议而提供的一种服务。详见 Cynthia B. Leshin，《WWW 辞典》第 199～201 页。

❸ 储荷婷、张晓林、王芳：《Internet 网络信息检索——原理、工具、技巧》，清华大学出版社 1999 年版，第 8 页。

询、搜索的网站，或称查询站点、导航站点，即因特网上具有检索功能的网页的总称。"❶ "搜索引擎的优点不仅仅在于其能够根据特定的主题词找到数量众多的相关资源，更重要的则在于其能够接受不同语言文字的查询要求，最大限度地克服了目前域名系统只能使用罗马字母所带来的障碍，为非罗马字母语言环境下的网络用户打开了利用 INTERNET 网络资源的方便之门。"❷

搜索引擎就是对 WWW 站点资源和其他网络资源进行标引和检索的一类检索系统机制，一般包括数据采集标引机制、数据组织机制、用户检索机制。数据采集标引机制按照一定的规律和方式对网络上的 WWW 站点进行搜索，并将搜索到的 WWW 页面信息存入搜索引擎的临时数据库中；数据组织机制对 WWW 页面信息进行整理以形成规范的网页索引，并建立相应的索引数据库；用户检索机制帮助用户用一定方式检索搜索引擎的索引数据库以获得符合用户需要的 WWW 站点或页面。❸

由于搜索引擎能够使用户方便、快捷地在网络上的"海量"数据中查询到目标信息，利用搜索引擎当然能够为商家带来一定的访问量以及随之而来的一定的经济利益和商誉利益。既然搜索引擎能够产生利益，那么它就可能产生纠纷（如前所述）。

本文所探讨的问题，仅限于涉及搜索引擎的侵犯著作权纠纷。

---

❶ 曾福兴："搜索引擎"，载《情报学报》1999年9月第18卷增刊，第32页。

❷ 唐广良："INTERNET 域名纠纷及其解决"，载《域名与知识产权保护》，第9页。

❸ 储荷婷等：《Internet 网络信息检索——原理 工具 技巧》，清华大学出版社1999年版，第14～15页。

四、若干法律问题研究

涉及搜索引擎的侵犯著作权案件中，包含了一系列法律问题，下面分别进行论述。

（一）为用户检索作品提供搜索引擎服务，是否为对作品的使用

我国《著作权法实施条例》第五条规定了"复制，表演，播放，展览，发行，出版，摄制电影、电视、录像作品，改编，翻译，注释，编辑，整理"等12种使用作品的方式。虽然该规定采用了列举的方式，但笔者认为，这12种并未穷尽作品的使用方式，这是因为：（1）我国《著作权法》第十条第（五）项规定"……以复制、表演……注释、编辑等方式使用作品……"从该规定看，立法者为作品的其他使用方式"预留"了空间。（2）各国及国际条约对于作品使用方式的规定虽大致相同，但仍略有差别。❶ （3）《最高人民法院关于审理涉及计算机网络著作权纠纷案件使用法律若干问题的解释》（以下简称《网络著作权司法解释》）第2条第2款规定："著作权法第十条对著作权各项权利的规定均适用于数字化作品的著作权。将作品通过网络向公众传播，属于著作权法规定的使用作品的方式，著作权人享有以该种方式使用或者许可他人使用作品，并由此获得报酬的权利。"可见，在司法领域，最权威的意见是倾向于将现存的和以后出现的"将作品通过网络向公众传播"的各种方式都认定为"著作权法规定的使用作品的方式"。必须指出，作者的这一权

---

❶ 郑成思：《版权法》（修订本），中国人民大学出版社1997年版，第151~206页。

利并不一定是许可权，在某些情况下仅仅是获得报酬权。❶
（4）从历史发展的沿革考察，作品的使用方式是随着科技手段的进步，经济利益在作者和公众之间分配的变化而不断发展的。

在这个问题上，两家法院的意见有所差别。海淀法院的判决明确认定，该行为不是对作品的使用；而二中法院的判决对此未做未明确认定。

海淀法院认为："使用被告的搜索引擎，输入关键词'路上的感觉'和'叶延滨'，检索原告的作品，是通过网页全文检索系统检索到其他网站编排的页面的相关信息后与该页面生成临时链接实现的。这种相关信息，仅限于关键词'路上的感觉'和'叶延滨'等特定的信息，而不包括作品本身；这种相关的网页，并不排除其他含有类似的相关信息的网站的网页，而且网页的内容也不限于原告的作品；这种临时链接，并不在数据库中作永久保存。因此，这种检索服务，并不等同于作品的使用。"这里提出了三条理由，下面一一加以分析。

首先应当明确，我国《著作权法》并不保护作品的标题，在某些国家，标题作为作品的一部分受法律保护❷；我国法律规定自然人享有姓名权，但不禁止他人正常使用某人的姓名。也就是说，将"路上的感觉"和"叶延滨"作为关键词，并未侵犯原告的任何权利。

---

❶ 参见该司法解释第三条的规定："已在报刊上刊登或者网络上传播的作品，除著作权人声明或者上载该作品的网络服务提供者受著作权人的委托声明不得转载、摘编的以外，网站予以转载、摘编并按有关规定支付报酬、注明出处的，不构成侵权。但网站转载、摘编作品超过有关报刊转载作品范围的，应当认定为侵权。"此条规定就是一种"法定许可"，在这种情况下，作者并不享有"许可权"，仅仅享有"获得报酬权"。

❷ [西班牙] 德利娅·利普希克著，联合国教科文组织译：《著作权与邻接权》，中国对外翻译出版公司2000年版，第86~89页。

其次，笔者认为，检索结果包含与原告无关的信息并不一定意味着，该行为不构成对原告作品的使用。这正如一个人复制了多位作者的作品一样，其行为构成了对全部作者的作品的使用。当然，这一点依然有着特殊的重要意义，后文将详细分析。

最后，提供搜索引擎只是与上载作品的网站建立了临时链接，被告只是在自己的网站上提供了一个"路标"指向上载作品的网站，用户点击检索结果后，自动进入上载作品的网站，且同时显示该网站的地址，此时并无被告网站的任何标记，被告计算机中也没有生成该作品的复制件。

可能有人会联想到，这就像书店提供的书籍目录，其中即使列出了侵权书籍，目录制作者也并未侵犯作者的权利。但笔者认为，作出这种貌似恰当的类比并不合适。原因是：书店中的侵权书籍也需要消费者花钱购买，而在网络上，用户却可以免费地浏览甚至下载作品。也就是说，当作品是未经作者许可而被提供时，在现实世界中和虚拟世界中，对作者造成的损害程度将会有极大的差别。

与海淀法院的判决有一点相同之处，在二中法院的判决中写到："在被告的服务器上并未生成复制件，因此，法院认为被告的行为不构成对原告著作权的侵犯。"看来，两家法院都认为"暂时复制"（或称临时复制）不是对作者权利的侵犯。关于这一点，学术界仍有争论，有学者认为这是版权意义上的复制❶，也有学者认为这是一种合理使用❷。笔者认为，对于"暂时复制"的定性不应一概而论，而应根据不同情况作出不同的判断。

---

❶ 薛虹：《网络时代的知识产权法》，法律出版社 2000 年版，第 153~155 页。
❷ 张平：《网络知识产权及相关法律问题透析》，广州出版社 2000 年版，第 86~88 页。

笔者认为,作品的使用方式不是一成不变的,而是随着科技的进步、社会的发展不断丰富的。当一种新兴的作品传播技术出现后,作品被利用的范围也相应地扩大了,此时,是否将作者的权利也完全地扩大到该范围,则应综合考虑作者、相对人及公众的利益平衡,并应在科技水平和经济发展的不同阶段有所侧重,使社会整体利益达到"最大化"。因此,总的说来,笔者更倾向于认为,提供搜索引擎服务属于著作权法规定的作品的使用方式之一;但由于知识产权作为一种"准物权",应采"法定主义",在现行法律体系中尚未明确将提供搜索引擎服务规定为著作权法意义上的作品的使用方式之一,因此,在司法实践中,对于这一问题作出否定性判断的做法也是可以理解的。

(二)搜索引擎提供者的义务与责任

1. 是 ICP, 还是 ISP

网络服务商的主体性质,是网络案件中确定其责任的关键所在。

由于网络技术构成的复杂性,网络服务商的作用也很复杂,从不同的角度可以进行不同的分类。尽管如此,如果我们从信息论的角度考察网络,就可以将信息传输过程简单地描述为:信源→信道→信宿。其中,"信源"是信息的发布者,即上载者;"信宿"是信息的接收者,即最终用户。以此标准对网络服务商进行分类,可以分为属于"信源"范畴的网络服务商和属于"信道"范畴的网络服务商,前者通常被称为网络内容提供商 ICP(Internet Content Provider)和网络服务提供商即 ISP(Internet Service Provider)。在现实生活中,网络服务商往往兼具上述两种功能,但不能笼统地认为大多数网络服务商既是网络内容提供商,又是网络服务提供商,(尤其是在讨论具体问题的情况下),而应当严格地说,网络服务商的性质并不是固定不变的,对于这个信息来说是网络内容提供商,对于那个信息来说则是网络服务提供商。否则,在实践中,上述分类就没有意义了。

搜索引擎提供者的作用仅仅是连接用户(信宿)与作品(信源)的中介(信道),因此,它应当属于 ISP 的范畴。国内外立法例与学术界的观点也是如此。

2. 侵权归责原则的选择

总的来说,目前世界上越来越多的国家采用过错责任原则来解决这个问题。美国 1998 年制定的《数字千年版权法》(DMCA)针对数字技术和网络环境的特点对美国版权法作出了重要的补充和修订。该法规定:"网络服务提供商在满足一定条件时,对在其系统或网络中按照用户的指示存储的侵权材料,不承担赔偿损失的责任,并且只承担有限的停止侵权的责任;对因使用信息定位工具(包括名录、索引、引证、指针、超文本链接等)将用户指引或链接到某个包括侵权材料的在线站点,不承担赔偿损失的责任,并且只承担有限的停止侵权的责任。"此外,还设计了一套"通知"与"反通知"的责任限制机制。❶ 德国的《信息与通讯服务规范法》第五条第(2)~(4)项的规定也采用了过错责任原则。而我国民法和知识产权法的基本侵权归责原则就是过错责任原则。另外值得指出的是:如果网络服务提供商仅仅提供了单纯的连线服务,则不应承担侵权责任,而应由侵权信息的发布者承担。

前文提到的《网络著作权司法解释》,对 ICP 和 ISP 的责任做了较明确的规定。与本案定性有关的条款是:第四条、第五条、第七条和第八条。分析上述条款,可以看出:(1)我国司法领域,对于 ISP 的侵权归责原则采过错责任原则。(2)提供搜

---

❶ 张玉瑞:《互联网上知识产权——诉讼与法律》,人民法院出版社 2000 年版,第 564~565 页。

索引擎服务者的侵权归责原则也应采过错责任原则。(3) 该司法解释仅仅规定了著作权人对于 ISP 的"通知",没有规定 ISP 对于上载者的"通知",更没有像 DMCA 那样规定"担保"和"反担保"措施,因此,在实际操作中,可能会使 ISP 左右为难——不及时移除内容可能构成对著作权人的侵权;轻易移除内容又可能侵犯上载者或其他第三人的权利,毕竟,ISP 只是网络服务提供者,而不是法院这样的裁判机关,面对浩如烟海且又瞬息万变的网络世界,要想既及时又准确地移除应当由裁判机关经法定程序判断为侵权的内容,而又缺乏制度设计上的保障,实在是勉为其难。

一项措施只能解决一个问题,只有一套措施才能解决一套问题。笔者认为,《网络著作权司法解释》总的来说是有利于保护著作权人的利益的,但由于缺乏其他措施与之相配套,实际上将一些风险不适当地加在了 ICP 和 ISP 身上。建议参考 DMCA 的规定,根据我国 IT 业界的现实技术手段和控制力量,尽快制订"风险分担,利益均沾"的相关制度。

(三) 现实的检验与利益平衡的解决方案

海淀法院的判决,以"在原告未能明确其他网站上载其作品的行为的法律性质的情况下,原告以被告的行为构成侵权为由要求被告承担责任,证据不足"为由,驳回了原告的诉讼请求。而二中法院则认为:"被告在接到原告的通知后,针对原告通知中所指出的两条路径,积极地采取了停止与上载原告作品网站链接的措施,法院认为被告已经履行了合理义务,被告无需再承担其他民事责任。"

从形式上看,海淀法院的判决是自洽的,但它实质上回避了 ISP 的责任问题,将"皮球"踢给了作品的上载者。而二中法院的判决却不免使人们产生这样的疑问,法院认为被告仅对起诉时原告指出的路径采取措施即可,而对于被告搜索引擎中后来出现的路径却不必理睬,那么是否意味着,原告应当(或可以)以后来的路径为诉因另行起诉呢?由于网页及上载者异常众多,相同的问题几乎可以无限地追问下去,而原告的目的——通过被告的搜索引擎无法查询到该作品——也就几乎永远无法达到了。

那么,能否像原告的请求那样,采取一劳永逸的做法,彻底解决该问题呢?

笔者认为,答案是否定的。

从技术上讲,如前所述,搜索引擎的查询结果是自动生成的,只要有人上载,搜索引擎提供者从技术上是难以完全避免的。

更应值得注意的是,两起案件的被告均以彻底删除"路上的感觉"、"叶延滨"关键词将损害他人利益为由提出抗辩。这确实很有说服力,比如,作者名叫"王涛",书名是"民法学",在这种情况下,彻底删除关键词"王涛"和"民法学"势必损害很多人的合法利益,甚至远远超过所能够维护的原告的利益。事实上,在这两起案件中,还有一些文章是介绍、评价、称赞叶延滨或《路上的感觉》的,全部删除还将损害原告自身的利益。

即使搜索引擎提供者能够从技术上做到完全而准确的"补救",但由于网络信息具有"海量"的特点,也几乎不可能进行"预防"。即使在某些情况下能够做到,其成本也会很高。根据侵权行为法中著名的"汉德公式",即 $B < PL$(其中,B 是被告预防该事件的成本,P 是该事件发生的可能性,L 是原告因该事件遭受的损失),❶虽然笔者在此难以给出精确的数值,但它确实能够给我们提供一条思路、一些启示。笔者认为,在通常情况下,要求搜索引擎提供者作出彻底的移除措施是不经济的,也就

---

❶ [美]罗伯特·考特、托马斯·尤伦著,张军等译:《法和经济学》,上海三联书店、上海人民出版社1994年版,第495~498页。

是违背法律的精神的。❶

而且，从用户的角度出发，搜索引擎存在的意义就是使大家能够方便、快捷、廉价地检索到所需信息，如果网络世界遍布"雷区"，网络服务商动辄得咎，即使技术上能够实现，也将导致检索的速度降低、覆盖面减少、费用增高。

但另一方面，我们也必须认识到，在网络环境下，由于信息技术带来的高度的便捷性，任何一个具有初步网络知识的网民都可能将他人作品上载，并通过搜索引擎广泛传播。由于网络世界具有虚拟性的特点，权利人不仅几乎不可能加以预防，而且甚至难以得知上载者的真实身份，从而难以得到司法救济。

这里似乎产生了一个"两难"的问题，几乎无法妥善地解决。但笔者认为，如果权利人"跳出"搜索引擎提供者的界限，而将目光更多地集中于作品上载者的身上，那么这个"两难"的问题就可以迎刃而解了。当然，在现实生活中，搜索引擎提供者往往是具有较大规模和雄厚实力的IT企业，而作品上载者则类型多样，权利人往往难以确定其真实身份，从而难以对上载者提起诉讼。但实际上，这一问题还是可以通过上文所述的DMCA的"通知"与"反通知"的机制加以解决的。

五、结　论

综上所述，笔者认为，本文所讨论的法律问题与任何其他的法律问题一样，寻求本质的解决方案不能从法律制度本身出发，而应当从现实的社会出发，综合平衡权利人、网络服务商和公众之间的利益，划分各自的"势力范围"，然后在此基础上设计法

---

❶ 关于这一点，可能会引起法哲学层面的争论。但笔者决不是想让著作权人"自认倒霉"；而是主张，在一般情况下，著作权人应当追究上载者的法律责任，当然，这需要严格的登记制度和公示制度作为保障。

律制度，这样才能够从根本上解决这个问题。

就笔者所了解到的现状是，IT业的发展虽然迅速但整体上依然属于"初级阶段"，从总体而言，IT业界需要一定的政策倾斜和适当的社会扶持，这一观点与知识产权保护的历史规律也是基本一致的。因此，从总体而言，笔者基本赞同上述两起案件的判决结果。

P2P 软件经营者的侵权责任问题

——全国首例涉及 P2P 的侵权纠纷案评析

一、案情简介

原告上海步升音乐文化传播有限公司（以下简称上海步升公司）诉称：原告对于胡彦斌演唱的《老爸你别装酷》等歌曲享有录音制作者权，且从未许可他人通过信息网络向公众传播上述歌曲。被告北京飞行网音乐软件开发有限公司（以下简称北京飞行网公司）、北京舶盛舫安信息技术有限公司（以下简称舶盛舫安公司）利用 kuro（酷乐）软件向公众提供上述歌曲的分享、搜索和下载服务。二被告的上述行为侵犯了原告享有的录音制作者权，给原告造成重大经济损失。故请求法院依法判令二被告：（1）立即停止涉案侵权行为；（2）连带赔偿原告经济损失 35 万元及诉讼合理支出 3 万元；（3）承担本案诉讼费用。

被告北京飞行网公司辩称：kuro 软件不是被告北京飞行网公司开发的，也不是被告北京飞行网公司经营的。因此，请求法院判决驳回原告的诉讼请求。

被告舶盛舫安公司未答辩。

二、审理意见及处理结果

北京市第二中级人民法院经审理认为：原告上海步升公司是涉案 53 首歌曲的录音制作者，其依法享有录音制作者权，利用 Kuro 酷乐软件下载的涉案 53 首歌曲是未经原告上海步升公司许可而在网络上传播的。

根据相关法律规定，网络服务提供者通过网络参与他人侵犯著作权行为，或者通过网络教唆、帮助他人实施侵犯著作权行为的，追究其与其他行为人或者直接实施侵权行为人的共同侵权责任。

在本案中，"kuro. com. cn"网站提供了以"点对点"传输方式实现包括涉案 53 首歌曲的音乐作品传播平台。所谓"点对点"（Peer to Peer）技术可以使用户直接搜索并下载其他在线用户存储在"共享目录"下的文件。该技术本身可以用于在网络上传播任何种类的文件，但 Kuro 酷乐软件仅提供了音乐文件的传播。而且，"kuro. com. cn"网站对其中的音乐文件进行了多层次、体系化的分类，提供了多种搜索下载方法，提供了歌曲试听和光碟烧录的功能，并进行了大量广告宣传以吸引用户。在"kuro. com. cn"网站中的"新唱片"、"排行榜"、"新专题"、"强推荐"等栏目中对于最新流行歌曲进行了专门的归类，可见，Kuro 酷乐软件对于其所传播的歌曲进行了选择和编排。而且，在下载歌曲过程中出现"暂时无人共享"的情况，可见，Kuro 酷乐软件对于歌曲名称的列表并非完全是根据网络上当时上载歌曲的情况确定的。

被告舶盛舫安公司作为从事音乐文件传播的网络服务提供商，对于包括涉案 53 首歌曲的大量歌曲在网络上的传播提供平台，而涉案 53 首歌曲均为近年来的流行歌曲。从主观方面看，被告舶盛舫安公司应当知道涉案 53 首歌曲的来源很可能是未经原告上海步升公司许可而上载的，从客观方面看，被告舶盛舫安公司未举证证明涉案 53 首歌曲的上载用户来源中存在合法上载的部分，且被告舶盛舫安公司未举证证明其曾采取任何措施避免未经原告上海步升公司许可而上载的涉案 53 首歌曲利用 Kuro 酷乐软件在网上进行传播。因此，被告舶盛舫安公司的上述行为具有主观故意。而且，被告舶盛舫安公司对歌曲进行了选择和编排，提供了许多方便用户搜索、下载、视听和刻录歌曲的手段，进行了大量广告宣传以吸引用户，并以收取注册费的形式直接取得收益。因此，被告舶盛舫安公司对于网络用户未经权利人许可利用Kuro酷乐软件传播涉案53首歌曲的行为提供了帮助，侵犯了原告上海步升公司对涉案53首歌曲享有的录音制作者权，依法应当承担停止侵害、赔偿损失的法律责任。

被告北京飞行网公司不仅为被告舶盛舫安公司的上述侵权行为提供技术支持，而且以自己的名义直接参与了上述侵权行为，依法应当共同承担停止侵害、赔偿损失的法律责任。

三、法理评析

本案是全国首例涉及P2P的侵权纠纷案，其关键问题是P2P软件经营者的侵权责任问题。

（一）P2P技术简介

P2P技术，也称为对等网络（Peer to Peer）技术，是一种网络结构的思想。它与目前网络中占据主导地位的客户端/服务器（Client/Server）结构——即www所采用的结构方式——的一个本质区别是，整个网络结构中不存在中心节点或中心服务器。在P2P结构中，每一个节点（Peer）大都同时具有信息消费者、信息提供者和信息通讯等三方面的功能。在P2P网络中每一个节点所拥有的权利和义务都是对等的。❶ 在同一个P2P网络中，用户在下载一个文件的同时，也充当这个文件的服务器，并且为其他下载这个文件的用户提供下载服务。❷

---

❶ 程学旗："P2P技术与信息安全"，www.ppcn.net，2004年8月2日访问。

❷ ［美］布鲁克斯尔著，常晓波、李静译：《Java P2P程序设计》，中国电力出版社2003年版，第14页。

（二）网络服务提供商的责任

在传统的网络著作权侵权案件中，被告往往是直接上载作品的网络内容服务提供商，即ICP。对于没有直接上载作品而是对他人（通常是网民）上载的作品参与传播的网络服务提供商，即ISP，法律规定了"避风港"原则。美国1998年制定的《数字千年版权法》（DMCA）针对数字技术和网络环境的特点对美国版权法作出了重要的补充和修订。该法规定："网络服务提供商在满足一定条件时，对在其系统或网络中按照用户的指示存储的侵权材料，不承担赔偿损失的责任，并且只承担有限的停止侵权的责任；对因使用信息定位工具（包括名录、索引、引证、指针、超文本链接等）将用户指引或链接到某个包括侵权材料的在线站点，不承担赔偿损失的责任，并且只承担有限的停止侵权的责任。"此外，还设计了一套"通知"与"反通知"的责任限制机制。德国的《信息与通讯服务规范法》第5条第（2）、（3）、（4）项的规定也采用了过错责任原则。我国《最高人民法院关于审理涉及计算机网络著作权纠纷案件适用法律若干问题的解释》第4条规定：提供内容服务的网络服务提供者，明知网络用户通过网络实施侵犯他人著作权的行为，或者经著作权人提出确有证据的警告，但仍不采取移除侵权内容等措施以消除侵权后果的，人民法院应当根据民法通则第一百三十条的规定，追究其与该网络用户的共同侵权责任。

（三）P2P纠纷中的问题

在本案中，存在程序和实体两个方面的问题。

1. 程序方面的问题

涉案录音制品不是被告上载的，而是网民上载的，是否应当追加上载者作为共同被告参加本案诉讼？

通常而言，如果是必要共同诉讼，则必须参加。那么，在本案中，涉案录音制品的上载者与被告是否为必要共同诉讼的关系呢?

　　必要的共同诉讼,是指当事人一方或者双方为二人以上,其诉讼标的是共同的,人民法院必须合并审理并作出同一判决的诉讼。所谓诉讼标的,是指双方当事人争议的,要求人民法院裁判的民事法律关系。当事人的诉讼标的是共同的,表明他们在民事权利、义务上具有共同的利害关系,必须一同起诉或应诉;同时也决定了这种诉讼是不可分之诉,人民法院必须合并审理,不能分案审理。

　　《最高人民法院关于适用〈中华人民共和国民事诉讼法〉若干问题的意见》中列举了必要共同诉讼的几种情形,本案中不属于其中任何一种。而且,《最高人民法院关于审理著作权民事纠纷案件适用法律若干问题的解释》第五条规定:对涉及不同侵权行为实施地的多个被告提起的共同诉讼,原告可以选择其中一个被告的侵权行为实施地人民法院管辖;仅对其中某一被告提起的诉讼,该被告侵权行为实施地的人民法院有管辖权。(在《最高人民法院关于审理商标权民事纠纷案件适用法律若干问题的解释》中也有类似的规定。)可见,对于共同侵权行为人,既可以共同诉讼,也可以分别诉讼。故在本案中,涉案录音制品的上载者与被告不是必要共同诉讼的关系,而应为非必要共同诉讼的关系。

　　那么,在本案中,是否可以让涉案录音制品的上载者参加本案诉讼呢?

　　在P2P架构下,运行P2P的计算机不再需要固定的IP地址和永久的Internet连接。用户可以随时随地加入到P2P网络中,用户的身份也和IP地址没有任何关系。这使得那些通过动态IP地址连接Internet的用户(如拨号或虚拟拨号上网的用户)也可以享受P2P带来的好处,而这部分用户在Internet用户总数中占

有极大的比重。❶

也就是说,如欲将上载者诉至法院,存在以下困难:

(1)由于技术限制,人们只能直接得到上载者使用的计算机的 IP 地址,通过 IP 地址查找计算机的所有者存在困难,IP 地址是一个四段数字序列,通常只能查询到前几段所在的地区、行业或部门,而难以查询到全部四段所对应的计算机,这类似于不在"黄页"或"114"中记录的电话号码只能查到其前几位数字所代表的"局号",而难以知晓其全部数字所对应的电话机。

(2)在存在动态 IP(例如全宿舍乃至全楼共用一个动态 IP)的情况下,即使知晓该动态 IP 所对应的范围,也难以确定实施上载行为的计算机。

(3)即使能够查到实施上载行为的计算机,如果该计算机是多人共用的(例如,实验室、办公室共用),也难以确定谁是真正的上载者。

在这种情况下,不仅是难以送达的问题,送达困难还可以通过公告送达的方法加以解决,上述情况连公告送达的条件都不具备。

如果非要避免这种情况,恐怕就要实行严格的上网"实名制",严格记录每个上网者在哪个时间段内、使用哪台计算机上网,并需确保记录上网者的真实身份(如凭身份证、军官证、士兵证等上网)。这样做监督成本过高,且与网络的本质属性相矛盾,显然不可取。

因此,在程序上,本案权利人可以单独起诉二被告而不起诉涉案录音制品的上载者。

---

❶ 何丰如:"P2P 技术及其在信息检索中的应用",载《广东广播电视大学学报》2005 年第 2 期,第 27 页。

2. 实体方面的问题

在本案中,二被告不是涉案录音制品的上载者,而是帮助、引诱前者在网络中传播涉案录音制品。被告的网站对其中的音乐文件进行了多层次、体系化的分类,提供了多种搜索下载方法,提供了歌曲试听和光碟烧录的功能,并进行了大量广告宣传以吸引用户;而且,在下载歌曲过程中出现"暂时无人共享"的情况,可见,Kuro 软件对于歌曲名称的列表并非完全是根据网络上当时上载歌曲的情况确定的。

当人们考察某行为的功能时,可以通过设想没有该行为影响的情况。就本案而言,如果没有二被告经营 Kuro 软件的行为,网民之间交换歌曲仍然是可能的,但会十分不方便:(1)绝大多数网民的计算机不是一个 WWW 网站,不能作为一个 ICP 而存在,其他网民要想访问某个非 WWW 网站的计算机,在技术上比较困难,大多数网民不具备此种技术能力。(2)从统计学意义上看,某个单个的网民共享文件的时间是随机的,但成千上万个网民共享文件的时间却可以被认为是长期稳定的,想要下载某一文件的网民不能指望上次的网址下次还存在该文件。(3)一些网民在某些时候在上网之前就已经确定了想要下载的文件名称,而对于另外一些网民以及另外一些时候,他们事先并不知道有哪些文件可能合他们的口味,因此想到网络上浏览浏览,并得到简单的介绍。

从本质上说,二被告的行为使原先分散的、零乱的文件变成了一个大型的数据库。一般认为,数据库是按照一定主题汇集起来的资料的总和,即不论其存在形式如何(印刷形式、计算机存储单元形式或其他形式),凡信息编纂物皆可视为数据库。❶

---

❶ 葛锦标:"新技术发展与著作权若干法律问题研究",载《北京大学法律系 93 级硕士论文》。

简单地说,就是任何信息的有组织汇编,❶或任何材料的汇编。❷其范围极为广泛,既包括简单的索引、年历、电话号码簿、广播节目表、每日股价表等,也包括复杂的百科全书、法律数据库等。❸

  二被告的行为恰好是弥补了单个网民上载文件的上述"缺陷",使网民的下载行为变得更像是在一家巨型的全面的、进行了多种科学分类的、对于新产品进行简要介绍的超级市场中的"旅游式"的购物行为,虽然其中任何一个产品都不是该超市直接销售的。因此,依据《最高人民法院关于审理涉及计算机网络著作权纠纷案件适用法律若干问题的解释》第三条的规定,网络服务提供者通过网络参与他人侵犯著作权行为,或者通过网络教唆、帮助他人实施侵犯著作权行为的,追究其与其他行为人或者直接实施侵权行为人的共同侵权责任。二被告应承担停止侵害和赔偿损失的法律责任。

---

 ❶ Laura D'Andrea Tyson and Edward F. Sherry, Statutory Protection For Databases: Economic & Public Policy Issues, http: // www.Infoindustry.Org/ ppgrc/docile/grdoc016.htm.
  转引自胡钢:"论数据库的法律保护",载《北京大学法律系96级硕士论文》。
 ❷ Paul Marett, Intellectual Property Law, Sweet & Maxwell Limited, 1996, P. 54.
  转引自胡钢:"论数据库的法律保护",载《北京大学法律系96级硕士论文》。
 ❸ 胡钢:"论数据库的法律保护",载《北京大学法律系96级硕士论文》。

网站名称的冲突与解决

——评全国首例网站名称冲突纠纷案

一、引 言

21世纪是网络的世纪,而网络经济是注意力经济。网站欲发展,则必须吸引网民的注意。那么,网站凭什么来吸引网民的注意呢?正如在非网络环境中,一个企业欲吸引用户的注意需有一个吸引人的企业名称一样,在网络环境中,网站也需要一个吸引网民的网站名称。因此,有人将网站名称形象地喻为"网上企业名称"。对于网络公司而言,网站名称往往比企业名称更为公众所知晓,因而更加重要。例如,网民通常会知道"当当网",但一般不知道其企业名称为"北京科文书业信息技术有限公司"。

正如非网络环境中发生企业名称之间的冲突一样,在网络环境中,当然也会发生网站名称之间的冲突。而且,在非网络环境中,企业名称中主要识别部分——商号相同还可以由于行业和地域不同而有所区别❶,但在网络环境中,由于:(1)网络所具有的某些技术特征,主要是因特网具有全球广泛联结的特点;(2)现实中的网站名称往往就是企业名称中的商号部分❷;因

---

❶ 1999年12月8日国家工商行政管理局公布的《企业名称登记管理实施办法》第九条规定:企业名称应当由行政区划、字号、行业、组织形式依次组成,法律、行政法规和本办法另有规定的除外。

❷ 例如:北京新浪互联信息服务有限公司的网站名称为"新浪网",北京搜狐互联网信息服务有限公司的网站名称为"搜狐网"。

而，从逻辑上我们可以说，网站名称之间的冲突的可能性及冲突的烈度均会超过企业名称。涉及网站名称的知识产权纠纷案可分为：(1) 将他人的商标、商号等注册为网站名称；(2) 将网站名称注册为商标、商号等；(3) 网站名称之间的冲突。

以上的分析只是根据商业标识理论推导出来的，然而，正如霍姆斯所言，"法律的生命不在于逻辑，而在于经验"。下面，笔者将以一起案件为例，分析网站名称的冲突问题。

二、案情简介

2005年3月，北京市第二中级人民法院受理了国信招标有限责任公司诉北京采招网信息科技有限公司不正当竞争纠纷案，这是全国首例网站名称冲突纠纷案。

原告诉称：自2000年起，"中国采购与招标网"成为唯一一家国家指定的发布依法必须招标项目公告的网站，随着业务的不断发展，其在业内已经具有了一定的影响力，而且常被业内外简称为"采购与招标网"。2004年11月18日，原告发现北京市工商行政管理局对被告的"采购招标网"网站名称予以初审公告，就此向北京市工商行政管理局提出了异议。原告认为被告申请的"采购招标网"与原告的"中国采购与招标网"存在名称上的相似性，足以造成他人的误解。故请求法院判令：(1) 请求撤销被告备案登记的网站名称"采购招标网"；(2) 被告向原告公开赔礼道歉。

被告辩称：原告请求法院判令撤销"采购招标网"网站名称，这是原告与北京市工商行政管理局之间的行政纠纷。在互联网上，大量存在以通用名称命名的网站，"采购招标"是通用名称，不侵犯任何人的知识产权。"中国""采购""招标""网"这样的通用名词，不存在知识产权；或者说知识产权仅在于该名称本身，没有扩大保护的余地。故请求法院驳回原告的诉讼请求。

　　法院经审理查明：原告成立于1999年12月3日，其经营范围是：国内招标与投标服务；国内资金采购；机电产品的国际招标业务；工程管理、投资、商务及其他经济信息咨询；工程及设备安装监理；高新技术项目、实业项目的投资；自营和代理各类商品及技术的进出口业务，但国家限定公司经营或禁止进出口的商品及技术除外；经营进料加工和"三来一补"业务；经营对销贸易和转口贸易，承办国内高新技术成果及产品展览，相关业务人员培训；互联网信息服务；利用 www.chinabidding.com.cn 网站发布网络广告。2001年4月12日，北京市工商行政管理局对原告的"中国采购与招标网"网站名称予以公告，该网站对应的域名为：chinabidding.com.cn。

　　被告成立于2004年3月15日，其经营范围是：因特网信息服务业务（除新闻、出版、教育、医疗保健、药品、医疗器械和BBS以外的内容。）法律、行政法规、国务院决定禁止的，不得经营；法律、行政法规、国务院决定规定应经许可的，经审批机关批准并经工商行政管理机关登记注册后方可经营；法律、行政法规、国务院决定未规定许可的，自主选择经营项目开展经营活动。2004年11月18日，北京市工商行政管理局对被告的"采购招标网"网站名称予以公告，该网站对应的域名为：cn-bidding.com.cn。

　　2004年11月30日，原告就被告注册"采购招标网"网站名称被公告一事，向北京市工商行政管理局提出异议，请求北京市工商行政管理局驳回被告申请的"采购招标网"网站名称。2004年12月18日，北京市工商行政管理局对被告的"采购招标网"网站名称予以备案登记。

　　法院认为：原告以被告的"采购招标网"网站名称与原告的"中国采购与招标网"网站名称存在名称上的相似性，足以造成他人的误解,被告的行为构成不正当竞争为由,向法院提起诉讼,该诉讼属于民事诉讼,被告关于本案是原告与北京市工商行政管理局之间的行政纠纷的主张,不予采纳。

北京市工商行政管理局对原告的"中国采购与招标网"网站名称予以备案登记,这是行政机关进行行政管理的行为,但"中国采购与招标网"网站名称并不能够因此而当然地成为一种权利。

"中国采购与招标网"网站名称中的"中国"是地域概念,"采购与招标"表示行业经营方式,"网"是网站名称中必备的通用名称。可见,"中国采购与招标网"网站名称缺乏显著特征,不具有识别性。

原告虽主张自2000年起,"中国采购与招标网"成为唯一一家国家指定的发布依法必须招标项目公告的网站,随着业务的不断发展,其在业内已经具有了一定的影响力,而且常被业内外简称为"采购与招标网",但原告在本案中并未举证证明其"中国采购与招标网"网站名称通过向相关公众提供采购、招标信息的经营方式,长期使用后已被相关消费者和同业者认为起到区别出处的作用,即通过实际使用为相关公众知悉,并具有识别性。故法院认为,原告在本案中未能举证证明其"中国采购与招标网"网站名称已经成为受我国《反不正当竞争法》保护的权利。因此,原告关于被告的"采购招标网"网站名称与原告的"中国采购与招标网"网站名称存在名称上的相似性,足以造成他人的误解,被告的行为构成不正当竞争的主张,法院不予支持。

北京市第二中级人民法院依据《中华人民共和国反不正当竞争法》第二条、第五条第(二)项的规定,判决驳回原告国信招标有限责任公司的诉讼请求。

宣判后,双方当事人均未提出上诉,判决发生法律效力。

三、网站名称的含义及法律定位

要想对网站名称的冲突问题进行分析,首先必须明确网站名称的含义。

网站名称是人们对网站最常用的称呼,它同企业的形象有着密切的联系。❶

2000 年 9 月 1 日,北京市工商行政管理局《网站名称注册管理暂行办法》和《网站名称注册管理暂行办法实施细则》实施。同日,北京市工商行政管理局《经营性网站备案登记管理暂行办法》和《经营性网站备案登记管理暂行办法实施细则》施行。上述规定是我国以法律文件的形式对于网站名称做出的最早的规定。上述规定目前均已被废止。2004 年 10 月 1 日,北京市工商行政管理局《经营性网站备案管理办法》施行。

总体来说,当前我国对于网站名称做出明文规定的法律文件层级很低❷,既不是国家工商行政管理总局制定的行政规章,也不是北京市人民政府制定的地方性规章,只是其他规范性法律文件。该办法在地域范围仅限于北京市行政区划内❸,且其影响力有限,即使在行政诉讼中也不能作为经法院审查认为可参照的法

---

❶ 王纪平:"网站名称保护须建'游戏规则'",载《瞭望新闻周刊》2000 年 8 月 7 日第 32 期,第 39 页。

❷ 我国法律文件的层级依次为:宪法、全国人民代表大会制定的基本法律、全国人民代表大会常务委员会制定的非基本法律、国务院制定的行政法规、国务院各部门制定的行政规章、地方各级人民代表大会及其常务委员会制定的地方性法规、地方各级人民政府制定的地方性规章、其他规范性法律文件。

❸ 《经营性网站备案管理办法》第四条规定:北京市行政区划内的企业和个体工商户所开办的经营性网站,应当在北京市工商行政管理局备案。

律依据❶。

也就是说,仅仅依据上述法律文件的规定注册网站名称,并不能当然地产生一项权利——"网站名称权"。

那么,能否认为网站名称就一定不能成为一项民事权利呢?

笔者认为,答案是否定的。

1992年国际保护工业产权协会东京大会就将知识产权分为"创作性成果权利"与"识别性标记权利"两大类。其中前一类包括七项,即发明专利权、集成电路权、植物新品种权、Know-How权(也称"技术秘密"权)、工业品外观设计权、版权(著作权)、软件权;后一类包括三项,即商标权、商号权(也称"厂商名称权")、其他与制止不正当竞争有关的识别性标记权。❷

笔者认为,在"识别性标记权利"中,其他与制止不正当竞争有关的识别性标记权的客体应当包括域名、网站名称等。

当然,这里存在一个法技术层面的问题。就是是否存在着域名权?❸是否存在着网站名称权?

笔者认为,在我国目前的法律框架内,并不存在"域名权"和"网站名称权"。但这并不是十分重要的。我们可以将它们作为与制止不正当竞争有关的识别性标记权的客体加以保护,至少也可以将它们作为一种民事利益加以保护。当然,笔者认为前者更为合适。

---

❶ 我国《行政诉讼法》第五十三条规定:人民法院审理行政案件,参照国务院部、委根据法律和国务院的行政法规、决定、命令制定、发布的规章以及省、自治区、直辖市和省、自治区的人民政府所在地的市和经国务院批准的较大的市的人民政府根据法律和国务院的行政法规制定、发布的规章。人民法院认为地方人民政府制定、发布的规章与国务院部、委制定、发布的规章不一致的,以及国务院部、委制定、发布的规章之间不一致的,由最高人民法院送请国务院作出解释或者裁决。

❷ 郑成思:《知识产权法》,法律出版社2003年版,第5~6页。

❸ 世界知识产权组织曾声明,其无意将域名创设为一种新的知识产权。

四、保护网站名称的要件

前面只是论述了保护网站名称在法律上的抽象可能性，对于具体案件而言，一个网站名称欲得到保护仍需具备一定的要件。

首先必须明确一点，由于网络技术的特点，网站名称具有唯一性，更准确地说是全球唯一性。也就是说，在整个因特网的范围内，只可能存在一个确定的网站名称，而不可能存在两个或两个以上相同的网站名称。应当注意的是，这一技术限制并不能阻止侵权人将他人的网站名称用于自己的网站上，不是作为网站名称而是在网页上作为一种标识使用。这种侵权行为已经真实地发生了。❶

(一) 形式要件

网站名称的注册是否为保护网站名称的要件？

对于这个问题，必须分情况讨论。

(1) 在2000年9月1日之前，即北京市工商行政管理局《网站名称注册管理暂行办法》和《网站名称注册管理暂行办法实施细则》实施之前，并无网站名称注册制度，那时的网站名称保护问题当然不能以注册为保护网站名称的要件。

(2) 自2000年9月1日起，北京市工商行政管理局《网站名称注册管理暂行办法》和《网站名称注册管理暂行办法实施

---

❶ 卢晶、孙金霞：“冒用网站名称以假乱真也算侵权”，http：//www.syd.com.cn/news/showcontent.asp?newsid=55682&nva=focusnews&sorts=，2006年6月7日访问。

细则》实施,在它们被废止之前❶,应如何考虑呢?

笔者认为,这两份规范性法律文件的效力仅限于工商行政管理方面,而不能延及于其他方面,特别是司法保护方面。但是,这并不意味着在此期间未注册的网站名称就一定可以获得保护。因为,网站名称未注册可能导致网站经营活动非法,从而导致其网站名称不能得到保护。但反过来说,这也并不意味着只要网站名称未注册就一定不受保护。

《网站名称注册管理暂行办法》第十九条规定:两个或两个以上的申请人,以相同的网站名称申请注册的,注册主管机关对申请在先的网站名称予以初步审定并公告。本办法实施之日前已经实际运营的网站,在本办法公布之日起九十日内适用使用在先原则。

在这"九十日内",如果出现将他人已经实际运营的网站名称用作自己的商业标识的情况,不应因该网站名称未注册而不予保护。

(3) 北京市工商行政管理局《网站名称注册管理暂行办法》和《网站名称注册管理暂行办法实施细则》废止之后,据称,网站名称的注册制度实际上已经变为自愿备案登记制度了,在这种情况下,网站名称的注册当然就不是保护网站名称的要件了。但是,如果网站名称未注册导致网站经营活动非法,仍将导致其网站名称不能得到保护。

---

❶ 根据 2004 年 10 月 1 日施行的《经营性网站备案管理办法》第十九条的规定,北京市工商行政管理局《经营性网站备案登记管理暂行办法》和《经营性网站备案登记管理暂行办法实施细则》于 2004 年 10 月 1 日废止。笔者始终未查到北京市工商行政管理局《网站名称注册管理暂行办法》和《网站名称注册管理暂行办法实施细则》被废止的明文规定,但据称,《网站名称注册管理暂行办法》和《网站名称注册管理暂行办法实施细则》已于《行政许可法》施行(2004 年 7 月 1 日施行)后被废止。

（二）实质要件

如前所述，网站名称属于与制止不正当竞争有关的识别性标记权的客体之一。那么，网站名称欲得到法律保护的实质要件就应当是具有识别性标记的特征，在这个问题上，完全可以借鉴商标法的理论❶。

1. 消极条件

（1）合法性。巴黎公约在第 6 条之五就在原属国已经注册的商标在其他成员国给予"原样保护"时，从反面列举了四种可以驳回及无效的情况：①在要求保护的国家，商标具有侵犯第三人的既得权利的性质；②商标缺乏任何显著特征，或者完全是由商业中用以表示商品的种类、质量、数量、用途、价值、原产地或生产时间的符号或标记所组成，或者在要求给予保护的国家的现代语言中或在善意和公认的商务实践中已经成为惯用；③商标违反道德或公共秩序，尤其是具有欺骗公众的性质；④违反第 10 条之二禁止不正当竞争的规定。❷

《网站名称注册管理暂行办法》第十条规定，注册网站名称不得含有以下内容和文字：（一）有损于国家、社会公共利益的；（二）可能对公众造成欺骗或者使公众误解的；（三）有害于社会主义道德风尚或者有其他不良影响的；（四）其他具有特殊意义的不宜使用的名称。第十一条规定，注册网站名称含有以下内容的，需向注册主管机关提交有关证明材料：（一）政党名称、党政军机关名称、群众组织名称、社会团体名称；（二）国际组织名称；（三）驰名商标的文字部分；（四）其他法律、法规有规定的。

---

❶ 笔者认为，正如买卖合同是有偿合同的一般规则，赠与合同是无偿合同的一般规则一样，商标理论也可以作为识别性标记的一般规则。

❷ 黄晖：《商标法》，法律出版社 2004 年版，第 47 页。

2001年2月14日,北京市工商行政管理局颁布的《关于注册网站名称有关问题的补充通告》,对于《网站名称注册管理暂行办法》第十一条做出了更加具体的规定。

(2)在先性。TRIPs协议不仅规定了巴黎公约的原则必须得到全面遵守,同时也强调商标必须具有显著性,而且不能损害他人的在先权利。[1]

《网站名称注册管理暂行办法》第二十条规定,对初步审定并公告的注册网站名称,在公告期内任何单位和个人发现有下列情形之一的,均可向注册主管机关提出书面异议申请:(一)与他人所拥有的企业、事业等单位名称相同的;(二)与他人所拥有的注册网站名称近似并可能造成他人误认的;(三)其他原因可能造成他人误认的。从而建立了"优先权日"制度。

2. 积极条件

如同其他识别性标记一样,网站名称获得保护的积极条件是其具有显著性。显著性又称识别性或区别性,具体是指该标志使用在具体网站时,能够让网民觉得,它应该或者实际与网站的特定出处有关。

我国《商标法》第九条第一款规定,申请注册的商标,应当有显著特征,便于识别。

美国的Friendly法官将商标分为四种,即臆造商标、任意商标、暗示商标和叙述商标。前三种标记在与商品或服务结合使用时,消费者会立即认为它是标志该商品或服务的出处,这些标记即具有固有显著性,也称内在显著性或先天显著性,它们可以直接作为商标受到保护。第四种标记,尤其是直接表示商品或服务的特征或品质的词汇,消费者一般不会同特定的出处联系在一起,也就是说该标记起不到区别出处的作用,即不具有内在显著

---

[1] 黄晖:《商标法》,法律出版社2004年版,第47页。

性，但如果经过长时间、大范围的使用，消费者事实上已经将该标记同特定的出处联系在一起，则该标记即获得了显著性，或者说具备了后天显著性或"第二含义"，因此也可以作为商标受到保护。还有一些标记，由于是指定商品或服务的通用名称或图形，不可能起到商标的区别作用，因此永远都不能作为商标受到保护。❶

《网站名称注册管理暂行办法》中未做类似规定。不仅如此，根据《关于注册网站名称有关问题的补充通告》的规定，还可以"以行业通用名称、产品通用名称单独或者相互组合作为注册网站名称"。❷因此，才会出现前述案例中的"中国采购与招标网"和"采购招标网"这样的网站名称。

根据上述理论，原告的网站名称"中国采购与招标网"显然不具有固有显著性，而因原告在本案中未能举出充分的证据证明"中国采购与招标网"网站名称通过向相关公众提供采购、招标信息的经营方式，长期使用后已被相关消费者和同业者认为起到区别出处的作用，即通过实际使用为相关公众知悉，并具有识别性，从而具有"第二含义"。因此，北京市第二中级人民法院做出了驳回原告诉讼请求的判决。

五、结　论

写到这里，笔者不禁有些担心，文章的开头大谈网站名称的重要意义和巨大价值，介绍的案例却是以原告败诉而告终，有些读者可能会产生网站名称难以获得法律保护的结论。这当然不是笔者的目的。笔者的结论在于，不具有显著性（包括固有显著

---

❶ 黄晖：《驰名商标和著名商标的法律保护》，法律出版社 2001 年版，第 12 页。

❷ 详见该通告第 4 条。

性和"第二含义")的网站名称不受保护。

从现实生活考虑,网络中存在大量成对并存的"ABC"网(ABC为行业名称或产品通用名称)与"中国ABC网"式的网站名称,例如"汽车网"与"中国汽车网"。当然,还有一些变形,例如:"ABC网"与"北京ABC网"式的网站名称。

笔者认为,一个网站在初始阶段想要吸引更多的网民,如果以行业名称或产品通用名称作为网站名称,当然可以比其他网站名称更有效,但其实该网站已经利用了公有领域的内容,而以"新浪网"等词语作为网站名称的网站则完全是"白手起家",因此,法律对这两类网站名称的保护要件当然也应有所区别。对于前者,其网站名称由于不具有先天显著性,欲获得保护,就必须举证证明其具有"第二含义"。通常,这是很有难度的。从制度激励的层面,鼓励更多的网站选择具有创新意义的词语作为网站名称。

另外,笔者建议由国家工商行政管理总局制定行政规章,就全国范围内的网站名称问题进行统一规定,在其中适当增加有关限制注册为网站名称的词语。这样做有利于避免先入行者抢先"瓜分"公有领域的行业名称或产品通用名称作为网站名称,促进公平竞争。

四、工商业标识热点问题研究

我国的驰名商标法律保护问题
——兼与日本法比较

一、驰名商标制度的产生和发展

1. 国际条约的规定

（1）巴黎公约的规定

驰名商标，作为一个正式的法律概念，最早见于巴黎公约。但 1883 年签定巴黎公约时，其中并无驰名商标概念。在 1925 年海牙外交大会上增补了第 6 条之 2，当时的文本是：（1）缔约国承诺，如本国法律允许，或依有关当事人的请求，对商标注册国主管机关认为在该国已经属于有权享受本公约利益的人所有，并且使用在相同或者类似商品而驰名的商标，构成复制、仿制并可能产生混淆的商标，拒绝或撤销注册。（2）在至少 3 年的期间内，应允许提出撤销这种商标的请求。期间自该商标注册之日起计算。（3）对于依恶意取得注册的商标提出撤销注册请求，不应规定时间限制。❶

由于有些国家采商标注册原则，有些国家采商标使用原则，前者的商标通常可以依巴黎公约在后者得到保护，而后者的商标却通常不能依巴黎公约在前者得到保护。驰名商标最初产生的背景正是为了解决注册原则和使用原则国家之间的商标保护问题。

1958 年里斯本外交大会做出了两点实质性修改：一是增加

---

❶ 黄晖：《驰名商标和著名商标的法律保护》，法律出版社 2001 年版，第 46 页。

了驰名商标所有人的禁止使用权,二是将最低诉讼时效由 3 年改为 5 年。

1967 年斯德哥尔摩外交大会通过的现行文本,对此未做任何修改,其内容为:(1)本联盟各国承诺。如本国法律允许,应依职权,或依有关当事人的请求,对商标注册国或使用国主管机关认为在该国以已经属于有权享受本公约利益的人所有,并且使用在相同或者类似商品而驰名的商标,构成复制、仿制或翻译,可能产生混淆的商标,拒绝或撤销注册,并禁止使用。这一规定,在商标的主要部分构成对上述驰名商标的复制、仿制,并可能产生混淆的,也应适用。(2)自注册之日起至少 5 年的期间内,应允许提出撤销这种商标的请求。本联盟各国可以规定一个期间内,在这个期间内必须提出禁止使用的请求。(3)对于依恶意取得注册或使用的商标提出撤销注册或禁止使用的请求,不应规定时间限制。❶

2. TRIPs 协议的规定

1994 年签定的《TRIPs 协议》第 16 条之 2 规定:巴黎公约 1967 年文本第 6 条之 2,原则上适用于服务。确认某商标是否系驰名商标,应顾及有关公众对其知晓程度,包括在该成员地域内因宣传该商标而使公众知晓的程度。该条之 3 规定:巴黎公约 1967 年文本第 6 条之 2,原则上适用于与注册商标所标示的商品或服务不类似的商品或服务,只要一旦在不类似的商品或服务上使用该商标,即会暗示该商品或服务与注册商标所有人存在某种联系,从而注册商标所有人的利益可能因此受损。

可见,TRIPs 协议将驰名商标从商品商标扩大到服务商标,将注册的驰名商标的保护范围从相同或类似商品扩大到有联系的

---

❶ 黄晖:《驰名商标和著名商标的法律保护》,法律出版社 2001 年版,第 47 页。

不类似的商品或服务。

巴黎公约和TRIPs协议虽然规定了驰名商标制度,但均未对驰名商标的概念作出规定。

(二) 中国法律的规定

我国对于驰名商标的保护始于1985年加入《巴黎公约》之后。当时国内法律尚未明确规定有关驰名商标的保护问题,在实践中,国家工商行政管理局商标局直接以《巴黎公约》的有关规定为依据,保护过一些国内外的驰名商标。直到1993年修订《商标法》及其实施细则时,才开始涉及驰名商标的保护问题。1996年8月14日,国家工商行政管理局发布了《驰名商标认定和管理暂行规定》,并于1998年修订后重新发布。2001年10月27日修正的《商标法》中增加了保护驰名商标的内容。❶

我国行政规章中对于驰名商标的概念做出了明确规定。《驰名商标认定和管理暂行规定》第二条规定:驰名商标是指在市场上享有较高声誉并为相关公众所熟知的注册商标。《驰名商标认定和保护规定》第二条规定:驰名商标是指在中国为相关公众广为知晓并享有较高声誉的商标。后者在两个问题上对前者做出了重大修改,一是确定驰名发生地为中国,二是将驰名商标的范围从注册商标扩大到未注册商标。

(三) 日本法律的规定

日本商标法中并未规定驰名商标的概念,但其第4条第1款第10、11、15、19项,第32条第1款,第33条第1款,第64条第1款对于"在需要者之间广泛知晓的商标"做出了规定,此外,日本不正当竞争防止法第1条第1款第(1)、(2)项对于"众所周知的商标"做出了规定。

---

❶ 卣纪华等编著:《中华人民共和国商标法释义及实用指南》,研究出版社2001年版,第83~84页。

日本学者认为，所谓"在需要者之间广泛知晓的商标"包含两个层次，一是周知商标，二是著名商标。实践中，通常将二者统称为周知和著名商标。各种商标中，尤其是将较大业务的信用形体化的有名商标（字号），在商标法上被称为周知和著名商标，一直给予比一般商标更强有力的保护。所谓"周知"是指，在"在需要者之间广泛知晓的商标"，如果，在某一区域或者为特定的交易者和需求者所熟知，即应属于"周知"。"著名"是指，"周知"的程度很高，在日本全国范围内被熟知的情况。二者的主要区别在于，只有著名商标才能注册防护商标。

二、中国法院对于驰名商标保护的背景

驰名商标知名度高，影响范围广，为消费者和经营者所熟知和信赖；作为所有者的无形资产，具有巨大的含金量，是其商品或服务在质量与信誉上的象征。由于驰名商标具有上述特点，能够产生巨大的经济效益因而常常成为侵犯的对象。[1]

随着科学技术的飞速发展，Internet 连接着180多个国家，20 000多个大小网络和上亿台电脑，[2] 给人类社会带来了一场革命。由于网络在人们生产、生活中的重要程度日益提高，特别是电子商务的蓬勃发展，越来越多的企业在越来越广泛的领域和越来越深入的程度上利用因特网进行商业活动，而这一活动的"中间结果"就是：目前，网络产业的迅猛发展已经形成了一个高达数万亿美元的庞大市场[3]。

---

[1] 扈纪华等编著：《中华人民共和国商标法释义及实用指南》，研究出版社2001年版，第83~84页。

[2] 孙江涛、陈曦编著：《网页制作学习教程》，北京大学出版社2000年版，第1页。

[3] 21世纪计算机网络工程丛书编写委员会：《网络核心技术备查》，北京希望电子出版社1998年版，第iii页。

四、工商业标识热点问题研究

与现实世界相同，企业在"虚拟世界"❶进行商业活动的前提之一就是表明自己的身份。在现实世界中，这一条件主要是通过商标的手段加以实现的；❷而在网络环境中，要想实现这一条件，最方便的手段就是域名（Domain Name）。

正是由于域名能够为企业带来利益，因此，与商标相类似地，域名纠纷也就相伴而生了。在解决域名纠纷的多种手段（如和解、调解、仲裁和诉讼）中，司法手段显然是最具权威性和威慑力的，而且还可以对其他解决手段加以审查，因而是最重要的。

我国《商标法》第三十七条规定："注册商标的专用权，以核准注册的商标和核定使用的商品为限。"❸

所谓注册商标专用权的范围，是指商标注册人对其所注册的商标所享有的使用权的范围。这是判断商标侵权与否的一条界

---

❶ 所谓"虚拟世界"只不过是人们对于网络空间的一个形象比喻，主要是由于网络空间与物理空间相比呈现出截然不同的虚拟性。关于"虚拟性"的论述，可参见齐爱民、刘颖主编：《网络法研究》，法律出版社2003年版，第13页。但就其本质而言，网络空间依然是人们利用技术手段建构的"客观实在"，"这种客观实在是人通过感觉感知的，它不依赖于我们的感觉而存在，为我们的感觉所复写、摄影和反映。"（列宁：《列宁选集》（第二卷），中共中央马恩列斯著作编译局编译，人民出版社1995年版，第89页），也就是说，具有物质性。关于"虚拟世界"的实在性的问题，可参见［美］约翰·L.卡斯蒂著，王千祥、权利宁译：《虚拟世界——计算机仿真如何改变科学的疆域》，上海科技教育出版社1998年版，第197~231页，第五章：虚拟的真实性。因此，虽然仍有反对的意见，但越来越多的人认为，网络空间决不是法律的"盲区"，依然需要制定、遵守和执行一定的法律规范。

❷ 当然，除商标之外，现实世界中还有企业名称、商号/字号、地理标志、原产地标记等"识别性标记权"。因此，1992年国际保护工业产权协会（AIPPI）将"知识产权"划分为"创作性成果权"和"识别性标记权"两大类。

❸ 这是1993年2月22日第七届全国人民代表大会常务委员会第三十次会议第一次修正的《商标法》的规定，该条在2001年10月27日第九届全国人民代表大会常务委员会第二十四次会议第二次修正的《商标法》中被列为第五十一条，但其中的内容未做任何修改。

限，法律规定这一界限，既有利于依法充分保护注册商标专用权人正确有效地行使自己的权利，又可以避免不适当地扩大注册商标专用权的保护范围而损害注册商标专用权人以外的社会公众的利益。

值得注意的是，注册商标专用权的范围和注册商标专用权的保护范围是两个不同的概念。注册商标专用权仅"以核准注册的商标和核定使用的商品为限"，它表明的是注册商标专用权人有权在自己已经注册核定的商品上独占地使用自己的注册商标，更多强调的是专用范围，超出这个范围就不得作为自己的注册商标使用。而注册商标专用权的保护范围则超出了这个范围，不仅包括了注册商标专用权人有权禁止他人擅自在相同的商品上使用与自己注册的商标相同的商标，同时还包括了注册商标专用权人有权禁止他人擅自在相同的商品上使用与自己注册的商标相近似的商标，有权禁止他人使用在与自己核定的商品相类似的商品上使用与自己的注册商标相同或者相近似的商标。由此可知，注册商标专用权的保护范围要大于注册商标专用权的范围。[1]

对于域名纠纷案件而言，原告作为起诉依据的商标专用权的保护范围能否延及计算机网络服务业之中呢？

依据当时中国的商标法律制度，法院认为上述商标专用权与计算机网络服务业并不属于相同或相类似的类别，因此，要想支持原告的诉讼请求，就必须对原告的商标给予"超越相同或类似类别的跨类保护"。而能够获得上述保护的只能是驰名商标。

事实上，在法院审理中，是否认定原告的权利依据为驰名商标对于案件的判决结果具有决定性的意义。

---

[1] 扈纪华等编著：《中华人民共和国商标法释义及实用指南》，研究出版社2001年版，第202～203页。

（一）认定驰名商标的案例——"WHISPER"案

法院在判决书中指出："本院认为，网络是人类社会活动的空间在新技术上的表现，网络空间的行为应受到人类社会行为规范的调整。随着网络上商务活动的发展，网络域名已不仅仅是简单的网址号码，其已具有重要的识别功能，无论域名的注册者在该域名内是开展网上商务活动，还是提供信息服务，该域名均具有较大的商业价值，成为其自身重要的商业标识。驰名商标注册权人可以通过域名体现其商标的巨大价值，并凭借其商标良好的商业信誉在网络上获取商业利益。在上述的特定条件下，依附于知识产权法律所保护的客体的网络域名，应受相关法律的调整。根据《保护工业产权巴黎公约》关于驰名商标特殊保护的规定，鉴于域名所具有类似商标识别的功能及域名在同一级别上注册的唯一性，域名如与在先注册的驰名商标相同，那么，即使该域名的注册者与驰名商标的注册权人经营的商品或服务类别不同，或者该域名的注册者尚未对域名开通使用，该域名也已与在先的驰名商标权益产生了冲突，降低了该驰名商标的商业价值，妨碍了驰名商标权人在网络上行使其相应的权利。故应认定注册与驰名商标相同的域名的行为是侵犯该驰名商标专用权的行为，被告国网公司的行为侵害了原告宝洁公司的商标专用权。"

（二）不认定驰名商标的案例——"viagra"案

法院在判决书指出："本院认为，域名，作为连接在因特网上的计算机特定的识别代码，标明其在网络上的一个具体空间位置。其原本并不是商业标记，只是互联网地址的对应符号，其作用是为便于计算机和用户的识别、寻找。随着电子商务的发展，客观上要求识别代码要便于上网用户记忆，因此识别代码的表现形式发生了变化，域名与某类商标、商号在表现形式上越来越趋于相同。同时，由于识别代码所表示的网上地址和空间位置具有唯一性，在电子商务这一特定的环境下，它附带了商业性的标记作用，这就超出其原本纯技术性代码的意义。但是域名终归不等同于商标，离开商务环境，它仍然还是个技术代码。所以当注册商标与注册的域名发生权利冲突时，不加区别地一概认定域名注册构成侵害注册商标专用权是没有法律依据的。'viagra'作为商品的注册商标，其合法的权利在中国应依法受到保护，但因其尚不具备驰名商标的条件，所以不能要求给其跨商品类别的特殊保护，更不能延及至网络域名注册上。被告作为网络公司，注册域名的目的不是用于其产品的宣传和服务，且未实际使用，故其行为尚未构成对原告商标专用权的侵害。"

从该判决中可以看出，在《最高人民法院关于审理涉及计算机网络域名民事纠纷案件适用法律若干问题的解释》颁布之前，法院认为：（1）只有驰名商标才能得到跨类别的特殊保护，并可以将这种特殊保护延伸至域名领域；（2）普通注册商标并不能得到跨类别的保护，更不能延及至域名的注册；（3）但这种对于普通注册商标的限制仅在只有域名注册的情况下方才有效，一旦被告的行为从域名注册领域进入域名商业利用的领域，则普通注册商标亦可对抗之，即普通注册商标可以作为对抗"盗用类"域名侵权。

综上所述，在《最高人民法院关于审理涉及计算机网络域名民事纠纷案件适用法律若干问题的解释》颁布之前，法院认为只有驰名商标才能作为对抗"抢注类"域名侵权的权利依据，这就是域名纠纷案件中驰名商标问题提出的背景。

三、驰名商标的认定问题

（一）驰名商标的认定主体问题

《驰名商标认定和管理暂行规定》第三条规定：国家工商行政管理局商标局负责驰名商标的认定与管理工作。任何组织和个人不得认定或者采取其他变相方式认定驰名商标。

根据这条规定，国家工商行政管理局商标局是我国认定驰名商标的唯一主体。

基于上述背景，在这种限制之下，法院只有两个选择：

一是驳回所有主张法院认定驰名商标的诉讼请求，并告知其可以向有权的国家机关即国家工商行政管理局商标局申请认定为驰名商标，再来起诉。这种做法存在两个问题：一是国家工商行政管理局商标局几乎不可能认定大量的国外企业的商标为我国的驰名商标——即使到了 2002 年底，该局认定的全部 196 个驰名商标❶，也均为国内企业注册的商标。二是即使被该局认定为驰名商标，也不知需要多长的时间，原告的损失将难以估量。

二是突破这个限制，从实际出发，顺应国际发展潮流和国内改革方向，参考国外立法和司法实践，结合我国具体国情，确立法院认定驰名商标的权力。

这确实是一个十分困难的选择。在讨论这个问题时，曾经发生过针锋相对的激烈争论。最终认为法院有权依据事实并遵循"个案有效"的原则认定驰名商标。

因为这属于对案件事实认定的问题，而非行政授权的问题。对驰名商标认定的权利非行政机关专有，人民法院对涉案事实进行认定，是代表国家行使司法权。

基于上述理由，2001 年 7 月 17 日，最高人民法院公布了法释〔2001〕24 号司法解释，即《最高人民法院关于审理涉及计算机网络域名民事纠纷案件适用法律若干问题的解释》。该解释第六条规定：人民法院审理域名纠纷案件，根据当事人的请求以及案件的具体情况，可以对涉及的注册商标是否驰名依法作出认定。

---

❶ 资料来源：http://www.szaic.gov.cn/sb/cmsbmd.htm，2005 年 9 月 1 日访问。

2002年10月12日，最高人民法院颁布了法释［2002］32号司法解释，即《最高人民法院关于审理商标民事纠纷案件适用法律若干问题的解释》。其中第二十二条第一款规定：人民法院在审理商标纠纷案件中，根据当事人的请求和案件的具体情况，可以对涉及的注册商标是否驰名依法作出认定。

2003年6月1日施行的《驰名商标认定和保护规定》废止了《驰名商标认定和管理暂行规定》，并删除了关于驰名商标认定主体的规定，从而消除了行政规章与司法解释在此问题上的矛盾。

至此，中国商标法律体系彻底地解决了驰名商标认定主体的问题。

日本法律并未对周知和著名商标的认定主体做出明确规定，在实践中，特许厅和法院均可以认定周知和著名商标，这一点与中国的规定是相同的。

（二）驰名商标的认定标准问题

1. 国际条约的规定

1999年9月世界知识产权组织发布的《WIPO保护驰名商标联合建议》第2条对于驰名商标做出了规定。

2. 中国法律的规定

中国《商标法》第十四条规定，认定驰名商标应当考虑下列因素：（一）相关公众对该商标的知晓程度；（二）该商标使用的持续时间；（三）该商标的任何宣传工作的持续时间、程度和地理范围；（四）该商标作为驰名商标受保护的记录；（五）该商标驰名的其他因素。

《驰名商标认定和保护规定》第二条第二款规定，相关公众包括与使用商标所标示的某类商品或者服务有关的消费者，生产前述商品或者提供服务的其他经营者以及经销渠道中所涉及的销售者和相关人员等。第三条规定，以下材料可以作为证明商标驰名的证据材料：(一)证明相关公众对该商标知晓程度的有关材料；(二)证明该商标使用持续时间的有关材料，包括该商标使用、注册的历史和范围的有关材料；(三)证明该商标的任何宣传工作的持续时间、程度和地理范围的有关材料，包括广告宣传和促销活动的方式、地域范围、宣传媒体的种类以及广告投放量等有关材料；(四)证明该商标作为驰名商标受保护记录的有关材料，包括该商标曾在中国或者其他国家和地区作为驰名商标受保护的有关材料；(五)证明该商标驰名的其他证据材料，包括使用该商标的主要商品近三年的产量、销售量、销售收入、利税、销售区域等有关材料。

3. 中国司法实践中的表现

(1) 认定驰名商标的案例——"WHISPER"案。法院在判决书中指出："宝洁公司是'WHISPER'、和'护舒宝/WHISPER'等注册商标的商标权人。'WHISPER'、'WHISPER图形'商标在世界多个国家进行了注册，'WHISPER'、'护舒宝/WHISPER'在中国进行了商标注册，上述商标长期持续使用，法律状态有效。宝洁公司为宣传'护舒宝/WHISPER'商标的产品，投入了大量的广告费用，其市场占有率、销售量居同类商品的前列，'护舒宝/WHISPER'在中国是知名品牌，在消费者中享有较高信誉，为公众所知悉，并被中国国家工商行政管理局商标局列为重点保护的商标。故应认定'WHISPER'商标为驰名商标。"

(2) 不认定驰名商标的案例——"viagra"案。法院在判决书中指出："驰名商标作为一个法律概念，其基本含义应指：在较为广泛的地域内，达到使公众知悉并确信以其为标识的产品或服务是优质的一种商标。它必须具备以下基本特征：①该商标已注册且享有较高声誉；②该注册商标具有很高的相关公众认知度。原告于1997年7月在中国注册了'viagra'商标，'viagra'

无论是作为药品还是注册商标,原告从未在中国针对其进行过特定的宣传。中国公众主要是通过新闻媒体的介绍,知悉有一种名为'伟哥'用于治疗男性性功能障碍的药品,而中文'伟哥'并不是原告的注册商标。该药品正式中文商品名称为'万艾可',在2000年4月才被中国政府的主管部门批准销售,属卫生部门规定的医院处方药,故中国公众并不知悉'viagra'就是曾被称为'伟哥'的药品,更不知悉'viagra'是该药品的注册商标。原告提交的证据材料不能表明'viagra'作为商标已具备驰名商标的条件。中国的新闻媒体对'伟哥'的报道亦不能代表'viagra'商标在中国已具有较高的公众认知度并享有良好的声誉,该药品因其特定功效而知名并不等于'viagra'具有商标意义上的知名度。因此,'viagra'商标不能被认定是驰名商标。"

4. 日本法律的规定

1999年日本特许厅公布了修改后的《关于周知商标、著名商标的保护的审查标准》,其内容涉及日本商标法第4条第1款第10、11、15、16、19号。❶

5. 中日两国法律对于驰名商标认定标准的比较

(1)相关公众的范围。两国标准相同,不仅包括相关消费者,而且包括相关交易者。

(2)是否以注册商标为限。两国标准相同,不仅包括注册商标,而且包括未注册商标。

(3)是否以要求保护国为驰名发生国。两国标准不同。中国法规定以中国为驰名发生国,这是与《WIPO保护驰名商标联合建议》相一致的。日本法则承认日本国外的商标的周知/著名性。

---

❶ 杨和义:《商标法选论》,重庆出版社2003年版,第269~270页。

四、驰名商标的特殊保护问题

（一）驰名商标特殊保护的理论基础

1. 商标吸引力冲淡说

这是德国法院判例给予驰名商标扩大保护的理论依据。德国最高法院1958年10月11日的判决认为，高度著名的商标具有强烈的吸引力，对这类商标的侵害，不论使用于同类或不同类的商品上，必然会使此类商标的吸引力减弱，从而有害于企业本身。该说后为荷兰、瑞士等国采纳。

2. 来源混淆说

此说源于19世纪中叶的法国。该说认为，侵害驰名商标权容易引起消费者对于产品来源发生混淆。即使驰名商标被冒用于不同类别的商品上，也会使消费者误认为这是驰名商标权人的新产品。该说为巴黎公约、初期法国、英国及美国等国采纳。

3. 无谓竞争说

此说认为，无谓竞争不同于不正当竞争，同行业之间存在竞争关系，而不同行业之间则无所谓竞争关系。因此，以不正当竞争之诉给予驰名商标扩大保护是欠缺竞争关系要件的。无谓竞争并未假冒他人产品，也未公开寻求与他人的产品发生混淆，也不毁谤或做虚假广告，只是利用他人的驰名商标推销自己的不同类产品，从而坐享其成，从中获利。英国、美国、法国的判例在一定程度上采纳了该说。❶

（二）驰名商标保护的范围

1. 未注册也可受商标法保护

中日两国商标法均采注册原则，商标法对于未注册的普通商

---

❶ 陈耀东：《商标保护范围研究》，天津人民出版社2003年版，第190~191页。

标不予保护,但对于未注册的驰名商标则给予保护。

2. 不予注册和禁止使用

中国商标法第十三条规定:就相同或者类似商品申请注册的商标是复制、摹仿或者翻译他人未在中国注册的驰名商标,容易导致混淆的,不予注册并禁止使用。就不相同或者不相类似商品申请注册的商标是复制、摹仿或者翻译他人已经在中国注册的驰名商标,误导公众,致使该驰名商标注册人的利益可能受到损害的,不予注册并禁止使用。第四十一条第二款规定:已经注册的商标,违反本法第十三条、第十五条、第十六条、第三十一条规定的,自商标注册之日起五年内,商标所有人或者利害关系人可以请求商标评审委员会裁定撤销该注册商标。对恶意注册的,驰名商标所有人不受五年的时间限制。

正如上文所述,中国商标法对于未在中国注册的驰名商标和未在中国注册的驰名商标给予不同的保护范围,前者的保护范围仅及于相同或者类似商品,后者得保护范围则及于不相同或者不类似商品。

日本商标法未依据驰名商标是否在日本注册而给予不同的保护范围,但其区分了周知商标和著名商标,规定只允许后者取得防护商标。

中国商标法未规定防护商标制度。

3. 损害赔偿请求

中日两国商标法均规定驰名商标权人对于侵害人有损害赔偿请求权。

中国商标法第五十六条,《最高人民法院关于审理商标民事纠纷案件适用法律问题若干问题的解释》第十三条至第十八条对此做出了规定。

日本商标法第38条、第39条对此作出了规定。

中日两国商标法关于损害赔偿的规定的基本精神大致相同,

明显的区别在于中国商标法规定了法定赔偿制度,日本商标法未规定法定赔偿制度。

4. 对于非商标的标识使用的禁止

(1) 企业名称

《驰名商标认定和保护规定》第十三条规定:当事人认为他人将其驰名商标作为企业名称登记,可能欺骗公众或者对公众造成误解的,可以向企业名称登记主管机关申请撤销该企业名称登记,企业名称登记主管机关应当依照《企业名称登记管理规定》处理。

《最高人民法院关于审理商标民事纠纷案件适用法律若干问题的解释》第一条第一项规定:将与他人注册商标相同或者相近似的文字作为企业的字号在相同或者类似商品上突出使用,容易使相关公众产生误认的。

(2) 域名

《最高人民法院关于审理商标民事纠纷案件适用法律若干问题的解释》第一条第三项规定:将与他人注册商标相同或者相近似的文字注册为域名,并且通过该域名进行相关商品交易的电子商务,容易使相关公众产生误认的。

(三) 驰名商标案件的侵权判断标准

一般来说,驰名商标案件的侵权判断标准与普通商标案件的侵权判断标准在比对要素方面是一致的,区别在于驰名商标的保护范围大于普通商标的保护范围,能够得到"跨类保护"。

《最高人民法院关于审理商标民事纠纷案件适用法律若干问题的解释》第九条规定,《商标法》第五十二条第(一)项规定的商标相同,是指被控侵权的商标与原告的注册商标相比较,二者在视觉上基本无差别。《商标法》第五十二条第(一)项规定的商标近似,是指被控侵权的商标与原告的注册商标相比较,其文字的字形、读音、含义或者图形的构图及颜色,或者其各要素组合后的整体结构相似,或者其立体形状、颜色组合近似,易使相关公众对商品的来源产生误认或者认为其来源与原告注册商标的商品有特定的联系。第十条规定,人民法院依据商标法第五十二条第(一)项的规定,认定商标相同或者近似按照以下原则进行:(一)以相关公众的一般注意力为标准;(二)既要进行对商标的整体比对,又要进行对商标主要部分的比对,比对应当在比对对象隔离的状态下分别进行;(三)判断商标是否近似,应当考虑请求保护注册商标的显著性和知名度。

上述规定与日本特许厅颁布的《关于周知商标、著名商标的保护等的审查标准》的规定❶基本相同。

值得注意的是,中日两国的法律规定中,十分强调使相关公众对商品的来源产生混淆。但对于驰名商标而言,可能出现一个悖论:越是驰名的商标,就越显著,越具有识别性,越不容易发生混淆。意大利都灵上诉法院1997年在Chanel诉Fodermec一案中,虽然毫不犹豫地认定Chanel商标在全世界的绝对知名度,但这一认定不仅没有导致侵权的判定,反而构成了认定侵权的障碍。因为该法院认为,正因为Chanel商标如此知名,消费者显然不可能将该商标同其他哪怕是十分近似的商标混淆在一起。❷

为了解决这一悖论,欧美国家提出了不同于混淆理论的联想理论,认为联想分为3种情况:(1)直接混淆,即使相关公众混淆商品的来源;(2)间接混淆或联想,即使相关公众认为两种商品的所有人之间有特定的联系并发生了混淆;(3)纯粹的联想,即使相关公众产生对商标的记忆,认为二者比较接近但还不到混淆的地步。

---

❶ 杨和义:《商标法选论》,重庆出版社2003年版,第269~273页。
❷ 黄晖:《驰名商标和著名商标的法律保护》,法律出版社2001年版,第113页。

在实践中，中日两国在一定情况下，可能对混淆理论做出"扩大解释"，通过反不正当竞争法对驰名商标联想予以禁止。

1998年9月10日，日本最高法院第一小法庭裁定，设在东京近郊的CHANEL小酒吧侵犯了CHANEL公司的利益，根据日本不正当竞争防止法第2条第1款的规定，判定被告侵害了原告的正当利益。❶ 显然，稍具常识的人一般不会相信CHANEL公司会在东京近郊开一个只有两个人经营的小酒吧。利用混淆理论解决很牵强，利用联想理论才能令人信服。

该案与中国山东省青岛市工商局查处的大富华歌厅侵权案十分相似。大富华歌厅在其霓虹灯、大堂招牌、公文纸、点歌本上使用"VOLVO CLUB"字样，被该市工商局查处。显然，大富华歌厅的消费者一般不会认为该歌厅是VOLVO公司自己或授权他人开设的，歌厅业主也不会指望消费者发生上述混淆，而是借助驰名商标的声誉招揽顾客。❷

五、从驰名商标制度看商标法基础理论

（一）商标法表现出管理性质不断减弱，市场性质日益加强的发展趋势

从我国改革开放前后的商标法对比来看，商标法的性质与基本经济制度的性质是相一致的，经历了从社会主义计划经济到社会主义商品经济再到社会主义市场经济的演变过程。与此相适应，商标法的管理性质不断减弱，市场性质则日益加强。而且，随着我国社会主义市场经济制度的不断发展，商标法的这一发展

---

❶ 黄晖：《驰名商标和著名商标的法律保护》，法律出版社2001年版，第86页。

❷ 黄晖：《驰名商标和著名商标的法律保护》，法律出版社2001年版，第182页。

趋势将得以加强。

1963年4月10日国务院公布的《商标管理条例》第一条规定：为了加强商标的管理，促使企业保证和提高产品质量，制定本条例。

1983年3月1日施行的《商标法》第一条规定：为了加强商标管理，保护商标专用权，促使生产者保证商品质量和维护商标信誉，以保障消费者的利益，促进社会主义商品经济的发展，特制定本法。

1993年2月22日全国人大常委会修改了《商标法》，第一条未做任何修改。

2001年10月27日全国人大常委会再次修改了《商标法》，第1条被修改为：为了加强商标管理，保护商标专用权，促使生产、经营者保证商品和服务质量，维护商标信誉，以保障消费者和生产、经营者的利益，促进社会主义市场经济的发展，特制定本法。

在全国人大常委会审议过程中，有一稿的前两句是"为了保护商标专用权，加强商标管理"。这种表述更符合商标法的性质，更能够显示其本质特征。可惜被改了回来。❶

在这个问题上，日本商标法的规定可供借鉴。日本《商标法》第1条规定：本法以通过保护商标，谋求维护进行商标使用的人业务上的信用，并有助于促进产业的发达，同时保护需要者的利益为目的。❷

商标法的这一发展趋势在驰名商标制度中也有所体现。

（1）驰名商标制度本身就是知识产权国际条约的规定，我国加入知识产权国际条约正是市场经济全球化的客观要求。

---

❶ 董保霖：《商标法律详解》，中国工商出版社2004年版，第8页。
❷ 杨和义：《商标法选论》，重庆出版社2003年版，第299页。

（2）驰名商标制度对于未注册亦可受保护、跨类保护、商标使用范围扩展到非商标的标识等特殊保护规定，是对传统商标法理论的突破，是市场经济发展的客观需要。

正确认识商标法的性质是十分重要的，这将有助于政府、企业和社会公众对于商标事务的正确处理。

我国商标法规定了驰名商标制度。应当由市场决定哪些商标是驰名商标，认定驰名商标的原则是"被动认定，个案处理"，而不应是政府机关将驰名商标作为一种"荣誉称号""授予"给个别企业。在中国，各省评出本省的著名商标，有些地级市甚至某些县也在评本地区的"名牌"，而且是在未发生纠纷时提前认定，行政机关主动认定。这些做法使我国商标呈现出金字塔式的层级体系，于商标法的规定和法理并无依据；而且各地出于利益需要，往往倾向于将本地区企业的商标评为名牌商标，有地方保护主义之嫌。

笔者认为，考虑到我国地域辽阔，各地经济文化发展不平衡的国情，可以借鉴日本商标法区分周知商标和著名商标的做法，由商标法统一规定认定主体、认定标准、认定程序。这样做可以体现出商标法的市场性质，减少由行政机关决定商标的声誉和价值的可能。

（二）商标具有相对独立的价值

发表于19世纪60年代的《资本论》认为，商品的价值是在竞争中由生产商品的社会必要劳动时间决定的。社会必要劳动时间是在现有的社会正常的生产条件下，在社会平均的劳动数量程度和劳动强度下，制造某种使用价值所需要的劳动时间。商品交换按照价值量进行。

上述观点是马克思主义的商品价值理论，是科学真理。但是，此时的商品的价值量仅是生产完成时商品的价值量，而不是最终消费者得到商品时的价值量，其中还需经过流通环节。一般来说,流通环节应包括运输、存储和销售。其中,相关经营者和消费者对于商品的识别是必不可少的。而且,随着商品种类的丰富、商品功能的复杂,商品识别的难度日益增大,商标识别的成本日益增加。

在这种情况下,现代商标制度应运而生了。1857年,法国颁布了现代意义上的第一部商标法。商标的经济学意义在于使相关公众识别商标的成本大大降低,即使为此生产者对商标进行广告宣传所做的投资也需最终转嫁到消费者身上,但消费者购买商品的总成本仍比购买无商标的商品加上识别成本低得多;与此相对应,生产者也可以通过商标积累其商誉,从而激励其保持和提高商品的质量。

因此,笔者认为,商标具有不同于其所代表的商品本身的相对独立的价值,其价值量应为该商品的价值与假设无商标时该商品的价值的差额。当然,商标的价值是依存于商品之中的,仅具有相对独立性,通常不能也不允许脱离商品独立进行市场交易。但在特殊情况下,商标的相对独立价值表现得比较突出。中国商标法第四十六条规定:注册商标被撤销的或者期满不再续展的,自撤销或者注销之日起一年内,商标局对与该商标相同或者近似的商标注册申请,不予核准。日本商标法第4条第1款第(13)项也有类似的规定。

显然,驰名商标比普通商标具有更大的价值。

域名司法保护研究

——以北京市第二中级人民法院审理的域名纠纷案件为例

一、域名司法保护的必要性与重要性

随着科学技术的飞速发展,诞生于 20 世纪 60 年代的 Internet❶,已经成为世界上最大的计算机互联网络,❷ 它连接着 180 多个国家,20 000 多个大小网络和上亿台电脑,❸ 给人类社会带

---

❶ 必须指出:internet 不同于 Internet,前者泛指任何计算机网络,后者仅特指国际互联网。Internet 是一个连接国际计算机网络的网络,它将不同的软硬件的计算机网络连接起来,通过统一的通讯协议,将信息转换成彼此可以互换的语言,在不相匹配的计算机系统之间转换文件,跨国界传递信息,以实现世界范围内的网络互联和信息资源共享,是世界上规模最大计算机网络。一般情况下,Internet 的同义词有:信息高速公路(Information Superhighway)、数据高速公路(Data Superhighway)、电子高速公路(Electronic Superhighway)、infobahn(德语)、Net 以及电脑空间(Cyberspace)。1997 年 7 月 18 日,中国全国科学技术名词审定委员会将 Internet 的中文译名定为"因特网"。

全国科学技术名词审定委员会信息科学新词审定组:"关于 Internet 的汉语定名及相关词的推荐名",载《中国信息导报》1997 年第 8 期,第 4 页;严康敏、赖茂生著:《信息高速公路——面向未来的震荡》,山东教育出版社 1996 年版,第 28 页;[美] Cynthia B. Leshin 著,裴晓明、田银海译:《WWW 辞典》,清华大学出版社 2000 年版,第 93～94 页。

❷ 关于 Internet 发展的历史过程,可参见储荷婷、张晓林、王芳:《Internet 网络信息检索——原理、工具、技巧》,清华大学出版社 1999 年版,第 1～2 页;林生编著:《计算机通信与网络教程》,清华大学出版社 1999 年版,第 4～6 页。

❸ 孙江涛、陈曦编著:《网页制作学习教程》,北京大学出版社 2000 年版,第 1 页。

来了一场革命。由于网络在人们生产、生活中的重要程度日益提高，特别是电子商务的蓬勃发展，越来越多的企业在越来越广泛的领域和越来越深入的程度上利用因特网进行商业活动，而这一活动的"中间结果"就是：目前，网络产业的迅猛发展已经形成了一个高达 8 000 亿美元的庞大市场❶。

与现实世界相同，企业在"虚拟世界"❷进行商业活动的前提之一就是表明自己的身份。在现实世界中，这一条件主要是通过商标的手段加以实现的；❸而在网络环境中，要想实现这一条件，最方便的手段就是域名（Domain Name）。❹ 这一点已经得到

---

❶ 21世纪计算机网络工程丛书编写委员会：《网络核心技术备查》，北京希望电子出版社 1998 年版，第 iii 页。

❷ 所谓"虚拟世界"只不过是人们对于网络空间的一个形象比喻，主要是由于网络空间与物理空间相比呈现出截然不同的虚拟性。关于"虚拟性"的论述，可参见齐爱民、刘颖主编：《网络法研究》，法律出版社 2003 年版，第 13 页。但就其本质而言，网络空间依然是人们利用技术手段建构的"客观实在"，"这种客观实在是人通过感觉感知的，它不依赖于我们的感觉而存在，为我们的感觉所复写、摄影和反映。"（列宁：《列宁选集》（第二卷），中共中央马恩列斯著作编译局编译，人民出版社 1995 年版，第 89 页），也就是说，具有物质性。关于"虚拟世界"的实在性的问题，可参见［美］约翰·L. 卡斯蒂著，王千祥、权利宁译：《虚拟世界——计算机仿真如何改变科学的疆域》，上海科技教育出版社 1998 年版，第 197～231 页，第五章：虚拟的真实性。因此，虽然仍有反对的意见，但越来越多的人认为，网络空间决不是法律的"盲区"，依然需要制定、遵守和执行一定的法律规范。

❸ 当然，除商标之外，现实世界中还有企业名称、商号/字号、地理标志、原产地标记等"识别性标记权"。因此，1992 年国际保护工业产权协会（AIPPI）将"知识产权"划分为"创作性成果权"和"识别性标记权"两大类。

❹ 关于域名的技术基础，可参见张国清："TCP/IP 的网络体系结构和协议机制"，载《计算机与通信》2001 年第 1 期，第 46 页；赵慧仙、阎宝刚："Internet 域名发展概述及域名的申请和发布"，载《山西气象》2001 年第 2 期，第 23 页；薛少华："域名服务系统的结构及运行过程"，载《郑州大学学报（自然科学版）》1998 年第 6 期，第 19 页；肖琬容："国际互联网（Internet 域名解说）"，载《图书与情报》1998 年第 4 期，第 34 页；宇树庆："Internet 域名解析原理"，载《航空计算技术》第 29 卷第 3 期，第 12 页。

四、工商业标识热点问题研究

了各企业广泛认同,在我国,截止 2002 年年底,上网计算机总数为 2 083 万台,上网用户总数为 5 910 万,cn 下注册的域名数为 179 544。❶

正是由于域名能够为企业带来利益,因此,与商标相类似地,域名纠纷也就相伴而生了。在解决域名纠纷的多种手段(如和解、调解、仲裁和诉讼)中,司法手段显然是最具权威性和威慑力的,而且还可以对其他解决手段加以审查,因而是最重要的。

二、司法实践的统计分析

以笔者所在的北京市第二中级人民法院为例,自 1999 年 8 月受理首例域名纠纷案件起,截止于 2002 年 12 月 31 日已受理了 27 件域名纠纷案件。详见下面的图表。

(一) 案件基本情况

表3 北京市第二中级人民法院受理域名纠纷案件一览表(截止于 2002 年 12 月 31 日)

案号	原告	被告	三级域名	诉讼请求	结案情况
(1999)二中知初字第86号	荷兰英特艾基系统有限公司	北京国网信息有限责任公司	ikea.com.cn	(1) 注销域名;(2) 承担全部诉讼费 1 000 元	2000 年 6 月判决:被告注册域名无效,撤销域名。承担诉讼费 1 000 元
(2000)二中知初字第27号	美国宝洁公司	北京国网信息有限责任公司	whisper.com.cn	(1) 撤销域名;(2) 承担诉讼费 1 000 元和律师费、调查费 2 万元	2000 年 7 月判决:被告注册域名无效,撤销域名。赔偿经济损失 2 万元。承担诉讼费 1 000 元

---

❶ 中国互联网络信息中心:《中国互联网络发展状况统计(2003/1)》,网址为:http://www.cnnic.net.cn/develst/2003-1/,2003 年 5 月 4 日访问。

续表

案号	原告	被告	三级域名	诉讼请求	结案情况
(2000)二中知初字第50号	美国陶氏化学公司、陶氏化学（广州）有限公司	北京国网信息有限责任公司	dow.com.cn	(1) 撤销域名；(2) 承担诉讼费、律师费及其他诉讼支出；(3) 认定"DOW"为驰名商标	2001年11月判决：注销域名。驳回原告其他诉讼请求。诉讼费1 000元全部由被告承担
(2000)二中知初字第89号	法国L'OREAL（欧莱雅）公司	北京国网信息有限责任公司	loreal.com.cn	(1) 确认L'OREAL是驰名商标；(2) 注销域名；(3) 赔礼道歉；(4) 赔偿经济损失20万元和调查费5万元；(5) 承担全部诉讼费6 260元	2001年9月判决：被告注销域名。赔偿经济损失14 200元。承担诉讼费4 260元
(2000)二中知初字第95号	美国宝洁公司	北京国网信息有限责任公司	olay.com.cn	(1) 撤销域名；(2) 承担全部诉讼费1 000元和律师费、调查费2万元	2001年11月判决：被告注销域名。赔偿经济损失900元。承担诉讼费800元
(2000)二中知初字第98号	美国辉瑞公司	深圳市万用信息网有限公司	viagra.com.cn	(1) 撤销域名；(2) 赔礼道歉；(3) 承担诉讼费和律师费	2000年12月判决：驳回原告诉讼请求
(2000)二中知初字第176号	美国博士联合有限公司、荷兰赛百味国际有限公司	北京国网信息有限责任公司	subway.com.cn	(1) 认定subway是驰名商标；(2) 被告注销域名；(3) 被告承担全部诉讼费1 000元及翻译费、彩扩费和律师费	2001年11月判决：被告注销域名。承担全部诉讼费
(2001)二中知初字第5号	瑞士劳力士钟表有限公司	北京国网信息有限责任公司	rolex.com.cn	(1) 撤销域名；(2) 公开赔礼道歉；(3) 赔偿调查费、律师费2万元；(4) 承担全部诉讼费810元	2001年10月判决：注销域名。赔偿1万元。承担诉讼费600元

四、工商业标识热点问题研究

续表

案号	原告	被告	三级域名	诉讼请求	结案情况
(2001)二中知初字第7号	丹麦卡尔斯伯格有限公司	北京国网信息有限责任公司	carlsberg.com.cn	(1)撤销域名;(2)赔偿损失	2001年4月裁定:准许原告撤诉
(2001)二中知初字第28号	美国肯德基国际控股公司	广州粤经信息网络有限公司	kfc.com.cn	(1)撤销域名;(2)承担全部诉讼费1 000元	2001年11月判决:注销域名。承担全部诉讼费
(2001)二中知初字第48号	弗兰卡(鹤山)厨具有限公司	佛山市现代装饰材料公司	franke.com.cn	(1)注销域名;(2)承担诉讼支出及经济损失共25 000元;(3)承担全部诉讼费100元	2001年8月判决:注销域名。驳回原告其他诉讼请求。承担全部诉讼费
(2001)二中知初字第69号	深圳市中项网卫星网络有限公司	美欧亚国际商务网络(北京)有限公司	中国项目网.com、中项网.net、中项网.com、中项网.net	(1)禁止使用"中国项目网"、"中项网"、"项目网"中文国际域名;(2)赔偿损失及诉讼支出500万元;(3)承担全部诉讼费35 010元	2001年10月判决:注销域名;停止使用"中国项目网"和"中项网"。赔偿1万元。承担诉讼费5 010元
(2001)二中知初字第129号	美国耐恩西部集团公司	北京国网信息有限责任公司	ninewest.com.cn	(1)注销域名;(2)承担全部诉讼费1 000元、证据保全费2 000元、翻译费1 060元、律师费16 600元	2001年11月判决:注销域名。赔偿经济损失2 000元。承担诉讼费1 000元
(2001)二中知初字第150号	美商普来斯可斯可国际公司	北京国网信息有限责任公司	costco.com.cn	(1)注销域名;(2)承担全部诉讼费1 000元	2001年11月调解:注销域名。原告给付被告域名维持费1 000元。被告承担600元诉讼费

续表

案号	原告	被告	三级域名	诉讼请求	结案情况
(2001)二中知初字第152号	法国桦谢菲力柏契出版社	北京国网信息有限责任公司	elle.com.cn	(1)注销域名;(2)赔偿经济损失3万元;(3)承担全部诉讼费1 210元	2001年11月判决:注销域名。赔偿经济损失1 052元。被告承担1 000元诉讼费
(2001)二中知初字第157号	美国可口可乐公司	广州粤经信息网络有限公司	cocacola.com.cn	(1)注销域名,由原告注册;(2)赔偿原告全部诉讼支出	2001年12月裁定:移送管辖
(2001)二中知初字第158号	瑞士摩凡陀钟表有限公司	北京国网信息有限责任公司	movado.com.cn	(1)确认movado为驰名商标;(2)撤销域名;(3)公开赔礼道歉;(4)赔偿调查费和律师费2万元;(5)承担全部诉讼费1 000元	2001年11月判决:注销域名。被告承担全部诉讼费
(2001)二中知初字第170号	列支敦士登贝卡德有限公司	北京国网信息有限责任公司	bacardi.com.cn	(1)注销域名;(2)赔偿诉讼支出16 600元和全部诉讼费1 000元	2001年11月判决:注销域名。被告承担全部诉讼费
(2001)二中知初字第171号	德国雨果博斯股份有限公司	北京国网信息有限责任公司	boss.com.cn	(1)注销域名;(2)承担律师费;(3)承担全部诉讼费1 000元	2001年11月判决:注销域名。被告承担全部诉讼费
(2001)二中知初字第172号	美国联合包裹服务公司	北京国网信息有限责任公司	ups.com.cn	(1)注销域名;(2)承担全部诉讼费1 000元	2001年11月判决:注销域名。被告承担全部诉讼费
(2001)二中知初字第226号	日本丰田自动车株式会社	北京国网信息有限责任公司	lexus.com.cn	(1)撤销域名;(2)公开赔礼道歉;(3)赔偿经济损失5万元;(4)承担全部诉讼费2 010元	2001年12月调解:注销域名

四、工商业标识热点问题研究

续表

案号	原告	被告	三级域名	诉讼请求	结案情况
(2001)二中知初字第231号	美国运通公司	北京国网信息有限责任公司	americanexpress.com.cn	(1) 撤销域名;(2) 承担诉讼支出125 000元;(3) 承担全部诉讼费4 010元	2001年11月判决:注销域名。赔偿经济损失1 000元。被告承担诉讼费2 010元
(2002)二中民初字第2332号	美国高级微型设备有限公司	北京国网信息有限责任公司	amd.com.cn	(1) 被告注销该域名;(2) 原告注册该域名;(3) 被告承担全部诉讼费1 000元	2002年3月判决:被告注销该域名。原告注册该域名。被告承担全部诉讼费
(2002)二中民初字第6713号	江苏省白雪电器股份有限公司	严昊昕	chinabaixue.com	(1) 将域名无偿转让给原告;(2) 公开赔礼道歉;(3) 承担原告诉讼支出及诉讼费	2002年8月决定:移送管辖
(2002)二中民初字第6906号	北京润安信息顾问有限公司	张鲁惠、厦门精通科技实业有限公司	51job.net	(1) 停止注册、使用和销售该域名;(2) 原告注册使用该域名;(3) 两被告停止侵权、公开赔礼道歉、消除影响;(4) 两被告承担诉讼费和律师费	2002年12月判决:驳回原告诉讼请求
(2002)二中民初字第8034号	中国人民保险公司	北京三笑书店	picc.com.cn	(1) 将域名无偿转让给原告;(2) 赔偿诉讼支出50 000元;(3) 承担全部诉讼费2 010元;(4) 在一家全国发行的报刊上赔礼道歉	2002年12月判决:注销该域名。赔偿原告诉讼支出1 900元。驳回原告其他诉讼请求。诉讼费由原告承担1 010元,由被告承担1 000元

227

续表

案号	原告	被告	三级域名	诉讼请求	结案情况
(2002)二中民初字第10051号	北京伦飞科技有限公司	内蒙古三叶电子有限责任公司	twinhead.com.cn	(1) 将域名无偿转让给原告;(2) 赔偿原告诉讼支出及经济损失共96 000元;(3) 承担全部诉讼费3 390元	2002年11月决定:移送管辖

(二) 受理案件时间统计

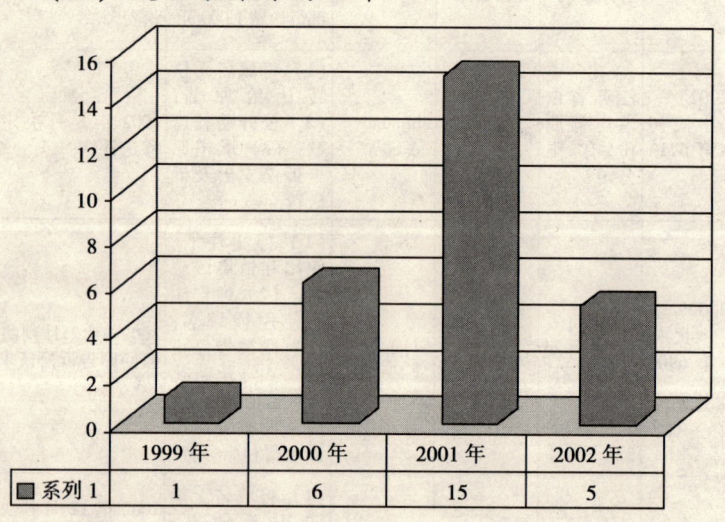

图3 受理域名纠纷案件数量年度走势图

(三) 原告国籍分析

其中,涉外民事主体案件为21件,占77.8%,均为原告涉外,被告均为中国民事主体。

四、工商业标识热点问题研究

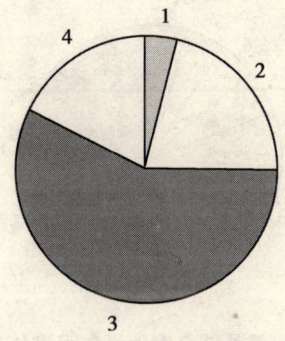

图4 受理域名纠纷案件数量年度分布图

1. 1999年（1件，占3.7%）；2. 2000年（6件，占22.2%）；
3. 2001年（15件，占55.5%）；4. 2002年（5件，占18.5%）。

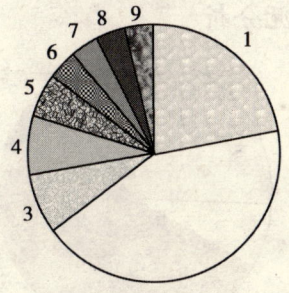

图5 域名纠纷案件原告国籍分布图

1. 中国（6件，占22.2%）；2. 美国（11.5件，占42.6%）；3. 法国（2件，占7.4%）；4. 瑞士（2件，占7.4%）；5. 荷兰（1.5件，占5.6%）；6. 丹麦（1件，占3.7%）；7. 列支敦士登（1件，占3.7%）；8. 德国（1件，占3.7%）；9. 日本（1件，占3.7%）。❶

---

❶ 之所以出现"0.5"件案件，是由于表1中所列的（2000）二中知初字第176号，原告为美国博士联合有限公司和荷兰赛百味国际有限公司。因此姑且将其计为0.5件美国原告的案件，0.5件荷兰原告的案件。

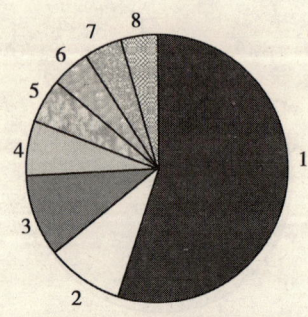

图6 涉外域名案件原告国籍分布图

1. 美国（11.5件，54.8%）；2. 法国（2件，占9.5%）；3. 瑞士（2件，占9.5%）；4. 荷兰（1.5件，占7.1%）；5. 丹麦（1件，占4.8%）；6. 列支敦士登（1件，占4.8%）；7. 德国（1件，占4.8%）；8. 日本（1件，占4.8%）。

（四）被告情况分析

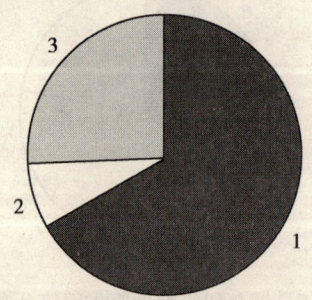

图7 域名纠纷案件被告分布图

1. 北京国网信息有限责任公司（18件，占66.7%）；2. 广州粤经信息网络有限公司（2件，占7.4%）；3. 其他（7件，占25.9%）——均为一件案件的。

（五）域名类型分析

其中，涉及国内域名的案件为24件，均为.com.cn项下的域名，即"＊＊＊.com.cn"的形式，占88.9%；涉及国际域名的案件为3件，占11.1%，既有.com项下的域名，又有.net项下的域名。

四、工商业标识热点问题研究

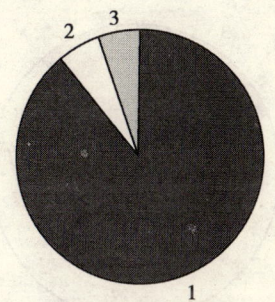

图 8　域名类型分布图

1. 国内域名（24 件，占 88.9%）；2. com 项下的国际域名（1.5 件，占国际域名案件的 50%，占全部域名案件的 5.6%）；3. net 项下的国际域名（1.5 件，占国际域名案件的 50%，占全部域名案件的 5.6%）。❶

（六）结案时间统计

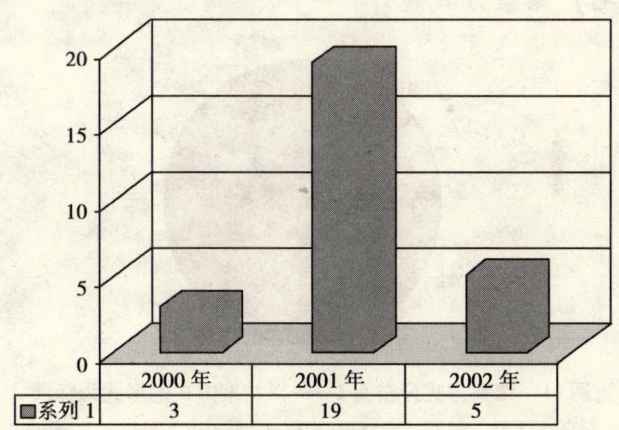

图 9　结案时间走势图

---

❶　之所以出现"0.5"件案件，是由于表 1 中所列的（2001）二中知初字第 69 号案，其中涉及的域名为中国项目网.com、中项网.net、中项网.com、中项网.net，恰好 2 件为.com 项下的国际域名，2 件为.net 国际域名。因此姑且将其计为 0.5 件.com 项下的国际域名案件，0.5 件.net 项下的国际域名案件。

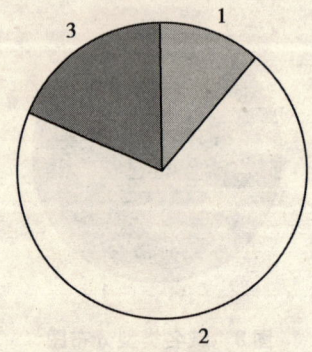

图 10　结案时间分布图

1. 2000年（3件，占11.1%）；2. 2001年（19件，占70.4%）；3. 2002年（5件，占18.5%）。

（七）结案方式统计

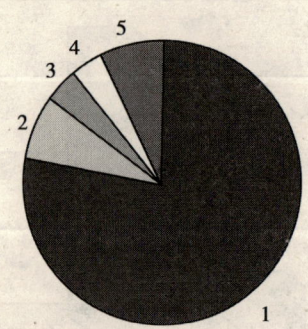

图 11　结案方式分布图 1——以结案方式的形式为标准

1. 判决（21件，占77.8%）；2. 调解（2件，占7.4%）；3. 撤诉（1件，占3.7%）；4. 裁定移送管辖（1件，占3.7%）；5. 决定移送管辖（2件，占7.4%）。

图 11 是严格按照结案方式的形式为标准制作的。实际上，（2001）二中知初字第 7 号案件虽然以撤诉的形式结案，但实质上是双方当事人达成调解协议，由原告撤诉；裁定移送管辖是被

告提出管辖异议引发的，决定移送管辖则是法院依职权做出的。因此，以结案方式的实质为标准制作的图 12 可以更准确地表示出结案的情况。

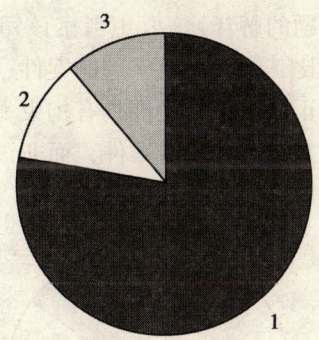

图 12　结案方式分布图 2——以结案方式的实质为标准

1. 判决（21 件，占 77.8%）；2. 调解（3 件，占 11.1%）；3. 移送管辖（3 件，占 11.1%）。

（八）判决结案的案件中原告的胜诉率

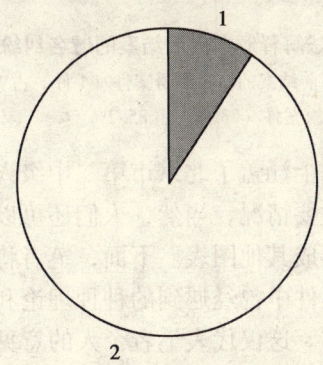

图 13　判决结案的案件的胜负情况

1. 原告败诉（2 件，占 9.5%）；2. 原告胜诉（19 件，占 90.5%）。

（九）司法解释颁布前后的比较

2001年6月26日最高人民法院审判委员会第1182号会议通过了《最高人民法院关于审理涉及计算机网络域名民事纠纷案件适用法律若干问题的解释》。要想考察该司法解释在实践中发挥的作用，必须对比其颁布前后审理的案件；由于司法解释颁布后立即施行，对于正在审理的案件具有拘束力，故应当考察该司法解释颁布前后结案的域名纠纷案件，而非该司法解释颁布前后立案的域名纠纷案件。

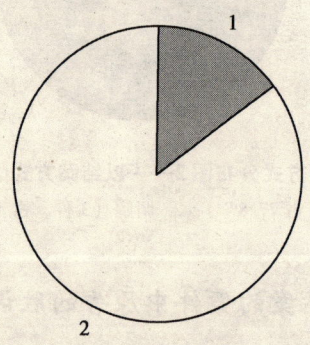

图14　司法解释颁布前后结案的域名纠纷案件分布图
1. 司法解释颁布前结案的域名纠纷案件（4件，占14.8%）；2. 司法解释颁布后结案的域名纠纷案件（23件，占85.2%）。

上述图表基本上涵盖了北京市第二中级人民法院迄今受理的域名纠纷案件的主要情况，当然，人们还可以从其他角度出发进行比较、分析，形成其他图表。下面，笔者将从各个方面总结审理上述域名纠纷案件中曾经遇到的种种理论和实践上的困难，作为一个初步的总结。这仅代表笔者个人的意见，其中的缺点乃至错误当然也应当由笔者个人承担。

三、域名的技术属性与法律属性

（一）IP 地址与域名

IP（Internet Protocol）地址是网络协议地址，是分配给网络节点的逻辑地址，网络节点可以是一台计算机。由于在网络中存在着大量的节点，为了能够在网上找到一个节点，就必须赋予其标识。IP 地址就是一种标识方法，它是因特网上各个子网或计算机之间通信的基础。一个 IP 地址是由 4 个字节共 32 位组成的，每个字节之间用小数点分隔。❶ 例如："北京大学"网站的 IP 地址就是"182.105.129.30"。

显然，用 4 个 8 位二进制数表示的 IP 地址来标识网络上的计算机，会造成很大的记忆困难。于是，为方便记忆，人们就用文字形式来表示二进制的 IP 地址，域名（Domain Name）便应运而生了。域名是由有意义的英文小写字母或阿拉伯数字组成的，显然便于记忆。

这一过程类似于计算机的汇编语言与机器代码之间的关系，机器代码是用二进制数表示的，编写和阅读都极其困难。❷ 于是，人们发明了文字符号助记符语言——汇编语言（该语言类似于英语，故有人戏称为"伪英语"），计算机运行汇编语言时需先将其转换为机器语言。也就是说，真正用于网络通信的是 IP 地址，域名只是其一个易于记忆的名称而已，从域名到 IP 地址的转换工作由域名服务器来完成的。而且，域名所采用的文字符号并不要求与 IP 地址的二进制数一一对应，只需注册之后

---

❶ 张廷广："IP 地址与域名管理"，载《高校图书馆工作》1999 年第 4 期，第 36~37 页。

❷ 关于编写机器代码程序的困难的形象化的描述，可参见 ［英］约翰·诺顿著，朱萍、茅庆征、张雅珍译：《互联网——从神话到现实》，江苏人民出版社 2001 年版，第 62~63 页。

"告知"域名服务器,便可以与确定的 IP 地址之间建立一一对应关系。

值得注意的是:虽然每个域名都对应一个确定的 IP 地址,但并非每个 IP 地址都对应一个确定的域名,更不能说每个域名都对应一台确定的计算机。例如,某些大型机构通常有多台计算机上网,每台计算机可能各有单独的、固定的一个 IP 地址,也可能是多台计算机共用一个 IP 地址,还可能是一台计算机拥有多个 IP 地址,但它们却都可以使用该机构的同一个域名。❶

(二)域名的技术属性

域名是分级管理的,可分为顶级域名、二级域名、三级域名和三级以下域名。

顶级域名是域名中级别最高的一层,又分为三类:(1)国家顶级域名:以国家名称的英文缩写组成,例如".cn"代表中国,".uk"代表英国等。(2)国际顶级域名:即".int",主要用于国际组织,例如,"wipo.int"代表世界知识产权组织,"who.int"代表世界卫生组织。(3)通用顶级域名:涵盖了社会生活的各个领域,例如,".com"代表公司、企业、新闻机构、金融机构等,".net"代表网络服务机构;其中,".edu"、".gov"、".mil"是特殊的顶级域名,均由美国使用。

二级域名是仅次于顶级域名的第二层域名。我国的二级域名分为"类别域名"和"行政区域名"。❷

三级域名和三级以下域名是由用户自己注册的,例如,北京大学的域名是"pku.edu.cn",北京大学图书馆的域名是

---

❶ 详细的技术介绍,可参见黎康保、尹平、黎文楼:"国际网 Internet IP 地址的域名表示及其有限值问题的探讨",载《广州师范学报(自然科学版)》1997 年第 2 期,第 24 页。

❷ 薛虹:《网络时代的知识产权法》,法律出版社 2000 年版,第 302~304 页。

"lib. pku. edu. cn"。但后者并不是一个独立域名,而前者是一个独立域名,后者只能被视为前者的一个频道。❶ 因此,一般来说,截止到三级域名是一个独立的域名。

(三) 域名的法律属性

由于域名的产生是为了方便用户的记忆,因此,人们从一开始就自然而然地选择能够标识自己的文字符号(主要体现为三级域名)以及类型/地域(主要体现为顶级域名和二级域名)来注册自己的域名。顶级域名和二级域名的注册有较严格的规定,强调规范性和真实性,注册人几乎不能自由选择;而三级域名却是可以自由注册的,只要之前无人注册即可。因此,二级域名是体现域名注册人身份的主要标识。

域名的这种结构类似于企业名称的结构。一般来说,企业名称包括以下内容:字号(或者商号)、行业或者经营特点、组织形式,冠以所在行政区划名称。例如,"北京国网信息有限责任公司"中,"国网"是字号,"信息"表示其经营特点,"有限责任公司"是其组织形式,"北京"是其所在行政区划的名称。

那么,域名是否为类似于企业名称,属于知识产权的范畴呢?笔者认为,在当前法律制度中,域名不是权利,而是一种受法律保护的民事利益。

四、域名纠纷案件的类型与性质

(一) 域名纠纷案件的类型

对于实践中出现的域名纠纷案件进行理论分析,可以将域名

---

❶ 关于独立域名的概念可参见中国互联网络信息中心的定义,该定义称:"独立域名指的是每个域名最多只对应一个网站'WWW. + 域名'。如:对域名 cnnic. net. cn 来说,它只有一个网站,并非它 whois. cnnic. net. cn、dns2. cnnic. net. cn……等多个网站,它们只被视为网站 www. cnnic. net. cn 的不同频道。"

纠纷案件分为不同的类别。由于本文主要研究域名知识产权纠纷案件的问题，故在此采用薛虹博士的分类法，将域名纠纷案件分为三类：（1）"抢注类"；（2）"盗用类"；（3）"权利冲突类"❶。笔者必须声明，严格地说，这只是针对涉及域名的知识产权纠纷案件所作的分类，而实际上，涉及域名的民事纠纷案件的类别远不止这些。❷

虽然笔者采用了薛虹博士的分类法，但对于各类别的限定却与薛虹博士的观点有所不同。笔者认为：所谓"抢注类"域名纠纷是指，将他人的商标、商号等商业标识抢先注册为域名，但却"注"而不"用"，并未利用注册的域名进行商业使用。所谓"盗用类"域名纠纷是指，不仅将他人的商标、商号等商业标识抢先注册为域名，而且进行商业使用，造成公众的混淆。所谓"权利冲突类"域名纠纷是指，在域名注册之前就存在权利配置状况引发的冲突，例如我国的"长城"等商标被多家企业分别注册为不同类别的商标，在这种情况下如果其中一家企业注册了"greatwall.com.cn"域名，则很可能引起其他企业的诉讼。

在北京市第二中级人民法院受理的27件域名纠纷案件中，"抢注类"的有25件，"盗用类"的有1件，即（2002）二中民初字第6906号；"权利冲突类"的有1件，即（2001）二中知初字第69号。❸

由此可见，迄今为止的域名纠纷案件大多是"抢注类"的。

---

❶ 薛虹：《网络时代的知识产权法》，法律出版社2000年版，第330~382页。

❷ 其他分类法不一而足，例如蒋志培先生将其分为七类，蒋志培主编：《网络与电子商务法》，法律出版社2001年版，第68~75页；唐广良先生将其分为三类，参见唐广良："INTERNET域名纠纷及其解决"，载《域名与知识产权保护》，知识产权出版社2001年版，第11~35页。

❸ 笔者必须在此声明：此处的分类仅针对案件的法律关系，不涉及案件的证据认定乃至裁判结果。

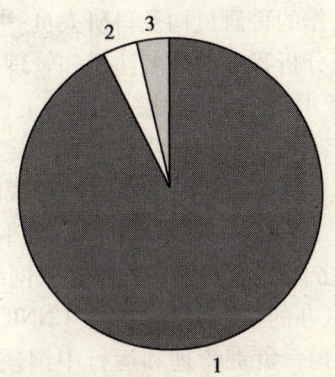

图 15　域名纠纷案件分类图

1. "抢注类"（25 件，占 92.6%）；2. "盗用类"（1 件，占 3.7%）；3. "权利冲突类"（1 件，占 3.7%）。

笔者认为，这是因为域名在实际中的使用刚开始不久，故而其纠纷的样态主要以争夺域名注册而造成的。这种情况恰好与商标纠纷案件出现之初相类似，《商标法》刚施行时，也出现过一批"抢注"商标的案件；以后才逐渐出现了"盗用"商标等类型的商标纠纷案件。

（二）"抢注类"域名纠纷案件的性质

在北京市第二中级人民法院审理的"抢注类"域名纠纷案件中，被告往往以"域名的注册及管理属于行政机关职权范畴，案件纠纷的内容不属于民事诉讼的范围"为由提出抗辩。那么，"抢注类"域名纠纷案件到底是民事纠纷，还是行政纠纷呢？

要想弄清这个问题，必须首先从域名注册、管理机构的性质说起。

各国的域名注册机构也各不相同，有的是受国家域名管理组织委托的商业组织，有的则是一国的网络信息中心，还有的是自

愿承担域名注册工作的科研机构及科研人员。❶

下面，我们来分析我国的域名注册和管理机构的情况。

根据1997年5月30日国务院信息化工作领导小组发布的《中国互联网络域名注册暂行管理办法》的规定：国务院信息化工作领导小组办公室（简称国务院信息办）是我国互联网络域名系统的管理机构（第二条）。中国互联网络信息中心（简称CNNIC）工作委员会协助国务院信息办管理我国互联网络域名系统（第三条）。在国务院信息办的授权和领导下，CNNIC是CNNIC工作委员会的日常办事机构，负责管理和运行中国顶级域名CN（第四条）。采用逐级授权的方式确定三级以下（含三级）域名的管理单位。各级域名管理单位负责其下级域名的注册（第五条）。

由此可见，我国的域名注册、管理机构与其他国家相比，确有特殊之处。首先，国务院信息办是国务院的直属机构，具有独立的职权和专门职责，可以在主管事项的范围内，对外发布命令和指示，具有行政主体的资格。❷ 其制定和发布的《中国互联网络域名注册暂行管理办法》属于部门规章，是行政法规的一种。CNNIC工作委员会和CNNIC乃至各级域名管理单位属于被授权的社会组织，也可能具有行政主体的资格。

这样看来，"抢注类"域名纠纷案件果真应当是行政纠纷案件，应当由商业标识的权利人起诉CNNIC等各级域名管理单位吗？

但应如何考虑域名管理单位的免责条款呢？《中国互联网络域名注册暂行管理办法》第二十三条规定："各级域名管理单位不负责向国家工商行政管理部门及商标管理部门查询用户域名是否与注册商标或者企业名称相冲突，是否侵害了第三者的权益。

---

❶ 薛虹：《网络时代的知识产权法》，法律出版社2000年版，第384页。
❷ 罗豪才主编：《行政法学》，北京大学出版社1996年版，第70页。

任何因这类冲突引起的纠纷,由申请人自己负责处理并承担法律责任。当某个三级域名与在我国境内注册的商标或者企业名称相同,并且注册域名不为注册商标或者企业名称持有方拥有时,注册商标或者企业名称持有方若未提出异议,则域名持有方可以继续使用其域名;若注册商标或者企业名称持有方提出异议,在确认其拥有注册商标或者企业名称之日起,各级域名管理单位为域名持有方保留 30 日域名服务,30 日后域名服务自动停止,其间一切法律责任和经济纠纷均与各级域名管理单位无关。"❶

但正如薛虹博士所说:"除非国家以法律文件的形式,赋予域名注册组织特殊的法律地位,明确地免除其因域名的注册和使用引起的法律责任,否则,域名注册组织主张的所谓'免责条款'并不能当然成为被法院认可的免除法律责任的依据,域名注册组织仍然可能被牵扯进域名纠纷中去,成为侵权诉讼的被告,甚至被法院判决承担法律责任。""域名注册组织是否承担责任并不取决于'免责条款',而是取决于它们在侵权纠纷中所处的地位和所起的作用。"❷

有学者认为:由于域名注册机构在接受域名注册申请时采用"先申请"原则和"不审查"原则,且只是中立的、非营利性机构,它对域名的注册是根据当事人的申请,对域名的注销是依据有关仲裁裁决或法院的生效判决,因此,"抢注类"域名纠纷案件不属于行政纠纷。妥当的办法是以域名注册人为被告,将域名注册机构作为最终执行的民间机构。❸

---

❶ 1997 年 6 月 3 日国务院信息化工作领导小组发布的《中国互联网络域名注册实施细则》第十三条也做了类似的规定。
❷ 薛虹:《网络时代的知识产权法》,法律出版社 2000 年版,第 399~400 页。
❸ 程永顺:"审理域名注册纠纷案件的若干问题",载《域名与知识产权保护》,知识产权出版社 2001 年版,第 161~162 页。

五、域名纠纷案件的管辖

计算机网络被人们形象地称为"虚拟世界"、"网络空间（Cyberspace）"，它具有"互联性"这一本质特征，它具有与现实的物理世界截然不同的特点，例如，计算机网络具有广泛联结、任意联结的特点，遍布全世界，无论采取何种连接方式，❶只要上了网，就成为计算机网络上的一个终端，并可以同网络上的任何一个其他终端相连接。

因此产生了一些新问题。笔者在这里所说的"新问题"，实际上并不是指在非计算机网络环境下不存在，只是在计算机网络环境下才首次出现的问题；而是指由于计算机网络自身的特点，使得在非计算机网络环境下已经得到解决或基本解决的问题，在计算机网络环境下出现了难以解释的情况或难以克服的障碍，笔者认为，在程序方面，首先遇到的就是诉讼管辖问题。就本文讨论的域名纠纷案件而言，主要是地域管辖问题。侵权案件地域管辖的传统理论在计算机网络环境中遇到了新的挑战。

在北京市第二中级人民法院受理的域名纠纷案件中，共有6起案件的被告的住所地不在该院辖区，其中有3件在该院审理，另外3起案件被分别移送至被告住所地的中级人民法院。值得特别指出的是，前3起案件均是在《最高人民法院关于审理涉及计算机网络域名民事纠纷案件适用法律若干问题的解释》颁布之前立案和审理的，而后3起案件则均是在该司法解释颁布之后立案的。

---

❶ 通常的连接方式为：电话拨号上网、分组上网、帧中继上网、专线上网、局域网上网。

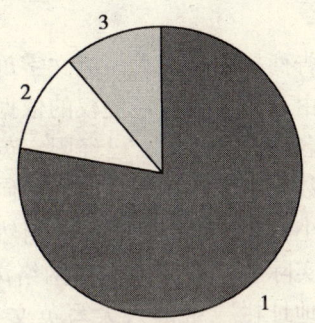

图16 域名纠纷案件管辖分布图

1. 被告住所地在北京市第二中级人民法院辖区的案件（21件，占77.8%）；2. 被告住所地不在北京市第二中级人民法院辖区，在该院审理的案件（3件，占11.1%）；3. 被告住所地不在北京市第二中级人民法院辖区，移送被告住所地中级人民法院的案件（3件，占11.1%）。

六、被告抗辩的理由

（一）理由一

被告认为：被告注册的域名为"×××.com.cn"的形式，而原告主张该域名中的三级域名与其注册商标相同或相近似，这是"割裂"地进行比较，因而是不能成立的。

法院认为：域名具有一定的结构，就欲在".cn"项下注册域名的企业而言，采取"×××.com.cn"的形式几乎是其唯一的技术选择，何况，考虑到广大上网者的习惯，采取这一形式更是毋庸置疑了。在这种形式下，可供注册人选择的就仅仅是三级域名了。在这里，三级域名就是将该注册人与其他注册人加以区分的唯一依据了。因而，人们普遍认为，三级域名是整个域名的核心和关键之所在，是域名的主要内容和显著部分。因此，三级域名与商标的相同或相似就是整个域名与商标的相同或相似。

可见，理由一是不能成立的。

（二）理由二

被告认为：原告商标中含有大写英文字母，而被告域名均为小写英文字母的理由，作为被告不侵权的依据。

法院认为：域名的命名规则，已经限定英文域名必须由小写英文字母和阿拉伯数字组成。也就是说，任何大写英文字母在域名中只能用相应的小写英文字母来表示。当然，这是就规范的域名表示法而言的，实际上，即使人们在网络浏览器（例如Internet Explorer）的"地址栏"中键入大写英文字母或大小写英文字母混用的"域名"时，域名解析系统也会自动地首先将该"域名"表示为全部为小写英文字母的规范的域名，然后再转换为相应的 IP 地址的。这是该问题的一个方面。另一方面，在商标注册时，在同类别的商品或服务领域内，仅仅是字母的大小写的区别至少会构成商标的相近似，因而也是不可能的。

从这两方面来看，理由二也是不能成立的。

（三）理由三

被告认为：被告注册的三级域名与原告的注册商标并不相同。提出这种抗辩理由的案件有 2 起。

一是在（2000）二中知初字第 89 号——法国 L'OREAL（欧莱雅）公司诉北京国网信息有限责任公司计算机网络域名纠纷案件（涉案域名为 loreal. com. cn）中，被告提出原告的注册商标"L'OREAL"与被告注册的三级域名"loreal"有一"撇"之差，二者并不相同或相似，因此被告并不构成侵权。

二是在（2001）二中知初字第 152 号——法国桦谢菲力柏契出版社诉北京国网信息有限责任公司计算机网络域名纠纷案（涉案域名为 elle. com. cn）中，被告提出原告的注册商标"êLLE"与被告注册的三级域名"elle"差了一个"^"，二者并不相同或相似，因此被告并不构成侵权。

法院认为：这两个案件中，原告注册商标与被告注册的域名之间确实略有差异,但这种差异是由于法语单词与英语单词之间的区别造成的。要想用法语单词表示的商标注册为三级域名,就必须符合域名的命名规则,作出相应的改动;而这种改动也是符合语言学规则的,且为社会公众所认可,因此,至少应当认定二者是相近似的,并且足以导致相关公众的误认。

可见,理由三也是不能成立的。

(四) 理由四

被告认为:虽然其注册的域名与原告的注册商标相同,但原告对其商标的文字部分不享有在核准注册的类别以外的独占权。

如图11、图12所示,在北京市第二中级人民法院以判决形式结案的21起案件中,"抢注类"域名纠纷案件为19起。以原告主张的注册商标的类型为标准,可以分为以下三类:①注册商标为原告自创的词汇,除原告注册商标外并无其他含义的,这类案件涉及的三级域名有:loreal、olay、viagra、rolex、franke 和 movado;②注册商标是常用的外文单词或其组合,这类案件涉及的三级域名有:elle、bacardi、whisper、dow、subway、ninewest、boss 和 americanexpress;③注册商标是外文单词缩写形式的,这类案件涉及的三级域名有:ikea、kfc、ups 和 picc。

1. 原告自创类

在这种类型的案件中,由于涉案的三级域名除原告的注册商标(当然同时还可能是原告的商号)外并无其他含义,因此被告根本不可能以理由四提出抗辩,在图17-1中涉及的6起案件中均是这样的。

2. 常用外文单词或其组合类

这种类型主要是常用英文单词或其组合的情况:"whisper"是英文中"低声耳语"的意思;"dow"是英文中的一个姓氏,中文音译为"道尔";"subway"是英文中"地铁"的意思;"boss"是英文中"老板"的意思;"ninewest"是英文单词

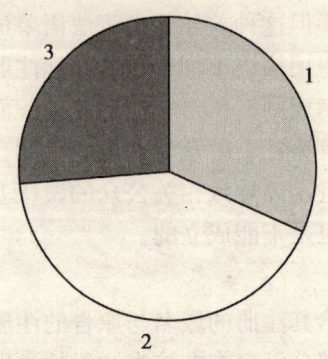

图 17 原告注册商标的类型分布图

1. 原告自创类（6 件，占 31.6%）；2. 常用外文单词或其组合类（8 件，占 42.1%）；3. 外文单词缩写类（5 件，占 26.3%）。

"nine"和"west"的组合，分别是"九"和"西"的意思；"americanexpress"是英文单词"american"和"express"的组合，分别是"美国"和"邮政快递"的意思。

另外还有其他外文的常用单词的情况："elle"是法文中"她"的意思，是用于女性杂志、服装、服饰等多种商品的注册商标；"bacardi"是西班牙文中一个姓氏，中文音译为"贝卡德"，原告列支敦士登贝卡德有限公司是"bacardi"家族创立的，故以"bacardi"为商号和注册商标。

以德国雨果博斯股份有限公司诉北京国网信息有限责任公司计算机网络域名纠纷一案为例，被告辩称："'boss'是英文常用普通单词，基本含义是'老板'，不归任何人独有。"法院在考量被告这一抗辩理由时，主要是以商标的显著性理论作为依据的。

我国《商标法》第七条规定："商标使用的文字、图形或者其组合，应当有显著特征，便于识别。"商标的显著特征是指商标的独特性和可识别性。商标的独特性和可识别性是相互联系

的,商标特征越显著、越具有自己的特点,它的区别作用就越大,也就越便于人们识别。❶

商标的显著性可以分为商标的固有显著性和获得显著性。所谓通过使用取得的显著性,主要是指在经过长期使用后已被消费者及工商界认为起到区别出处的作用,从而产生的"第二含义"(secondary meaning),即比标记本来含义或"第一含义"(primary meaning)还强的区别商品出处的商标含义。实际上,一旦某一词汇产生了作为商标的"第二含义",该"第二含义"恰恰成为强过初始含义的"第一含义"。按照美国商标权威麦卡锡的话说,"第二含义"是指某一标记所产生的与特定的尽管可能是匿名的出处之间的关系。当然,"第二含义"主要是针对具有"第一含义"的文字商标而言的,对于其他类型的商标如图形商标由于无所谓"第一含义",自然也就无所谓"第二含义"了,因此称之为"获得显著性"更加准确。❷

依据这一理论,法院认为:"'boss'的英文原意为'老板',由于原告有意借用这一词义表明自己的产品,且经过原告的长期经营,已使'boss'脱离其本身具有的单纯的词义而上升为具有显著区别的商业性标志并因此给原告带来商业利益,因此被告关于'boss'的英文原意为'老板'、该公司以其注册为域名的不构成不正当竞争的主张,本院不予采信。"

3. 外文单词缩写类

这种类型的案件共有5起。

(1)(1999)二中知初字第86号荷兰英特艾基系统有限公

---

❶ 刘春田主编:《知识产权法》,高等教育出版社、北京大学出版社2000年版,第220页。

❷ 黄晖:《驰名商标和著名商标的法律保护》,法律出版社2001年版,第14页。

司诉北京国网信息有限责任公司侵犯商标权及不正当竞争纠纷案。

在该案中,原告提出:其注册商标"ikea"起源于1947年瑞典的农场主Ingvar Kamparyd的独创设计,"ikea"是取其姓名的起首字母与其家乡地名Elmtaryd Agunnaryd的起首字母组合形成的。被告则辩称:"ikea"的含义是"I"和"Kea"的结合,"I"在互联网行业里是代表"Internet"的意思,"Kea"在英文中是"一种羽毛漂亮喜欢吃肉,会学人说话的鹦鹉"。"鹦鹉学舌"在中国家喻户晓,被告正是基于鹦鹉和语音的此种联系而注册的。

(2)(2001)二中知初字第28号美国肯德基国际控股公司诉广州粤经信息网络有限公司计算机网络域名纠纷案。

在该案中,原告提出:"kfc"是原告英文企业名称中的主要识别部分(商号)"Kentucky Fried Chicken"的缩写。被告则以理由四进行抗辩。

(3)(2001)二中知初字第172号美国联合包裹服务公司诉北京国网信息有限责任公司计算机网络域名纠纷案。

在该案中,原告提出:"ups"是原告英文企业名称中的主要识别部分(商号)"United Parcel Service"的缩写。被告则辩称:"ups"为电脑行业常见英文缩写,全称为"Uninterruptable Power Supply",其基本含义是"不间断电源",因此被告注册涉案域名的行为是符合相关法律规定的善意注册行为。

(4)(2002)二中民初字第2332号美国高级微型设备有限公司诉北京国网信息有限责任公司计算机网络域名纠纷案。

在该案中,原告提出:"amd"是原告英文企业名称"Advanced Micro Devices, Inc."的缩写。被告则以理由四进行抗辩。

(5)(2002)二中民初字第8034号中国人民保险公司诉北京三笑书店计算机网络域名纠纷案。

在该案中，原告提出："picc"是原告英文企业名称"the People's Insurance Company of China"的缩写。被告则辩称：被告注册的域名是取英文"piccolo"（中文含义是小型的、微小的）的前四个字母，由于被告书店很小，故注册了"picc.com.cn"域名。

在第（1）、（2）、（4）三起案件中，法院的判决书对于被告的上述抗辩未做出直接的批驳，而是进行了综合的分析判断；在（3）、（5）两起案件中，法院在判决书中则做出了针对性的论述。

案件（3）的判决书中指出："本院认为，原告早在二十世纪三十年代就开始使用"联合包裹服务公司"（缩写为"ups"）的企业名称，并于1973年在美国注册使用了"ups"商标。原告将"ups"作为商业标志使用的历史，早于电脑行业称"不间断电源"为"ups"的习惯。原告通过长期的商业经营和服务，使"ups"与其服务紧密联系在一起。在商业活动中，原告已经对"ups"享有在先权利。在电脑行业中使用的"ups"作为技术名词，不能作为商业性标志使用。被告国网公司将其并不享有任何权益而且与原告享有在先权利和专用权的商业标志"ups"完全相同的文字注册为域名，易造成相关公众的误认。且被告注册"ups.com.cn"域名后，并不进行实际使用，阻碍了原告对该域名的注册，其行为具有主观上的恶意。被告的上述行为违反了诚实信用的基本原则，侵害了原告的合法民事权益，构成了不正当竞争。"

案件（4）的判决书中指出："本院认为，被告称'picc'系'piccolo'前四个字母，'piccolo'是小型的、微小的含义❶，

---

❶ 实际上，"piccolo"一词有两种词性：一是名词，是"短笛"的意思；二是形容词，是"小型的"意思，但它却只能修饰乐器。

指被告是一家小型书店,这一解释显系牵强,不能作为注册、使用该域名的正当理由。"

上述 5 起案件都涉及被告注册域名的合理理由问题。笔者认为,案件(3)是一个非常好的案例,该案例达到了被告可能提出的合理理由的"边界"。

在原告美国联合包裹服务公司使用及注册"ups"之前,该英文缩写并无确定的含义,人们几乎可以认为原告的商号就是其"第一含义"。但是,随着科技的进步和社会的发展,以计算机为代表的电子产品在人们的生产、生活中逐渐占据了越来越广泛的领域和越来越重要的地位。

作为直接关系到计算机软硬件能否安全运行的一个重要因素,电源质量的可靠性应当成为中小企业、学校等首要考虑的问题。不间断电源,即 UPS（Uninterruptable Power System）,是一种含有储能装置,以逆变器为主要组成部分的恒压、恒频的不间断电源,主要用于给服务器、计算机网络系统或其他电力电子设备提供不间断的电力供应。不间断电源从计算机的外围设备,一个不受重用的角色迅速变成为互联网的关键设备及电子商务的保卫者。UPS 作为信息社会的基石,已开始了她新的历史使命。随着国际互联网时代的到来,对电力供电质量提出了越来越高的要求,无论是整个网络的设备还是数据传输途径给以端到端的全面保护,都要求配置高质量的不间断电源。❶

更加具有法律意义的是,在我国,就一般社会公众而言,看到"ups"而首先想到美国联合包裹服务公司的人数与首先想到不间断电源的人数相比较,恐怕后者会超过前者。也就是说,"ups"已经"与时俱进"地发展出了"第二含义"——不间断

---

❶ 张世波：“不间断电源技术、特点及发展”，http://www.zgcsc.com/，2002年8月2日访问。

电源,在我国,其"第二含义"的显著性甚至超过了"第一含义"。

在这种情况下,原告确实不能也无法"垄断"地使用"ups"这个英文缩写。但是,被告以此作为注册域名的合理理由能否成立呢?法院的判决已经对这个问题给出了否定的回答。原因是被告对"ups"并不享有任何权益。笔者大胆地推测,假如被告是一家与不间断电源的经营有关的企业,以此作为抗辩理由恐怕就是合理的了。当然,如果真的出现这种情况,该案件的类型就不是"抢注类"域名纠纷案件,而是"权利冲突类"域名纠纷案件了。

(五) 理由五

在"抢注类"域名纠纷案件中,被告往往以注册域名后并未实际开通进行商业使用为由提出抗辩,认为只有注册行为并不构成侵权。在其中的个别案件中,由于被告的抢注了"＊＊＊.com.cn"形式的域名,原告只好注册其他形式的".cn"项下的域名(例如采取"＊＊＊.net.cn"或"china＊＊＊.com.cn"的形式),此时,被告往往辩称自己的注册行为并未影响原告在".cn"项下注册域名,因而不构成侵权。

法院认为则并非如此。

对于第一个抗辩理由,以(2001)二中知初字第158号瑞士摩凡陀钟表有限公司诉北京国网信息有限责任公司计算机网络域名纠纷案(涉案域名为"movado.com.cn")为例,法院在判决书中指出:"被告注册域名的时间晚于原告商标注册的时间,且该域名至今未开通使用。被告将'movado'注册为域名的行为不仅足以造成相关公众对'MOVADO'的误认,而且还阻碍了原告将自己的商标、商号注册为域名及利用该域名在网络上从事介绍、宣传、推销产品的活动,被告的行为具有明显的主观恶意,违背了商业活动中公平及诚实信用的基本准则。"

对于第二个抗辩理由，以（2001）二中知初字第 152 号法国桦谢菲力柏契出版社诉北京国网信息有限责任公司计算机网络域名纠纷案（涉案域名为"elle.com.cn"）为例，法院在判决书中指出："被告在'.com'下使用'elle'注册域名，足以造成熟知'ELLE'商标的相关公众的误认。被告注册了包括'elle.com.cn'在内的大量域名显然具有商业目的，被告将这些域名作为商业资源加以占有，在其注册该域名后未投入实际使用，阻碍了作为权利人的原告注册该域名，其行为具有主观上的恶意。"

可见，法院认定被告的这种抢注行为既造成相关公众的误认，又阻碍了权利人注册或者按照通常的域名规则、以符合公众习惯的方式注册域名，这种"注"而不"用"的行为本身就已经构成了"占据性侵权"。

七、法院判决的法律依据

（一）在《最高人民法院关于审理计算机网络域名民事纠纷案件适用法律若干问题的解释》颁布之前结案的域名纠纷案件判决的法律依据

如图 14 所示，在《最高人民法院关于审理计算机网络域名民事纠纷案件适用法律若干问题的解释》颁布之前，北京市第二中级人民法院共审结了 4 起域名纠纷案件，其中 3 起以判决方式结案，另外 1 起以裁定准许撤诉的方式结案。

在这 3 起以判决方式结案的域名纠纷案件中，支持原告主要诉讼请求的案件为 2 起，驳回原告诉讼请求的案件为 1 起。

支持原告主要诉讼请求的案件分别是（1999）二中知初字第 86 号荷兰英特艾基系统有限公司诉北京国网信息有限责任公司侵犯商标权及不正当竞争纠纷案和美国宝洁公司诉北京国网信息有限责任公司侵犯商标权及不正当竞争纠纷案。

四、工商业标识热点问题研究

这两起案件的判决在法律依据的表述上几乎完全一致。

前者为:"被告国网公司将原告的'IKEA'驰名商标注册为自己的域名,该行为不仅违反了《中国互联网络域名注册暂行管理办法》的有关规定,还有悖《保护工业产权巴黎公约》的精神和《中华人民共和国反不正当竞争法》的基本原则,侵害了原告作为驰名商标权人的合法权益,其应承担相应的民事法律责任。因此,被告国网公司不能使用'ikea.com.cn'的域名,该域名注册应予撤销。现依据《中华人民共和国反不正当竞争法》第二条第一款之规定,判决如下:……"

后者为:"被告国网公司注册'whisper.com.cn'域名的行为,违反了《中国互联网络域名注册暂行管理办法》及其《实施细则》的有关规定,有悖《保护工业产权巴黎公约》的有关规定及精神和《中华人民共和国反不正当竞争法》的基本原则,对原告宝洁公司驰名商标的专用权造成了侵害,构成不正当竞争。对此,被告国网公司应承担相应的法律责任。故依据《中华人民共和国反不正当竞争法》第二条第一款的规定,判决如下:……"

可见,这两起案件判决的法律依据可以分为两个层次。第一层次是在"本院认为"部分,法律依据是《中国互联网络域名注册暂行管理办法》及其《实施细则》、《保护工业产权巴黎公约》和《反不正当竞争法》;第二层次是判决主文的直接依据,即《反不正当竞争法》第二条第一款。

之所以这样做,是因为当时我国没有任何一部可被引用为判决主文的直接依据的法律对于域名纠纷案件作出规定:《中国互联网络域名注册暂行管理办法》及其《实施细则》对于域名注册作出了比较详细而具体的规定,但它们都是国务院信息化工作领导小组发布的,属于国务院部门的行政规章;《巴黎公约》中有关于驰名商标特殊保护的规定,却又是国际公约。这些都不能被直接引用为判决主文的直接依据。

而作为判决主文的直接依据的《反不正当竞争法》第二条第一款是这样规定的:"经营者在市场交易中,应当遵循自愿、平等、公平、诚实信用的原则,遵守公认的商业道德。"显然,这条规定过于笼统,缺乏针对性。但正是由于这种原则性的特点,才具有较强的"普适性",所以姑且"拿来"作为判决主文的直接依据。

实际上,法院当时选择该条款作为判决主文的直接依据时,并没有因其具有较强的"普适性"而不安,恰恰相反,法院曾因认为该条款的"适应性"不够强而担心。《反不正当竞争法》第二条除第一款之外,还有第二款和第三款,规定如下:"本法所称的不正当竞争,是指经营者违反本法规定,损害其他经营者的合法权益,扰乱社会经济秩序的行为。本法所称的经营者,是指从事商品经营或营利性服务的法人、其他经济组织和个人。"这两款实际上是对第一款内容的限制,第二款规定了行为方面的限制,第三款规定了主体方面的限制。❶

因此,当时法院曾经认真地考虑过《民法通则》第四条的规定,即"民事活动应当遵循自愿、公平、等价有偿、诚实信用的原则。"关于这条规定,学者们多有论述,一般认为,该条中规定了平等原则、意思自治原则、公平及等价有偿原则和诚实信用原则。❷ 就解决几乎"无法可依"的域名纠纷案件而言,法院看重的是诚实信用原则这个民法中的"帝王条款"。正是由于该原则具有比《反不正当竞争法》第二条第一款的规定更强大

---

❶ 关于这方面的详细的论述,可参见孔祥俊:《反不正当竞争法的适用与完善》,法律出版社 1998 年版,第 49~100 页。

❷ 刘心稳主编:《中国民法学研究述评》,中国政法大学出版社 1996 年版,第 40~50 页,第 53~57 页。

四、工商业标识热点问题研究

的"普适性"❶，在面对新问题时，方可因其显示出巨大的包容性而展现出独特的价值。

但为什么最终法院只选择了《反不正当竞争法》第二条第一款的规定作为判决主文的直接依据呢？笔者认为，这可能是由于考虑到上述两起"抢注类"域名纠纷案件毕竟属于知识产权的范畴，所以适用《反不正当竞争法》从法律渊源的角度讲更加合理的缘故吧。

值得指出的另外一点是：在其他法院对于类似案件的判决中，引用了《商标法》第三十八条第（四）项作为判决主文的直接依据。

引用这一项是否合适呢？

《商标法》第三十八条规定："有下列行为之一的，均属侵犯注册商标专用权：（一）未经注册商标所有人的许可，在同一种商品或者类似商品上使用与其注册商标相同或者近似的商标的；（二）销售明知是假冒注册商标的商品的；（三）伪造、擅自制造他人注册商标标识的或者销售伪造、擅自制造他人注册商标标识的；（四）给他人的注册商标专用权造成其他损害的。"

显然，第（四）项规定的情况应当与第（一）、（二）、（三）项相类似，而不能任意扩大；特别是，《商标法实施细则》第四十一条已经对《商标法》第三十八条第（四）项作出了穷尽列举式的规定。《商标法实施细则》第四十一条规定："有下列行为之一的，属于《商标法》第三十八条第（四）项所指的侵犯注册商标专用权的行为：（一）经销明知或者应知是侵犯他人注册商标专用权商品的；（二）在同一种或者类似商品上，将与他人注册商标相同或者近似的文字、图形作为商品名称或者商品装潢使用，并足以造成误认的；（三）故意为侵犯他人注册商

---

❶ 笔者认为，该原则已经成为整个私法领域中的基本原则了。

标专用权行为提供仓储、运输、邮寄、隐匿等便利条件的。"

因此，笔者认为，引用《商标法》第三十八条第（四）项作为域名纠纷案件判决主文的依据并不合适。

（二）在《最高人民法院关于审理计算机网络域名民事纠纷案件适用法律若干问题的解释》颁布之后结案的域名纠纷案件判决的法律依据

该司法解释的出台，为法院审理域名纠纷案件提供了强大的理论和实践的"武器"。此后的判决只有一个层次的法律依据，即作为判决主文的法律依据。这种做法与法院的其他判决的结构是一致的。也就是说，曾经由于法律缺位而采取"权宜之计"的做法已经没有必要了。

这种类型的判决的法律依据基本上都是一致的："依据《中华人民共和国反不正当竞争法》第二条第一款、最高人民法院《关于审理涉及计算机网络域名民事纠纷案件适用法律若干问题的解释》第四条、第五条第一款第（二）、（四）项、第八条的规定，判决如下：……"

八、结　论

在对北京市第二中级人民法院四年来审理过的域名纠纷案件进行了初步分析之后，从中确实可以得出一些有价值的结论。

（一）从历史中寻找现实的答案

肇始于20世纪六七十年代的新技术革命，促进了科技的高速发展和社会的全面进步，终于在21世纪形成了信息社会、知识经济的时代。

众所周知，科技的进步和社会的发展不断地向法律提出挑战，而法律也总是在不断地回应这些挑战中满足社会的需要和取得自身的进步。今天，高速发展的计算机技术、信息技术及网络技术同样也向法律提出了许多新的挑战。其中，域名的法律保护问题在电子商务方兴未艾的背景之下，就成为法律界特别是知识产权界面临的一个新课题。

面对这样一个纷繁复杂、飞速发展的世界，如何才能把握时代发展的脉搏，顺应社会进步的潮流，从而达到"与时俱进"的思想状态和实践水平呢？

笔者认为，通过研究历史而掌握规律是必不可少的环节。那么，对于域名问题，我们能否可以从历史中探寻出一些可供借鉴的经验呢？

现代生物学中告诉我们，生物进化遵循着"重演律"（Recapitulation Law）的规则。就是说，个体发育阶段与物种进化历史是对应的。换句话说，个体发育似乎是系统发生的"重演"。例如，哺乳动物的早期胚胎都很相似，都有鳃裂，似乎重现了它们（也包括我们人类）远古生活于水中的共同祖先的特征。为什么个体发育会发生"重演"呢？具体的解释是：在进化过程中发生的每一个进化改变都被记录在遗传系统之中，并且附加到由遗传系统调控的个体发育过程的"末端"，成为发育的新阶段。这样，进化的过程的各阶段就被顺序地附加到个体发育过程中，个体发育阶段与进化的阶段就对应起来了。[1]

从某种角度来说，有着"网络商标"之称的域名的"进化"也正在"重演"着以商标为代表的商业标识的"进化"过程。

商标制度在我国建立之初，许多企业对其并不重视，而有些"有心人"却大肆抢注商标，囤积居奇，待价而沽，于是便产生了许多"抢注类"商标纠纷案件。这正是几年之前域名的实际状况。

---

[1] 张昀编著：《生物进化》，北京大学出版社1998年版，第189页。

随着时间的推移，商标纠纷案件的重点从初期的"商标归属"类型转变为现在的"商标使用"类型，其中，新类型的"即发侵权"、"反向假冒"等案件也层出不穷。目前，域名纠纷案件也同样出现了一些因"域名使用"而引发的案件，并呈现出多类型发展的趋势。

随着《商标法》的修改，商标的主体范围由原来的法人、其他组织扩展到了自然人。而根据《中国互联网络域名注册暂行管理办法》第六条的规定，"域名注册申请人必须是依法登记并且能够独立承担民事责任的组织。"也就是说，目前中国公民尚不能注册".cn"项下的域名，但笔者认为，这一限制不久就会像《商标法》修改的那样被突破。

《商标法》的修改还将注册商标的种类扩展到了"立体商标"（即《商标法》第八条中所称的"三维标志"）的领域。而我国刚刚开始的中文域名不也是域名种类的扩展吗？

域名与以商标为代表的商业标识的"重演"关系涉及各个方面，不一而足。关键是，人们可以通过研究商标发展的历史来探求商业标识发展的规律，并运用于指导域名保护的实践之中。

（二）立法的滞后与司法的超前

由于法律具有稳定性和保守性的特点，它总是落后于现实生活的变化。在当前中国这一特定的时空条件下，这一特点就表现得越发突出；针对代表着先进生产力的互联网络以及其中的域名问题而言，这一特点更是"突出"到了"尖锐"的程度。

在这样一个时代背景下，特别是在《最高人民法院关于审理涉及计算机网络域名民事纠纷案件适用法律若干问题的解释》颁布之前，面对域名纠纷案件几乎是"无法可依"的状况，法

四、工商业标识热点问题研究

院大胆探索,勇于创新,以"与时俱进"的态度迎接挑战❶,取得了很好的司法效果和社会效果。

其中,(1999)二中知初字第 86 号荷兰英特艾基系统有限公司诉北京国网信息有限责任公司侵犯商标权及不正当竞争纠纷案(涉案域名为:"ikea.com.cn")的判决被世界知识产权组织(WIPO)在裁决中引用,此后,该判决和这个裁决又被 WIPO 的其他裁决所引用,对于国际上对我国司法水平肯定程度的提高起了一定的作用。

2000 年 8 月 15 日,北京市高级人民法院审判委员会第 23 次会议通过了《关于审理域名注册、使用而引起的知识产权民事纠纷案件的若干指导意见》。这是国内法院系统关于域名纠纷案件的第一个具有一定立法规范意义的抽象法律文件(与此前法院做出的裁判文书这种具体法律文件相对应)。严格地说,该文件不是司法解释,不具有法律上的强制力,只具有一定的参考价值,甚至受到一些学者从宪政角度提出的批评❷,但该文件在北京市法院系统的司法实践中确实起了"准司法解释"的作用。

2001 年 6 月 26 日,最高人民法院审判委员会第 1182 次会议通过了《最高人民法院关于审理涉及计算机网络域名民事纠纷案件适用法律若干问题的解释》。该司法解释的颁布和施行,迅速地纠正了各级人民法院在审理域名纠纷案件中存在的种种不妥

---

❶ 最高人民法院民事审判第三庭(原知识产权审判庭)蒋志培庭长曾经就此类问题做出过精彩的评论,蒋志培主编:《网络与电子商务法》,法律出版社 2001 年版,第 45 页。

❷ 这些学者认为高级人民法院只能作为二审法院针对具体案件做出裁判,在裁判中做出的"职权解释"是各级人民法院都具备的职能;而无权做出司法解释或司法解释性的法律文件。学者们特别指出:1987 年 3 月 31 日,最高人民法院曾做出《关于各级人民法院不应制定司法解释性文件的批复》。

之处，在全国范围统一了执法尺度，有力地配合了我国"入世"的进程。

以北京市第二中级人民法院为例，在这个司法解释出台之后，审理了一大批域名纠纷案件，在一定范围内有效地防止了域名抢注的发生，为建立和维护诚实信用的社会主义市场经济秩序做了一定的工作，取得了良好的社会效果。

五、新类型知识产权热点问题研究

数据库的法律保护研究

一、研究本课题的意义

（一）科技的进步和社会的发展为数据库的产生和发展提供了坚实的物质、技术保障

新技术革命，促进了科技的高速发展和社会的全面进步，终于迎来了信息社会、知识经济的时代。

如果将注意力集中于信息的生产和传播，那么人们就可以在"知识经济"这个大前提下，使用"信息经济"这个概念。我们常常谈论的信息高速公路（Information Superhighway）、国家信息基础设施（NII，National Information Infrastructure）和全球信息基础设施（GII，Global Information Infrastructure）就是信息经济的主要支柱。知识经济时代的社会，一定是信息生产更充分、信息传播更迅速、信息内容更具有应用性、信息对国民经济乃至世界经济的增长起着更重要作用的社会。在这样的社会里，信息将成为社会的主要财富，财产性信息会越来越多地涌现，保护财产性信息的法律必将应运而生。❶

信息社会的一个重要特征就是"信息爆炸"，据统计，现在全球每年的信息增长量已经是 50 年前所有信息的总和了❷。在新技术革命中，数字技术和网络技术的发展异军突起，形成了传

---

❶ 郑胜利、袁泳："从知识产权到信息产权——知识经济时代财产性信息的保护"，载《知识产权》1999 年第 4 期，第 9 页。

❷ Proposal for a Council Directive on the legal protection of databases, COM. 转引自薛虹："因特网上的版权及有关权保护"，载《知识产权文丛（第一卷）》，第 48 页。

统形式的信息日益"数字化"、数字形式的信息日益"网络化"的趋势。在这样一个"信息爆炸"的时代，从事信息的采集、整理和传播的信息服务业就应运而生了，数据库就是其中十分重要的一项内容。

众所周知，科技的进步和社会的发展不断地向法律提出挑战，而法律也总是在不断地回应这些挑战中满足社会的需要和取得自身的进步的。今天，飞速发展的计算机技术、信息技术及网络技术同样也向法律提出了许多新的挑战。其中，数据库的法律保护问题成为法律界继计算机程序的法律保护问题之后面临的一个新课题。

该课题的任务在于：一方面，要充分保护数据库权利人的利益，防止非法的"模仿行为"和"搭便车现象"，鼓励权利人进行创作和投资的积极性，进而促进社会的进步；另一方面，又要维护社会公共利益，避免信息垄断，推动科学文化正常发展。笔者认为，其关键就在于设计适当的法律保护规则，明确哪些行为是合法的，哪些行为是违法的，在实践中真正做到平衡各方利益，使社会平稳、高速地向前发展。

在研究过程中，我深切地体会到本课题的深度和广度两方面的困难，这也当然不可能是一篇论文所能够解决的，但我愿意在此提出自己的看法，并乐于得到大家的批评指正。

（二）研究本课题的意义

在审判实践中，涉及数据库的案件层出不穷。以北京市第二中级人民法院知识产权审判庭为例，自1995年5月建庭以来，共审理了近千起案件，其中涉及数据库的案件就不下五、六十起。这些案件涵盖了数据库法律关系的各个方面，包括：数据库制作者与数据的权利拥有者之间的纠纷，数据库的作品性的判断标准（数据的性质问题、独创性标准问题），数据库的著作权法保护问题、数据库的其他法律保护问题（主要是反不正当竞争法保护和民法保护问题），著作权法修改前后❶的法律适用问题。

笔者认为，上述问题基本上具备了广泛性和典型性，可以通过对它们的分析，总结审判实践经验，上升为理论，指导今后的审判实践，并为立法提供依据。

二、数据库的概念和特征

（一）数据库的概念

1. 一般数据库的定义

对于数据库的定义，学者们有不同的看法。一般认为，数据库是按照一定主题汇集起来的资料的总和，即不论其存在形式如何（印刷形式、计算机存储单元形式或其他形式），凡信息编纂物皆可视为数据库。❷ 简单地说，就是任何信息的有组织汇编，❸ 或任何材料的汇编。❹ 其范围极为广泛，既包括简单的索引、年历、电话号码簿、广播节目表、每日股价表等，也包括复杂的百科全书、法律数据库等。❺

2. 电子数据库（electronic database）的定义

虽然数据库的形式多种多样，但由于计算机技术的迅猛发展及其在社会生活各个方面的广泛应用，信息被大量地数字化，电

---

❶ 本文中所称的"修改"是指 2001 年 10 月 27 日第九届全国人民代表大会常务委员会第二十四次会议对《著作权法》进行的修改。

❷ 葛锦标："新技术发展与著作权若干法律问题研究"，载《北京大学法律系 93 级硕士论文》。

❸ Laura D'Andrea Tyson and Edward F. Sherry, Statutory Protection For Databases: Economic & Public Policy Issues, http: // www. Infoindustry. Org/ ppgrc/docile/grdoc016. htm.

转引自胡钢："论数据库的法律保护"，载《北京大学法律系 96 级硕士论文》。

❹ Paul Marett, Intellectual Property Law, Sweet & Maxwell Limited, 1996, P. 54. 转引自胡钢："论数据库的法律保护"，载《北京大学法律系 96 级硕士论文》。

❺ 胡钢："论数据库的法律保护"，载《北京大学法律系 96 级硕士论文》。

子数据库正迅速地成为数据库发展的方向和主流。当然有可能和有必要单独归为一类，作为本课题研究的重点。

根据《中国大百科全书》的定义，数据库（data base）是指为满足某一部门中多个用户多种应用的需要，按照一定的数据模型在计算机系统中组织、存储和使用的互相联系的数据集合。❶

日本《数据库和著作权问题——著作权审议会第七小委员会中期报告》中将数据库定义为："将各类情报有体系地进行整理归纳，并能通过计算机得以检索的一种机械可读形态的情报集合体。"❷

3. 数据库的法律定义

（1）各国著作权法及国际（或地区）著作权条约中关于数据库的定义。

①《伯尔尼公约》中并没有直接规定"数据库"概念，但规定了与"数据库"相近的"汇编作品"的概念，其第2条第5项规定："文学或艺术作品的汇编，诸如百科全书和选集，凡由于对内容的选择和编排而成为智力创作的，应得到相应的、但不损害汇编内每一作品的版权的保护。"

②《世界知识产权组织版权条约》（即 WIPO Copyrights Treaty，缩写为 WCT）第5条以"数据汇编（数据库）"为标题，规定："数据或其他资料的汇编，无论采用任何形式，只要由于其内容的选择或排列构成智力创作，其本身即受到保护。这种保护不延及数据或资料本身，亦不损害汇编中的数据或资料已存在的任何版权。"❸

---

❶ 1986年版《中国大百科全书·电子学与计算机（第2卷）》，第680～681页。

❷ ［日］斋藤博著，谢志宇译："数据库和著作权问题——著作权审议会第七小委员会科会中期报告"，载《海外法学》1988年第2期，第31页。

❸ "世界知识产权组织版权条约（1996）"，载《知识产权文丛（第一卷）》，第360页。

③欧洲议会与欧盟理事会《关于数据库法律保护的指令(96/9/EC)》(以下简称《欧盟指令》)第 1 条规定:在本指令中,"数据库"是指经系统或有序的安排,并可通过电子或其他手段单独加以访问的独立的作品、数据或其他材料的集合。❶

④WIPO《关于数据库知识产权条约草案》(以下简称《条约草案》)第 2 条几乎照搬了欧盟数据库指令关于数据库的定义,只是在个别用词上略有差异。❷

⑤《与贸易有关的知识产权协议》(简称 TRIPS)第 10 条之二规定:"数据或其他材料的汇编,无论采用机器可读形式还是其他形式,只要其内容的选择或安排构成智力创作,即应予以保护。这类不延及数据或材料本身的保护,不得损害数据或材料本身已有的版权。"❸

⑥美国《1996 年数据库投资及反知识产权侵权法》即 H. R. 3531 提案,(以下简称《H. R. 3531 法案》)第 2 节规定:"数据库"是指经系统或有序安排的、以现有的或将来开发的任何形式或介质体现出来的作品、数据或其他材料的集合、汇集或汇编。

⑦美国《制止盗版信息集合体法》即 H. R. 2652 提案(以下简称《H. R. 2652 法案》)。提出了类似于"数据库"的概念,其第 1201 节规定"信息集合体"是指已被汇集或已被组织的信息,其目的是将信息的单独(discrete)的项目(item)组合到同一地方或通过同一来源,以使用户可以访问(access)它们。同时,该法案将"信息"定义为事实、数据、作者的作品或能

---

❶ 张广荣、邹忭译,邹忭校:"欧洲议会与欧盟理事会《关于数据库法律保护的指令(96/9/EC)》中文版",载《国外信息化政策法规选编》,第 16 页。

❷ 董炳和:"数据库的法律地位",载《知识产权文丛(第一卷)》,第 312 页。

❸ 郑成思:《WWTO 知识产权协议逐条讲解》,中国方正出版社 2001 年版,第 47 页。

以系统化方法加以汇集和组织的任何其他无形的材料。❶

⑧美国《H. R. 354法案》延续了《H. R. 2652法案》的用语,即"信息集合体"。

⑨日本《著作权法》第2条第1款第十项之三规定:"数据库指:由论文、数值、图形或其他信息组成的集合体,并构成一个可通过电子计算机检索信息的系统。"❷ 还规定:数据库这个词是指只有借助包含有计算机软件的数据库管理系统才能使用的作品,但不包括计算机软件本身。此处定义主要专指电子数据库。❸

(2) 数据库法律定义的辨析。

如前所述,外国及国际法律文件中对于"数据库"概念(或其相关概念)的进行表述的术语有所不同,有:(A) Collections (of literary or artistic works) (见《伯尔尼公约》), (B) Compilations of Data (Database) (见 WCT), (C) Database (见《欧盟指令》、WIPO《条约草案》、《H. R. 3531法案》、日本《著作权法》), (D) Compilations of Data (见 TRIPS)。

可见,这里存在两项形式上的差异。一是 Collection 与 Compilation 的差异,二是 Compilations of Data 与 Database 的差异。下面,我们对这两项差异分别进行研究。

①关于第一项差异。

从词义的角度考察:"Collection"来源于"Collect",是其名词形式,"Collect"的一般含义是"收集"或"使…集中到一起",通常表示有目的或有挑选的收集,其英语解释为"accumulate assemble gather store up";而"Compilation"则来源于

---

❶ 胡钢:"论数据库的法律保护",载《北京大学法律系96级硕士论文》。

❷ 邵延丰译、王郁良校:"《日本著作权法》中文版",载《著作权实用大全》,第785页。

❸ 胡钢:"论数据库的法律保护",载《北京大学法律系96级硕士论文》。

"Compile",是其名词形式,"Compile"的含义是"编译,编辑,汇编",其英语解释为"accumulate assemble collect gather store up"。❶ 可见,"Collection"与"Compilation"的含义基本相同。

从法律术语的角度考察:WCT草案第5条中本来使用的是"Collection",而在正式文本中使用的却是"Compilation"。不过,根据WIPO的解释,这两个词并无实质差别。关于这一点,可见于WCT草案(WIPO文件"CRNR/DC/4")第5条的注释以及WIPO数据库知识产权条约草案(WIPO文件"CRNR/DC/6")第2条的注释。❷

②关于第二项差异。

WCT第5条的标题注明Compilations of Data(数据汇编)后,特意以括号形式注明了Database(数据库)。这说明在WIPO的认识中,Compilations of Data(数据汇编)就是Database(数据库)。

笔者认为,由于(A)在各国著作权法及国际著作权条约中一般用"Compilation"来表述"汇编作品";(B)我国《著作权法》❸的英文正式文本也是用"Compilation"来表述"编辑作品"(修改前的《著作权法》)或"汇编作品"(修改后的《著作权法》)的;(C)在科学技术领域,"数据库"被统一表述为"Database";因此,在本文中将统一用"Database"作为"数据库"的英文表述。

4. 数据库与其他相关概念的区别

(1)数据库与汇编作品的区别。

---

❶ 见《金山词霸2001》。
❷ 董炳和:"数据库的法律地位",载《知识产权文丛(第一卷)》,第313页。
❸ 由于在本文的写作过程中,我国《著作权法》进行了修改,而本文中将涉及修改前后的《著作权法》。为避免混乱,文中如无特别注明,均指修改前的《著作权法》。

①汇编作品的概念。

如前所述,"汇编作品"一词,在各国著作权法及国际著作权条约的英文文本中表述为 compilation 或 compiling work,指报纸、期刊、文集、画册、辞书等由于对材料的选择和编排而体现汇编人的智力创作的作品。❶

汇编作品在我国又称编辑作品,修改后的《著作权法》将其称为汇编作品。之所以使用"编辑作品"这个词,主要是由于历史的原因。《大清著作权律(1910年)》第二十五条规定:"搜集他人著作编成一种著作者,其编成部分之著作权,归编者有之;但出于剽窃割裂者,不在此限。"《北洋政府著作权法(1915年)》第十九条规定:"适法搜集多数之著作编成一种著作者,编辑人于其编成之著作,得依第四条之规定专有著作权;但出于剽窃割裂者,不在此限。"我国台湾地区的"著作权法"(1992年)第七条规定:"就资料之选择及编排具有创作性者为编辑著作,以独立之著作保护之。编辑著作之保护,对其所收编著作之著作权不生影响。"

但在现代汉语中,"编辑"有两个含义,一是指对资料或现成的作品进行整理、加工,编成书刊;二是指出版、新闻等单位的中级专业技术职称。亦泛称做编辑工作的人员。与其相对应的英文是 edit 或 editor。正是由于"编辑"一词的多义性,导致在概念上不必要的混乱。例如,我国《著作权法实施条例》第五条第六项规定:"出版,指将作品编辑加工后,经过复制向公众发行。"这里所称的"编辑"是指对已有作品的编辑加工,它并

---

❶ 郑一川:"汇编作品和数据库的法律保护问题",载《著作权》1999年第2期,第21页。但该文认为《伯尔尼公约》也是用 compilation 或 compiling work 来表述汇编作品的,这是不对的,《伯尔尼公约》是用 collections 来表述汇编作品的;而且,笔者通过 Word 中的"查找"功能,并未在该公约中找到 compilation 或 compile。

不能产生新的作品，编辑人员也不能因从事编辑工作而对他人作品享有著作权。在同一部法律文件中，同一个词有不同含义或者可能被理解为不同的含义，这是不符合法律用语规范的。为避免发生歧义，目前我国多数著作权专家建议以"汇编"和"汇编作品"分别取代"编辑"和"编辑作品"。❶ 在我国1990年《著作权法》的官方英译本中"编辑作品"被译为"compilation"，可见我国著作权法中的"编辑作品"实际上就是"汇编作品"。2001年10月27日修改后的《著作权法》将"编辑作品"修改为"汇编作品"。❷

②数据库与汇编作品的区别。

首先，凡汇编作品均为"信息编纂物"，根据前述定义，所有汇编作品都可以看做是数据库。

其次，由于构成汇编作品必须满足"作品性"的要求（后文中将对此做详细讨论），而现实生活中只有一部分数据库能够达到这一标准，因此，只有这一部分数据库才是汇编作品，受到著作权法的保护。

---

❶ 关于这个问题，郑成思先生曾有专门的论述，见郑成思：《版权法（修订本）》，中国人民大学出版社1997年版，第193页。

❷ 我国《著作权法》第十四条规定："编辑作品由编辑人享有著作权，但在行使著作权时，不得侵犯原作品的著作权。编辑作品中可以单独使用的作品的作者有权单独行使其著作权。"《著作权法实施条例》第五条第十一项规定："编辑，指根据特定要求选择若干作品或者作品的片断汇集编排成为一部作品。"第十二条规定："由法人或者非法人单位组织人员进行创作，提供资金或者资料等为创作条件，并承担责任的百科全书、辞书、教材、大型摄影画册等编辑作品，其整体著作权归法人或者非法人单位所有。"《实施国际著作权条约的规定》第八条规定："外国作品是由不受保护的材料编辑而成，但是在材料的选取或者编排上有独创性的，依照著作权法第十四条的规定予以保护。此种保护不排斥他人利用同样的材料进行编辑。"2001年10月27日修改后的《著作权法》第十四条规定："汇编若干作品、作品的片段或者不构成作品的数据或者其他材料，对其内容的选择或者编排体现独创性的作品，为汇编作品，其著作权由汇编人享有，但行使著作权时，不得侵犯原作品的著作权。"

结论是：汇编作品是数据库的一个"真子集"❶。

(2) 电子数据库与多媒体的区别。

①多媒体的概念。

所谓多媒体即是使信息传播的媒体多样化，或者说是将多种信息合成在一起提供。❷ 日本文化厅《著作权审议会多媒体专门委员会第一次报告书》（1991年）将多媒体定义为："使用数字技术，依靠对文字、声音、静止画面、活动画面等多样化的表现形态进行综合传播的媒体，以及媒体的使用手段所实现的，可以进行智能化（双向式或者对话式）操作的环境。"其特征为：A. 多种形式信息的组合；B. 数字化；C. 计算机程序驱动；D. 交互性。❸

②电子数据库的概念。

这一概念前文已经给出，见《中国大百科全书·电子学与计算机》的定义。

③电子数据库与多媒体的区别。

从二者的概念来看，多媒体与电子数据库之间确实存在着许多共性。电子数据库同样也具有多媒体的上述特征中的前三个特征；而且，随着技术的进步，人们对于电子数据库的界面友好性、可读性的要求会越来越高，采用多媒体的方式实现交互性使用的电子数据库必然会越来越普遍，这一点对于本身就追求趣味

---

❶ 根据集合论的定义：如果集合 B 的元素都是集合 A 的元素，就称 B 为 A 的子集；A 的异于自己的子集 B 称为 A 的真子集。

❷ ［日］中山信弘著，张玉瑞译：《多媒体与著作权》，专利文献出版社1997年版，第54页。中山信弘先生在此同时指出：多媒体不仅指用多种类型的媒体进行综合处理，而且指依靠多种类型媒体进行处理所得到的结果，即多种类型信息的集合，也可用"多媒体"一词来表达。

❸ 薛虹："因特网上的著作权及有关权保护"，载《知识产权文丛（第一卷）》，第14～19页。

性和娱乐性的电子数据库尤其适用。薛虹在《因特网上的著作权及有关权保护》一文中就举出了"多媒体百科全书"的例子，显然，我们也可以说，"多媒体百科全书"同时也是电子数据库。那么，我们能否得出这样的结论，多媒体与电子数据库，至少是与具有交互性的电子数据库是一回事呢？

笔者对这个问题的回答是否定的。首先，目前大多数电子数据库所赖以实现的媒体形式是十分有限的，一般都是以文字为主的，至多再加上其他一、两种媒体形式，难以将它们称为"多媒体"。其次，目前大多数多媒体的存在并不是以供用户检索为目的的，其中的各种媒体形式构成一个有机的统一体。更重要的是，对于单个用户而言，多媒体也是作为一个整体出现的，一般来说，任何一个用户都不会故意地关闭其中的某些媒体形式，只使用其他媒体形式；而电子数据库则不然，对于单个用户而言，只是使用其内容中的一小部分，而不会使用它的全部内容或主要内容。

这就是说，数据库的本质在于"可检索性"，而多媒体的本质则在于"媒体形式的多样性"。显然，这两个本质并不是在同一层次上的，以此为标准进行分类不可避免地会发生重合。这种重合就表现为，利用多种媒体形式实现的可检索性。这时，我们既可以将其称为多媒体，又可以将其称为电子数据库。笔者更倾向于将其称为"采用多媒体形式的电子数据库"或"多媒体数据库"。❶ 其中，电子数据库是本质，多媒体只是表现形式和所利用的技术手段，前面所说的"多媒体百科全书"就是一个典

---

❶ "多媒体"一词首次出现于1983年意大利佛罗伦萨举行的第九届国际数据库会议 VLDB 上，而在1984年第十届 VLDB 会议和1985年国际数据库会议 SIGMOD 就已经举办了多媒体数据库的专题讨论。

施伯乐、周傲英、朱杨勇："数据库闯新世纪"，载《中国计算机报》1998年第73期，第6版。

型的例子。

结论：多媒体与电子数据库是交叉的关系。

（二）数据库的特征

1. 数据库是信息的集合，❶ 是一个系统

"信息"在现代科学中是指事物发出的消息、指令、数据、符号等所包含的内容。人们通过获得、识别自然界和社会的不同信息来区别不同事物，得以认识和改造世界。在一切通讯和控制系统中，信息是一种普遍联系的形式。"集合"是指若干具有共同属性的事物的总体。❷ 因此，我们可以说，数据库的第一个，同时也是最基本的特征就是：数据库是若干具有共同属性的信息的总体。

但这并不意味着，一切信息的集合都是数据库。否则就会得出一切作品都属于数据库的结论，而且我们可以进一步说，世界上的绝大部分事物也都属于数据库的范畴。这对于研究数据库法律保护的课题当然没有什么帮助。

从现代科学的角度来考察，数据库是一个系统。所谓系统，是指自成体系的组织；同类事物按一定秩序和内部联系组合成的整体。❸ 确切地说，系统是由具有相互联系、相互制约的若干组

---

❶ 严格地说，数据库应当是"信息载体"即"消息"的集合，而不是"信息"的集合。1928 年，哈特莱（Hartley, L. V. R.）发表了《信息传输》（《Transmission of Information》）一文，阐明了消息是代码、符号，消息是具体的、多样的，而信息则是蕴涵于具体消息中的抽象量。

冯国瑞：《信息科学与认识论》北京大学出版社 1994 年版，第 8 页。但本文研究的是法律问题，对此不做严格的区分。

❷ 《汉语大词典（2.0 版）》（注：电子词典），商务印书馆（香港）有限公司，2003 年版。

❸ 《汉语大词典（2.0 版）》，商务印书馆（香港）有限公司，2003 年版。

五、新类型知识产权热点问题研究

成部分结合在一起并且具有特定功能的有机整体。❶ 在以下的分析中可以看到,将数据库作为一个系统进行研究并不是毫无意义的,这一观点有助于我们从更高层次分析数据库的特征,认识数据库的本质,了解数据库的价值构成,从而更有针对性地研究数据库的法律保护问题。

2. 数据库是具有相对独立性和可单独访问性的作品或其他信息材料的集合,具有"整体性"的特征

数据库是一个集合,构成这个集合的可以是文学艺术作品或科学作品,如文字作品、音乐作品、视听作品或其他任何形式的作品,也可以是作品之外的其他信息材料,如文本、声音、图像、数字、事实或数据等。这些作品或材料,构成了数据库的"内容"。每一个作品或材料,都是数据库内容的一分子。数据库必须由多个作品或其他信息材料构成,单一的作品不是数据库。❷

构成数据库的材料具有相对独立性,而且是可以被用户单独访问的,也就是说,浑然一体的作品不是数据库。这里有两个问题值得注意。

第一,材料的这种独立性只能而且应当是相对的。例如,数字技术,尤其是数字取样技术(digital sampling)有可能将数字化的数据库材料无限细分,分割成微小的数据单元,直至出现极端的"夸克"现象——即一系列的"0"和"1"。❸ 显然,如果认为每一"位"❹ 都是独立的,那么我们将得出所有的数字化作

---

❶ 王雨田主编:《控制论、信息论、系统科学与哲学》,中国人民大学出版社1988年版,第404页。

❷ 董炳和:"数据库的法律地位",载《知识产权文丛(第一卷)》,第312页。

❸ 袁泳:"数字版权",载《知识产权文丛(第二卷)》,第52页。

❹ 位(bit)是二进制数,每位(bit)只有0、1两种状态"bit"这个词由Binarydigit缩写而成。

品都是数据库的结论,这种认识是没有意义的。❶

第二,在实践中,用户往往是单独访问数据库中的一项或几项信息,被访问的信息通常只是整个数据库信息的极小的一部分(尤其对于大型电子数据库而言,这一特点更加突出)。与此形成鲜明反差的是,用户使用其他作品往往会从头看到尾,对其全部内容或主要内容进行使用。这一特点使数据库的使用与其他作品的使用有着本质的区别,它同时决定了对数据库的法律保护与对其他作品的法律保护有着本质的区别。

另一方面,数据库作为一个系统,具有一切系统所共有的整体性的特征。

系统是各要素之间、要素与整体之间相互联系、相互作用的矛盾统一体,具有从要素的量的组合达到系统整体的质的飞跃的总效应。这就是说,系统是由相互联系、相互制约的诸要素组成的具有特定功能的综合的整体,这种系统整体具有新的性质,而这种新的性质决不是组成该系统的诸要素的个体性质的线性加和,就是说整体大于它的部分之和。❷

因此,数据库的整体价值绝不仅仅限于构成数据库的作品或其他信息材料的个体价值的线性加和,与其他类型的系统一样,数据库的整体大于其部分之和。

3. 数据库是作品或其他信息材料的有序的集合,具有"有机关联性"的特征

数据库并非是内容杂乱无序的集合,而是根据一定的目的和要求,按照一定方式,经过系统地筛选、编排,形成一个有机的

---

❶ 薛虹:"因特网上的著作权及有关权保护",载《知识产权文丛(第一卷)》,第57页。

❷ 冯国瑞:《系统论、信息论、控制论与马克思主义认识论》,北京大学出版社1991年版,第106页。黑体字为引者所加。

统一体。经过系统的编排，数据库的内容呈现出一定的顺序和结构，作为一个整体向使用者提供某些信息，使数据库成为一个统一的有机集合。❶

而任何具有整体性的系统，其内部诸要素之间的联系都是有机的，诸要素之间相互关联、相互作用，共同构成系统的整体，诸要素在系统中不仅是各自独立的子系统，而且是组成母系统的有机成员。一般系统论的提出者贝塔郎菲在指出系统内部诸要素的有机关联性之后，进而论述了有关的概念，主要是"结构"概念。系统作为一种有机关联的整体，这种有机关联一般表现为系统的一定结构。❷ 数据库作为一个系统，其"有机关联性"就是指数据之间的关系及数据与数据库之间的关系，体现为数据库的结构。

系统论认为，组成系统的要素相同，但结构不同，系统的功能也就不同。例如，石墨和金刚石都是由碳原子构成的，但由于碳原子排列的结构方式不同，二者呈现出决然不同的物理性质。因此，相同内容、不同结构的数据库具有不同的功能，体现不同的价值。

数据库作为一个系统，同样也具有"有机关联性"的特征。前面已经论述了，数据库的整体价值大于材料的个体价值的线性加和，而且我们也知道，其中的一个原因是数据库中材料的汇集形成了数据库的整体；那么现在我们可以进一步知道，另外一个原因是数据库中材料的有机关联，形成了数据库的结构。

---

❶ 董炳和："数据库的法律地位"，载《知识产权文丛（第一卷）》，第312页。
❷ 王雨田主编：《控制论、信息论、系统科学与哲学》，中国人民大学出版社1988年版，第431~434页。

4. 数据库具有"可检索性"的特征,这正是数据库存在的目的

系统论认为,系统的有序性不是为有序而有序的,而是按照一定的方向而有序,不仅如此,这种方向是有一定的预决性或目的性所支配的。系统具有目的性(或预决性,finality)的特征,系统的发展方向不但取决于实际的状态(偶然性),而且还取决于一种对未来的预测(必然性),二者的统一就是所谓预决性。❶

数据库同样具有"目的性"的特征。也就是说,我们仅仅认识到数据库是一个系统,具有"整体性"和"有机关联性"的特征是不够的,这样会忽视数据库存在的根本目的——"可检索性",而与其他相关事物混淆;认识到数据库具有"目的性"的特征,使我们得以更准确地把握数据库的概念,避免造成概念上的混淆。上文中所讨论的多媒体与电子数据库的关系问题,就可以用数据库具有的这一特征而明确地加以区分。而且上文论述的数据库的三个特征,也都是由这一特征决定和为它服务的。

数据库中的每一个作品或其他信息材料都可以通过电子手段或者其他手段(传统的手段包括阅读、摘抄等)单独地进行访问,用户可以由此获得数据库中的作品、数据或其他材料。❷ 或者说,数据库存在的目的就在于其"可检索性"。

数据库具有"可检索性"的特征,这就意味着,数据库的检索方式是否功能强大而又易学易用,并能充分满足用户的需要,对于数据库的价值实现具有十分重要的意义,尤其对于数据量极为庞大的大型电子数据库而言,这一点具有特殊的重要

---

❶ 王雨田主编:《控制论、信息论、系统科学与哲学》,中国人民大学出版社1988年版,第437~438页。

❷ 董炳和:"数据库的法律地位",载《知识产权文丛(第一卷)》,第312页。

意义。也就是说,由于大型数据库的内容庞杂、层次繁多,用户检索的目的、角度不同,数据库制作者应当提供多种多样的检索方式充分、便捷地实现数据库的价值。必须指出:尽管数据库的检索方式非常重要,但它实质上是独立于数据库之外的一种产品,对它的法律保护虽然也是必要的,却不应与对数据库的法律保护问题混为一谈。对此,下文将会详细论述。

另一方面,数据库的这一特征还意味着,单个用户使用数据库的方式只是提取或利用其中一部分(甚至是极小的一部分)数据,这种使用方式是数据库使用的典型情况或者说是一般情况。对于这种使用方式,法律应当予以保护;而对于提取或利用数据库的全部数据或实质部分数据的"使用"方式,法律应当予以限制。

三、电子数据库的技术背景及法律保护范围

(一)单独提出电子数据库的法律保护问题的可能性与必要性

数据库的知识产权保护引起各方面的重视是从电子数据库的发展开始的。在前数字时代,非电子数据库(无论是电话号码簿还是汽车价目表)的制作者就希望藉知识产权保护其投资,但是数据库的制作者们很快发现他们在现有的知识产权体系中的处境不容乐观。

随着信息社会的到来,信息产业处于举足轻重的地位,从事信息的采集、整理、传播的信息服务业更加前景看好。自八十年代末,数字技术和新的远程通信网络的结合创造了自活字印刷发明以来在信息传播方面最伟大的变革;计算机使数量巨大的信息得以迅速地收集、存储、管理和传送,不断扩展着的数据库成为知识爆炸的催化剂,电子数据库打破了印刷媒体的局限,给予用户"按其需要自行选择和安排数据的摘录工具"。最近在互联网

和其他网络媒体上传播的增值数据产品,使新技术革新迅速涌现,电子出版也广泛推进了数字革命,使数据和研究结果能以低成本在全世界传播。信息产品的生产者们虽然对信息高速公路带来的广阔市场踌躇满志,但是借数字技术之便的"搭便车(free—riding)"行为也令他们惶惶不安,他们认为局限于印刷出版时代的知识产权法律体系已经落伍了。❶

电子数据库除了具有所有数据库的共性之外,还具有传统数据库不具备的特点:(1)存储量巨大;(2)检索方便、快捷、形式多样;(3)易于传播和实现资源共享。正是由于电子数据库具有上述特点,我们才有可能将其从传统数据库中分离出来加以研究。

另一方面,在知识经济时代,各种信息正以前所未有的速度被电子化、数字化和数据库化,电子数据库无可争议地成为数据库发展的方向和主流。甚至可以说,正是由于电子数据库的出现和迅猛发展,才向法律提出了挑战,更加突出和迫切地出现了所谓"数据库的法律保护问题",并引发了法律界研究和实践的热点。我们可以毫不夸张地说,电子数据库是知识产权法乃至整个法律的一个新的"生长点"。因此,我们有必要将电子数据库从传统数据库中分离出来,研究其法律保护问题。这也是本文的重点之所在。实际上,在《欧盟数据库指令》的立法建议中,开始只是将该指令限于电子数据库,但是后来认为仅仅依据载体的不同对数据库采用不同的法律保护不可行,于是放弃了该适用范

---

❶ 薛虹:"数据库的法律保护与反垄断",载《知识产权》1998 年第 3 期,第 24 页。

围限制。❶

(二) 电子数据库的技术背景简介

1. 相关概念及其关系

上文已经给出了电子数据库的技术定义,由于技术上的定义远较日常生活中的一般观念严格,因此首先必须明晰相关概念,避免引起混乱。

(1) 数据库管理系统 (database management system,简称DBMS)。

为数据库的建立、使用和维护而配置的软件。它建立在操作系统的基础上,对数据库进行统一的管理和控制。用户使用数据库的各种命令以及应用程序的执行,都要通过数据库管理系统。数据库管理系统还承担着数据库的维护工作,按照数据库管理人员 (DBA) 所规定的要求,保证数据库的完整性、一致性和安全性。❷

(2) 数据 (data)。

可由人工或自动化手段加以处理的那些事实、概念和指示的表示形式,包括字符、符号、表格和图形等。数据可以在物理介质上记录或传输,并通过外围设备被计算机接受,经过处理而得到结果。数据能被送入计算机加以处理,包括储存、传送、排序、归并、计算、转换、检索、制表和模拟等操作,以得到人们需要的结果。数据经过解释并赋予一定的意义之后,便成为

---

❶ Report on Legal Protection for Database, U. S. Copyright Office, Aug. 1999 (hereinafter Report), at p42。

转引自郑胜利、崔国斌:"数据库保护的立法现状与基础理论",载《知识产权与信息技术保护国际研讨会》,第 35 页。

❷ 1986 年版《中国大百科全书·电子学与计算机 (第 2 卷)》,第 681~682 页。

信息。❶

数据库仅是数据库系统的一个组成部分,而数据库系统则应包括:人员——数据库管理员(DBA)、硬件——计算机、软件——数据库管理系统(DBMS)和数据库。

(3) 数据模型(data model)。

数据库系统中用以提供信息表示和操作手段的形式构架。数据模型包括数据库数据的结构部分、数据库数据的操作部分和数据库数据的约束条件。数据结构❷是目标类型的集合。目标类型是数据库的组成成分,一般可分为两类:数据类型、数据类型之间的联系。数据类型如DBTG(数据库任务组)网状模型中的记录型、数据项,关系模型中的关系、域等。联系部分有DBTG网状模型中的系型等。数据操作部分是操作算符的集合,包括若干操作和推理规则,用以对目标类型的有效实例所组成的数据库进行操作。数据约束条件是完整性规则的集合,用以限定符合数据模型的数据库状态,以及状态的变化。约束条件可以按不同的原则划分为数据值的约束和数据间联系的约束;静态约束和动态约束;实体约束和实体间的参照约束等。❸

2. 设计过程

数据库设计(database design):数据库是应用信息系统的核心,其设计既要考虑多种用户对共享数据的不同要求,同时又必须综合平衡影响系统性能的各种工程因素。因而设计者常面临多种因素相互制约的复杂局面。为使设计者能摆脱设计过程中琐碎重复的资料处理和资料查询工作,在各个设计阶段配备简便的设

---

❶ 1986年版《中国大百科全书·电子学与计算机(第2卷)》,第678页。

❷ 必须指出,这里所说的数据结构实际上是指"数据库数据的结构部分",严格意义上的"数据结构"是指,由简单类型的数据构造复合类型数据的方法和表示,它并不属于本课题研究的范畴。

❸ 1986年版《中国大百科全书·电子学与计算机(第2卷)》,第684页。

计工具软件,对于加快设计进程并改善设计质量很有益处。整个设计过程可分为环境调查与系统分析、建立概念数据模型、逻辑模式设计和物理模式设计等4个基本阶段。

(1) 环境调查与系统分析。

调查工作从分析应用系统的环境开始,由外向内分层逐步深入。最外层是应用部门所处的环境;第二层是应用部门自身;第三层是待建立的计算机应用信息系统,而数据库系统是这个应用信息系统的一部分。这几个层次的边界在开始调查时并不清晰,需要通过这一阶段的调查分析加以明确。

设计者应精心安排对各类人员的调查顺序并准备好调查的问题。调查的问题应围绕弄清应用部门的职能范围、该部门流通的信息的种类和特性,以及有关的信息处理任务等。系统的信息流程图、各项职能的功能分解图和任务—数据使用矩阵等,可作为系统的描述工具,便于同用户一起讨论,取得一致的理解。

(2) 建立概念数据模型。

把前阶段调查分析所收集到的知识进一步表达为准确的概念数据模型。模型应反映应用部门的信息的结构、信息间的相互制约关系,以及应用部门各职能机构对信息存储、查询和加工的要求。在这一阶段,设计者应避开数据库在计算机上存放的具体工程细节,使模型尽可能真实全面地反映应用部门中信息的流通情况。以扩充的实体–联系数据模型方法为例,第一步先明确应用部门内各职能机构的信息实体、属性和实体间的联系。实体间的联系又可分为聚合型联系、概括型联系和事件型联系等。如此,即可给出反映各职能机构信息关系的局部视图。第二步再将第一步所产生的多个局部视图集成为一体化的全局视图,即为该应用部门的概念数据模型。在一体化过程中,要解决各局部视图间有关部分表现出的矛盾和相互冲突。辅助第二阶段的设计工具有:数据模型的高层描述语言、数据字典软件和概念模型显示等。在设计大型复杂系统时,这些工具尤为重要。

(3) 逻辑模式设计。

主要工作是把概念数据模型转换为逻辑模式,即适应于特定数据库管理系统的逻辑数据结构。与此同时,也要为各种数据处理任务产生相应的外部子模式。逻辑模式的转换已有成熟的方法可以遵循。例如,把概念数据模型转换为层次网状或关系型逻辑模式,应用程序和相应的子模式的产生,以及逻辑模式的性能评价和模式优化等都有算法可供选择。模式的评价和优化算法可编为软件作为设计工具使用,它能加快设计过程并使设计者获得较好的设计结果。

(4) 物理模式设计。

主要任务是文卷结构的设计,以及查询和应用作业的优化。在文卷设计中,存在着多种多样的索引文件和逻辑访问路径的设计算法。对于查询优化问题,在不同的文卷结构条件下存在着各种加快查询的优化算法。设计者的主要任务是从中挑选合适的方法,以满足用户对应用系统的性能要求并使之能为工程实现所接受。

大型数据库的设计过程,往往要经历多次循环反复。当某一设计阶段发现新问题时,设计者便返回到前面的某一阶段去进行修正。在数据库建立以后,由于用户的要求和系统在技术上的变迁,有时也要求修改设计。对这种维护性修改,设计者在开始设计时就应该考虑到修改的可能性。❶

(三) 电子数据库的法律保护范围

1. 与相关事物的区别

上文已经介绍了数据库只是数据库系统的一部分,数据库系

---

❶ 1986 年版《中国大百科全书·电子学与计算机(第 2 卷)》,第 683～684 页。

统的其他组成部分的法律保护问题应当与数据库本身的法律保护问题相区别。

第一，人员和硬件，即数据库管理员和计算机显然与数据库本身相去甚远，不在本文的讨论范围之内。

第二，数据库管理系统实质上是一种计算机程序，对它显然应当由著作权来保护，而不应与数据库的法律保护问题混为一谈。例如，《欧盟数据库指令》第1条第3款规定："本指令所提供的保护不适用于在制作与操作可采用电子手段访问数据库的过程中所使用的计算机程序。"

第三，数据库的法律保护问题，也不应受数据库中数据的法律保护问题的影响。这一点在国际条约中均有明确规定。

2. 数据库的法律保护到底应保护什么

在研究数据库的特征时，曾经论述了数据库的"整体价值"这一概念，并指出，数据库的整体价值绝不仅仅限于构成数据库的作品或其他信息材料的个体价值的线性加和，其原因在于数据库中材料的汇集和材料之间的有机关联。因此，法律应对这两个方面提供保护。

前面已经介绍了数据库设计的四个步骤，下面分别进行研究。

第一阶段，即环境调查与系统分析的阶段，可以说是"确定主题"和"收集材料"的阶段。

（1）所谓"主题"，是指文艺作品中所表现的中心思想，它是作品内容的主体和核心，是文艺家对现实生活的认识、评价和理想的表现。❶ 这里指数据库的主体类别、性质和核心。

"确定主题"阶段明确了数据库的类别、性质，确定了其大致的范围，类似于文艺创作中的确定主题的阶段。它虽然也是一

---

❶ 《汉语大词典（2.0版）》，商务印书馆（香港）有限公司，2003年版。

种智力活动,但只是"创意(idea)"而非"表达(expression)",不能获得法律保护。类似地,在文艺创作领域,法律也不可能保护作品的"主题"。因此,"确定主题"阶段的性质是产生思想的过程,而非创作过程。

(2)"收集材料"阶段是指数据库制作者对于主题范围内的各种材料进行广泛地收集,其内涵十分广泛,包括材料的获得、校验和数字化等活动,往往需要大量的人力、物力、财力、制作时间、成本回收周期等等的所谓"重大投资"。例如,从客观世界中提取信息,汇集事实材料,征得权利人的同意汇集其作品或作品片段,将汇集的数据数字化,校验数据,统一数据格式等等。

在研究数据库的特征时,我们已经知道,数据库的整体价值大于个体价值的线性加和,其中一个原因就是数据库中材料的汇集,这正是在"收集材料"的过程中形成的。

正如董炳和先生在《数据库的法律地位》一文中所指出的,"数据库作为作品、数据或其他材料的汇编,被汇编在数据库内的作品、数据或其他材料构成了数据库的内容,它们是数据库的核心部分。数据库的主要的功能在于向用户提供一定的信息。用户访问或使用一个数据库,目的就是要从这个数据库中得到有用的信息。从用户的角度看,一个数据库的使用价值或交换价值的大小,主要取决于数据库的信息含量。一个数据库能够为用户提供的信息主要来源于数据库的内容。因此,数据库的内容是决定数据库的使用价值和交换价值的关键因素。"

但董先生紧接着又指出,"构成数据库的内容的作品、数据或其他材料在制作数据库时就已经存在了。作为数据库的内容体现出来的作品、数据或其他材料,仅仅是未被汇编入数据库之前的作品、数据或其他材料的复制品而已。因此,将它们汇编入数据库,并没有改变它们自身所具有的信息含量。无论数据库的制作者投入了多少资金、技术和人力,就数据库中的任何一个特定的作品、数据或其他材料而言,它所提供的信息与其处于零散状态时是相同的。"对于这一点,笔者不敢苟同。

显然,处于"零散状态"的数据被汇入数据库(我们可以姑且将它称为"系统状态")后,它本身的信息量并未增加,但是同样显然的是,处于"系统状态"的数据比处于"零散状态"的数据更容易被用户检索。举例来说,将法律法规汇集在一起,制作一个电子数据库,供学生们学习,虽然这对于每一个学生来说都有不必要的"信息冗余",但这样做从整体上显然比让每一个学生分别地、一次性地搜寻自己想要的法律法规更方便,更有效率,也更能实现社会资源的优化配置。当然,如果这些法律法规在选择或编排上具有独创性,则可能更加有利于学生们的学习,但这是另外一个问题,并不能因此否认上述观点。

因此,笔者认为,"收集材料"不是创作活动,只是一种智力性的"劳务活动",但是由于这一劳动产生了数据库整体价值的一部分,理应受到法律保护。这一点不仅对于那些从客观世界中提取信息构成的数据库(例如,关于农作物在不同地点和时间的生长发育状况的数据库)至关重要,而且对于那些汇集事实材料构成的数据库(例如,关于某地知识产权审判情况的数据库)也是十分必要的。否则,在实践中就会不可避免地出现大量的"搭便车"行为。具体说来会出现这种现象,即从他人的数据库中获取信息,然后作为自己的信息出售。这种行为人,其对信息几乎不花费收集费,因此可廉价地向外界提供信息,不正当地取得竞争的有利地位。为禁止这种行为,知识产权法成为必不可少。❶ 这一点对于电子数据库,尤其对于在网络环境下的

---

❶ [日]中山信弘著,张玉瑞译:《多媒体与著作权》,专利文献出版社 1997 年版,第 6 页。

大型电子数据库而言，更是如此。

第二阶段，即建立概念数据模型的阶段，则是"选择材料"和"编排材料"的阶段。

"选择材料"是指对第一阶段收集的材料根据制作数据库的目的进行选择。（严格地讲，在"收集材料"的过程中当然也有"选择材料"的问题，但此时的"选择"只是根据数据库的大致范围进行的，其功能仅限于将不属于此范围的材料加以排除。例如，在制作"清代国画数据库"时，制作者显然不会去收集有关卫星通信方面的材料。这种"选择"只是一种智力性的"劳务活动"。）而这里所说的"选择材料"包括了对材料的检选、提炼和改造。"编排材料"是指明确材料的属性及材料相互之间的联系，以符合用户对数据库进行存储、查询和加工的要求。

对材料的选择和编排产生了数据库的"有机关联性"，即决定了材料之间的联系和材料与数据库之间的联系，也就是"数据库的结构"。在分析数据库的特征时，我们已经知道，数据库的整体价值还体现于它的"有机关联性"，相同主题的数据库可能会在材料的选择或编排上相距甚远，体现出不同的个性。对此，法律当然应当给予保护。

第三阶段即逻辑模式设计的阶段和第四阶段即物理模式设计的阶段，实质上是将前两个阶段的结果转换可以为在计算机上实际运行的数据库，主要是利用现成的数据库工具软件自动运行完成的。这就好比是完成了源程序后，利用汇编程序或编译程序将其翻译成与之等价的机器语言程序，其中的源程序和机器语言程序实质上是同一作品，能够受到著作权法的保护，其法律依据是我国《计算机软件保护条例》第三条第（一）项第二目，即"计算机程序包括源程序和目标程序。同一程序的源文本和目标文本应当视为同一作品。"也就是说，这里所说的"翻译"实质上是一种"复制"，本身并不具有创作性，不能受著作权法的保护。

综上所述,我们可以得出结论:为数据库提供法律保护应当保护"收集材料"和"选择、编排材料"两个方面,二者缺一势必导致"搭便车"现象的大量发生,使数据库制作者的权益不能得到充分实现,挫伤其积极性,影响数据库产业的发展,进而影响社会的进步和公众的利益。

四、数据库产业❶的发展现状及法律保护的实践意义

(一)数据库产业的定义

信息服务业是知识经济的重要行业,已成为全世界发展经济竞争实力的最重要手段之一,❷ 报告显示,2006年世界信息服务产业规模达到4.25万亿美元,较2005年增长9.1%。❸

《中国大百科全书》将信息服务业(Information Service Industry)定义为:有效地运用信息加工机器对信息资源科学地加工并将结果提供给顾客以获取收益的行业。它包括信息提供服务业和其他信息服务业,其中,信息提供服务业是对各种数据进行收集、加工、存储,作为信息来提供给顾客的行业,数据库就是信息提供服务业的主要业务之一。

(二)数据库产业在国际的发展现状

自从1969年美国的IBM公司开发出第一个DBMS系统IMS以来,数据库的研究和开发已经走过了三十多年的历程,经历了三代的演变(从层次型数据库系统到网络型数据库系统,再到现在成为数据库主流的关系型数据库系统),取得了辉煌的成

---

❶ 这里所说的"数据库产业"是指电子数据库产业。
❷ 于万源:"中国电子信息产业概况",载《电脑报》1998年第5期,第2版。
❸ 潘竑:"2007年全球信息产业规模稳步扩大,结构继续'软化'",载《金融时报》2007年5月9日。

就,形成了数百亿美元的产业❶,数据库技术和系统已经成为世界各国信息基础设施的核心技术和重要基础。❷

据欧共体委员会1991年底调查统计,当时西欧公司提供的联网数据库为1 616个,而美国公司提供的联网数据库为3 057个,加上其他形式的电子信息服务,欧洲计算机网络服务业的年收入为39亿美元,远远低于美国的97亿美元。在欧洲,该行业业务的96%是金融和商业信息。据估计,欧共体国家在数据库、网络以及其他计算机联网服务方面,比美国落后3~5年。欧共体的联网业务规模大约是美国的一半。❸

美国是世界上数据库业起步最早的国家。目前,在世界范围内,无论是数据库的数量、质量、品种、类型,还是数据库生产者、数据库提供商的数量,抑或是联机数据库的使用频率和产值方面,别的国家还都无法与之抗衡。

20世纪80年代初,英、法、德等国意识到数据库产业的重要性,开始自主建立数据库产业和联机产业,以期打破美国的垄断,到20世纪90年代中期,欧洲约有2 000个数据库提供利用,占世界全部的27%,其涉及语言丰富,联机服务产值在1991~1996年的年均增长率为15.9%,远高于美国同期的增长率8.5%。体现出强劲的势头。西欧数据库产业后劲十足的原因有:信息自立的战略,主要向内的经营策略,不断完善的经济技

---

❶ 关于整个数据库产业产值的具体数字,笔者没有直接查到,但根据Dataquest的报告,1997年全球数据库软件(即数据库管理系统DBMS)的市场销售收入就达66亿美元。

❷ 李建中:"数据库技术向何处去",载《中国计算机报》1999年第79期,第3版。

❸ 严康敏、赖茂生:《信息高速公路——面向未来的震荡》,山东教育出版社1996年版,第36页。

术环境,特别是欧洲一体化的进程。❶

(三) 数据库产业在我国的发展现状

20 世纪 90 年代以来,我国电子信息产业发展迅速,年增长率达到 27% 左右。❷

我国的数据库(主要是中文数据库)建设起步于上世纪 70 年代中后期,当时主要引进学习国外理论和成果。随后,全国许多单位纷纷开始建设数据库。"七五"期间,我国在数据库建设方面的投入达 10 亿元人民币。截止到 1995 年 10 月 31 日我国自建且有一定规模的数据库已达 1 038 个。这些成就,为经济建设和社会文明进步起到了积极的推动作用。❸

目前,我国的数据库已由 1992 年 806 个增加到 1 000 个以上,数据库的容量有很大发展,能发挥效用的数据库大大增加,1992 年上报的 806 个数据库可用的不到 1/10,而现在的 1 000 多个数据库中,大部分已在一定范围内提供不同程度的服务。

据统计,1998 年我国软件市场的销售额约 140 亿元,而数据库及其开发类工具软件就约占了 40%,且几乎全部被国外数据库软件占有。据 1997 年的统计,中国每年要花 50 亿购买国外数据库,而且以 25% 的速度发展。而且,全球大型数据库组织中约有 25% 已将他们的主要数据库接入网络,或许另外 40% 也

---

❶ 谢新洲:"欧美数据库产业的发展现状",载《情报学报》,第 16 卷第 6 期,第 434 页。

转引自胡钢:"论数据库的法律保护",载《北京大学法律系 96 级硕士论文》。

❷ 郭平欣:"我国信息产业市场一瞥",载《电脑报》1998 年第 43 期,第 1 版。

❸ 崔希文:"发展我国中文数据库产业的战略对策",载《情报学报》第 16 卷第 5 期,第 383 页。

转引自胡钢:"论数据库的法律保护",载《北京大学法律系 96 级硕士论文》。

期望在明年实现上网,因而大多数新的应用也将在网上运行。❶

虽然目前国产数据库占有的比例很小,但由于使用国外的数据库存在着安全、超前消费、售后服务、价格等一系列问题,使得国产数据库有着自己的生存空间。国产数据库产业化的目标是占领数据库市场的50%,继而进入国际市场,取得5亿美元的年市场份额。❷

多年来,国家一直特别重视开发具有自主版权的国产数据库软件产品,并一度列入国家863计划的项目,但总的来说目前我国数据库软件的发展水平仍令人忧虑,尤其在市场上叫得响的产品更是凤毛麟角。面对数据库"网络化"的发展趋势,现在国内拥有数以万计的各类大小数据库,而80%以上都没有上网,大量资源被束之高阁,可以说都是些"死的数据库",这对国家、企业来说无疑是极大的浪费。❸

电子信息产业已成为全世界发展经济竞争实力的最重要手段之一,党和政府于1992年就明确把电子信息产业作为发展国民经济的支柱产业,并于1997年4月18~21日由国务院信息化工作领导小组主持召开全国首次信息化工作会议,全面明确地提出了中国信息化建设的指导方针和原则。

虽然取得了很大的成绩,但现在仍是我国数据库产业的形成阶段,国家机关、图书馆、信息中心等部门在信息化的过程中都迫切地需要数据库软件,而且在网络时代数据库也有着更大的发展。近几年来我国数据库新产品的推出,大大增强了国产数据库

---

❶ 何小明编译:"数据库产业从封闭走向开放",载《计算机世界》1999年10月25日,C21版。

❷ 达梦:"国产数据库走产业化之路",载《网络世界》1999年10月11日,第38版。

❸ 吴广印、刘星雨:"国产数据库夹缝之中的生存",载《计算机世界》1999年10月18日,E19版。

产品的市场竞争力。但纵观我国数据库产品的类型、数量及市场规模等还无法与发达国家的产品相比,因此为了满足信息资源建设的需要,缩小与国际同类产品的差距,必须加速发展我国的数据库产业。❶

(四)原因及对策

分析我国数据库产业发展相对滞后的原因,除了资金、技术、人才等问题外,造成上述差距的重要原因就是我国数据库建设的产业政策、法律不够完善,因此,制订重点扶持的产业政策和建立坚强有力的法律保障就显得非常必要和迫切了。数据库产业对于我国的现代化建设具有特殊的重要意义,其发展前景异常广阔,虽然取得了不小的成绩,但还存在着许多问题,其中,对于数据库的法律保护不力是一个重要问题,这正是本文的实践意义之所在。

特别是由于数据库立法方面的空白,导致人们不愿意投入大量的人力、物力和资金制作数据库,在一定程度上确实阻碍了数据库产业的发展。但同时也必须看到,在数据库产业相关的法律关系中,一方面是数据库的制作者,另一方面则是广大用户(公众),法律必须兼顾平衡双方的利益。

另外一个必须严肃对待和慎重考虑的因素是,由于资本和技术在全球范围的不平衡性,发达国家(尤其是美国❷)在数据库

---

❶ 黄果:"信息时代的'阿拉丁神灯'——中国科学院研究生院罗晓沛教授谈我国数据库的发展历程",载《计算机世界》1999 年 10 月 11 日,C3 版。

❷ 美国的信息业在技术、产量、使用规模和装备水平等方面均居世界之首。它的信息服务业非常发达,有各种信息管理系统 50 万个,软件服务业占世界市场的 60% 以上。1994 年世界十大信业公司中,美国就有六家。早在上世纪 70 年代,美国就宣布本国的信息产业产值和从业人员已超过国民总产值和就业人数的一半,已进入信息社会。据悉,现在这一比值已达 2/3 左右。

严康敏、赖茂生:《信息高速公路——面向未来的震荡》,山东教育出版社 1996 年版,第 26~27 页。

产业方面相对于发展中国家具有明显的优势，如果过分强调保护数据库制作者的利益，实质上就是过分强调保护发达国家的利益，这必将损害我国的民族数据库产业和我国广大数据库用户的利益，进而损害我国的国家利益。但同时又必须考虑到我国参加或者加入的国际条约的相关规定，履行我国的国际义务，维护我国的国际形象。

因此，在建立我国的数据库保护法律制度的时候，必须在两个问题四个方面进行平衡：第一个问题是数据库制作者利益与用户利益之间的平衡，第二个问题是作为发展中国家的我国利益与发达国家利益之间的平衡。

五、数据库的著作权保护

（一）概述

在研究数据库的法律保护问题时，人们首先想到的是著作权保护。这是因为，在著作权保护的作品中原先就有"汇编作品"（compilation）这一种类。

应当指出，严格地说，汇编作品在著作权法中并不是一个作品种类。除立体美术（艺术）作品之外，几乎任何一类作品都能以汇编的形式出现❶，而且受保护的汇编作品本身也应归属于作品分类中的某一类作品。比如，汇集了多部文字作品的论文集仍属于文字作品，而融音乐和活动影像于一体的音乐电视剧则属于视听作品。当汇编作品包括多个作品种类时，汇编作品整体的分类由最重要的组成部分的分类决定。

而数据库则是数据的集合，构成它的数据可能是作品、作品

---

❶ 郑成思：《版权法（修订本）》，中国人民大学出版社1997年版，第189页。

的片断❶或其他材料。前面已经论述了汇编作品与数据库之间的关系，可以认为，汇编作品是数据库的一部分。因此，人们自然想通过汇编作品这一"媒介"，将数据库纳入著作权保护的范畴。

我们知道，著作权保护的是作品，要想达到作品的标准必须满足一定的条件，主要是"独创性"的标准。❷

除此之外，还应符合"固定要求"（fixation requirement），这是指必须以物质形式将作品固定下来，才能获得著作权。这主要是将"口头作品"排除在外了，此外还排除了把表演活动视为作品的所谓"演艺作品"。但有些原先曾要求作品必须固定之后才受著作权保护的国家，正在修改著作权法，以使"固定在物质形式上"，只作为司法程序中的一项要求，而不作为获得著作权的条件，以便与其保护表演者权的单行法，在法理上一致起来，并在实践中减少漏洞。

"固定要求"的典型国家是非普通法国家。《伯尔尼公约》虽在第 5 条中禁止各成员国对著作权保护提出形式上的要求，而主张完全的自动保护原则，但却在第 2 条第 2 款中又准许成员国提出"固定要求"。把这种要求作为一种例外，主要也是考虑成员国在司法上的方便。在有"固定要求"的国家，可以推定：

---

❶《著作权法实施条例》中使用的是"片断"一词，而修改后的《著作权法》则使用了"片段"一词。根据商务印书馆《汉语大词典》的解释，"片断"是指：整体中的一部分；而"片段"是指：1. 整体中的一部分。2. 相对完整的个体。笔者认为，采用"片段"一词似乎更强调了材料的"相对完整性"；而且，修改后的《著作权法》将汇编作品的构成成分扩展为"若干作品、作品的片段或者不构成作品的数据或者其他材料"，这样，作品中不具有"相对完整性"的部分至少可以被纳入"不构成作品的其他材料"的范畴，并未因一字之差而缩小汇编作品的范围。

❷ 有学者将作品的保护条件划分为实质条件和形式条件，前者指"独创性"，后者指"可固定性"。详见吴汉东等：《西方诸国著作权制度研究》，中国政法大学出版社 1998 年版，第 38~45 页。

作品未固定在物质形式上之前,作者不仅不享有经济权利,也无精神权利可言。❶

我国《著作权法》中并没有"固定要求",但《著作权法实施条例》第二条规定:"著作权法所称作品,指文学、艺术和科学领域内,具有独创性并能以某种有形形式复制的智力创作成果。"显然,这一规定将"口头作品"纳入了著作权保护的范畴,此要求比"固定要求"更低。

在研究数据库的著作权保护问题时,当然也要考虑这一要求。实践中,形成成果的数据库显然能够满足这一要求,因此,该要求不是研究的重点。研究的重点是数据库能否满足"独创性"的要求。但是,对于这一判断标准,不仅在不同法系存在着差异,即使在同一法系的不同国家或地区,或针对不同类型的作品也有着不同的解释。❷

(二) 英美法系

英美法系国家的立法者认为:著作权是调整贸易、商业和艺术的手段,是作者为社会服务的报酬。因而著作权无非是阻止复制有形物质的权利,通过这种权利的实现来激励人们对文化生产进行再投资,促进本国经济的发展。在英美法系国家著作权法中,以"originality"一词来表述"独创性"这一概念。英国1988年著作权法第1条(a)项指出"文学、戏剧、音乐或艺术作品"受保护的实质条件是应当具有"独创性",美国著作权法第102条(a)项要求受保护的作品必须是"原作",加拿大、澳大利亚、新西兰等国的著作权法也作了类似规定。

---

❶ 郑成思:《版权法(修订本)》,中国人民大学出版社1997年第2版,第82~83页。

❷ 葛锦标:"新技术发展与著作权若干法律问题研究",载《北京大学法律系93级硕士论文》。

由于英美法系国家的著作权制度并不刻意追求维护作者的创作成果,而是根据经济学原理通过刺激人们对作品创作的投资来促进新作品的产生和传播,因而著作权保护的对象自然涵盖了通过智力创造劳动、凭借技巧从事的活动,甚至是劳动直接产生的能够被复制的结果。表现在立法上,英美法系国家的著作权法不仅对文学、艺术这些有较高创作水平的作品予以保护,而且很早就对事实作品(factual work)、功能性作品(functional work)予以保护。因而我们不难得出这一结论,在英美法系国家最初的著作权立法中,作品的独创性只是解决作品来源以区别作品归属的一个重要条件,作品创作程度的高低仅是一个参考因素;作品所蕴涵的经济价值是作品能否受保护的一个潜在条件,左右着立法者的潜意识。概言之,这些国家对独创性的要求较低。

"独创性"的含义包括两方面的内容:第一,作品是由作者独立完成的而不是对其他任何作品的复制,这是区别这种特殊"产品"的来源和归属的判断标准;第二,作品须体现出作者在创作过程中所付出的最低限度的技巧、判断和风格等劳动成果,这是激发新作品不断产生,人类文化生活不断丰富的必要条件。[1]

1. 英国

英国对独创性的要求非常低,正如 Pearson 法官在 University of London V. University Tutorial Press 等中所言:"独创(original)"一词并非意味着作品必须是原始的(original)或创造性的(inventive)思想(thought)的表达。著作权法注重的不是想法(idea)的独创性(originality),而是思想的表达;而对于"文学词语",则注重以印刷或书写形式的思想的表达。所要求

---

[1] 吴汉东等:《西方诸国著作权制度研究》,中国政法大学出版社1998年版,第38~40页。

的独创性与思想的表达有关。然而,法律并不要求必须以一种独创的或新颖的方式表达,该作品只需不从另一作品复制,即它创自于作者。❶

在司法实践中,法院只要求作品不是复制他人,而是耗费了作者的独立的技能、知识、精神劳动,品味或判断后,就可获得著作权保护。在一些案例中,如 Waterlow Directories Ltd. V. Information Services Ltd. [1992] 案,汇编者费力费时地收集资料,并以相当的准确性将其结果记录并反映出来,英国即提供著作权保护。这些汇编包括:"白页"电话簿、股票价格表、电视节目表、马赛赛程表以及律师事务所指南等。❷

2. 美国

在早期,美国著作权法中对于作品独创性的要求也是比较低的。1903年,美国联邦最高法院才在 Bleistein 案中首次对"独创性"作出规定,判决书指出,只要作品符合法定的可享有著作权的作品的种类且由权利主张者创作完成,即如果一件作品是由作者独立完成的,就具有独创性。其中,独立完成的含义是:"个性,总之是包含了某种独特的东西。即使在笔迹中它也能够表现出其独特之处,而一件极低水平的艺术品中也存在某些不可约减的东西。"甚至到了1945年,美国法官 Story 在 Emerson v. Davies 案的判决书中指出:"牺牲自己利益,或者凭技巧、劳动,或者耗费了金钱测绘出或由搜集的资料编制出州或国家地图的人对该地图享有著作权"。这一判决未对独创性标准作出明确规

---

❶ John Adams,"Small Earthquake in Venezuela": The Database Regulations 1997, E. I. P. R. Vol. 20 Issue 4, Apr 1998, P129。
转引自胡钢:"论数据库的法律保护",载《北京大学法律系96级硕士论文》。
❷ Stanley Lai, Database Protection in the United Kingdom: The New Deal and its Effects on Software Protection: E. I. P. R., Vol. 20 Issue 1, Jan 1998, P32。
转引自胡钢:"论数据库的法律保护",载《北京大学法律系96级硕士论文》。

定,甚至未区分出"创作"与"投资"之间的关系。

这就是说,早期美国著作权法所要求的独创性只是从量的规定上来加以定义,要求作品有"不可约减"的个人劳动成果,而不是从创作高度的标准来加以限制,因而它规定的独创性标准较低,一件作品只要与现存作品具有细微差别即可受到著作权的保护。❶

对于数据库的法律保护问题,美国长期采用"额头出汗"(sweat of brow)或称"辛勤收集"(industrious collection)原则。按照这一原则,只要在材料的收集过程中付出了辛勤的劳动,投入了足够的人力、物力,由此而获得的数据库就可以得到著作权保护。在1985年的Southern Bell Tel. & Tel. V. Associated Telephone Directory Publishers 案就是按照"辛勤收集"原则作出裁判的。❷ 但在著名的Feist 案中,该原则却被明确地抛弃了。

1991年,美国最高法院对Feist Publication, Inc. v. Rural Telephone Service Co. 案进行了审理。该案的诉因是Feist 公司重新汇编了Rural 电话服务公司的白页电话簿。诉讼争论的焦点是,这种由纯粹事实信息未经加工集合而成的作品是否享有著作权。诉讼结果是Feist 公司胜诉。美国联邦最高法院裁定,数据库必须经过一定程度的创造性收集和加工整理,而非简单的按顺序编排,才能取得著作权保护。❸

美国著作权法第101条规定:"汇编作品"是通过收集和汇编原有的材料或经过选择、整理或安排(即Selection, Coordination or Arrangement,通称 SCA)的资料,使由此产生的作品作为

---

❶ 吴汉东等:《西方诸国著作权制度研究》,中国政法大学出版社1998年版,第40~41页。

❷ 谢铭洋:"论资料库保护之法律保护",载《法学论丛》第27卷第2期,第271~272页。

❸ 寿步等:《计算机知识产权法》,上海大学出版社1999年版,第285页。

整体构成作者的独创作品。

在 Feist 案中,法院认为,电话簿包括指定地区的所有用户,而且数据的编排是按照如字母顺序等最基本的编排标准,其 SCA 不能满足最低的著作权标准。法院还指出,著作权法中的"独创性",指作品必须由作者独立创作(而不是复制其他作品),同时作品还必须具有至少某种最低程度的创造性(least some minimal degree of creativity)。也就是说,"独创性" = "独立的创作物" + "少量的创造性"。❶

Feist 案对美国数据库保护的影响十分深远,在司法实践中至今能采用该标准。例如,1994 年的 Martindale—Hubbell, Inc. v. Dunhill International List Company Inc. 案和 1995 年的 Skinder—Strauss Associates v. Massachusetts Continuing Legal Education, Inc. 案(914 F. Supp. 665, D. Mass 1995),在这两个案件的判决中,法院均认为原告的数据库不能获得著作权保护。另外在 1996 年的 Pro—CD v. Zeidenberg(86F, 3d, 1447, 7th Cir. 1996)案中,法院认为其电话号码簿比 Feist 案中的具有更高的独创性,但仍然不能获得著作权保护。❷

在 1997 年的 Warren Publishing v. Microdos Date Corp. 案中,法院采取了更加严格的标准。本案中,原告制作了以字母顺序和按州分别编排的有线电视号码簿(Directory of Cable System),被告则制作了包含同样资料的电子数据库,原告主张被告侵犯了其著作权。一审法院判决原告胜诉,第十一巡回上诉法院却认为原告制作的数据库不能享有著作权。上诉法院的 Birch 法官认为,

---

❶ 寿步等:《计算机知识产权法》,上海大学出版社 1999 年版,第 285 页。
❷ http://www.infoindustry.org/ppgrc/prc/prdoc003.htm.

原告对资料的选择汇集属于不受著作权法保护的"体系（system）"❶；资料的分类是"事实之发现（discovery of facts）"而不是"思想的表达（expression of ideas）"，因此，原告对于这种"事实材料的汇集"不能享有著作权。原告上诉至最高法院，最高法院维持了上诉法院的判决，没有表示任何意见或异议。❷ 本案的意义在于，由事实材料构成的数据库很难符合独创性的标准，难以得到著作权保护。

（三）大陆法系

与英美法系国家的著作权法不同，大陆法系国家一开始就采取了较严格的"独创性"标准。著作权法不仅关注作者的经济权利，而且更关注作者的精神权利，其目的在于通过对著作权的保护，来鼓励人们发挥创造才能从事智力创造活动。❸

德国慕尼黑大学教授乌尔里希指出，作品概念具有5个前提：首先必须是创作，这种创作必须具有智力内涵，而且必须具有确定的形式，其中要表现出作者的个性，还必须具有所要求的创作高度。

（1）作品必须由作者创作出来，必须有创造的活动，将发现的物品视为艺术品并不产生著作权保护的作品；必须是人的创造，机械和仪器之类是不能创造作品的。针对"将某种被发现的东西视为作品"的观点，乌尔里希教授还特别指出，这种标

---

❶ 美国《著作权法》第102条（b）规定："在任何情况下，对作者的独创作品的著作权保护，决不扩大到任何思想（idea）、程序（procedure）、方法（process）、体系（system）、操作方法（method of operation）、概念（concept）、原理（principle）或发现，不论在这种作品中这些是以什么形式描述、说明、图示或发现的。"

❷ http://www.yahoo.com/headlines/tech/summary.html.

❸ 吴汉东等：《西方诸国著作权制度研究》，中国政法大学出版社1998年版，第41页。

准对于文字作品以及文字作品领域中的书信、表格、目录等，将会导致荒谬的结果，即价格表、目录单等这种顶多只能得到外观设计保护的产品将被视为艺术品，得到著作权保护，并因此以违背竞争原则的方式排除同样产品的生产和销售。

（2）人的智力必须在作品中得以体现，思想的或感情的内容必须由作品传达出来。语言作品中必须有通过语言这个工具表现出来的思想和感情内容。这种智力内涵落实和体现于所述内容的思想形成和发展中，或落实和体现于对已有材料的充满才智的汇编、划分或编排形式及方式中，或二者皆有。这里要注意，对于科学技术作品，不仅其内容成分可能不受保护，而且因为科学研究中通常或必然采用某种思想形成和发展的方式，因而其中的智力成分也可能在评判是否受到保护时被排除出去。

（3）作品创作必须采取一种可以使人的感觉感知的形式。但是，形式确定并不要求实体性的确定，也不需要长时间的确定。此外，作品能否为人的感觉直接感知，或者只是在技术设备的协助下才能间接感知，是无关紧要的。而且，作品完成与否也不是获得法律保护的必要条件。

（4）作品必须打上作者个性智力的烙印。个性不仅作为作品概念的实际前提而成为受保护的基础以及标明保护与否的界限，而且还决定保护的范围。通过个性，著作权保护的作品和著作权不保护的大量日常的东西、平庸的东西以及处于一般范畴内的产物才得到区分。语言作品的带有个性的智力创作的特色，既可以由作者构想出来的、成为作品基调的故事情节来体现，也可以由从语言设计中所表现出来的思想发展与形成过程来体现，还可以由对已有材料的创造性的汇集、选择、划分和编排来体现。是否具有个性的前提是：在作品的创作当中要有发挥个人特色的余地。乌尔里希教授特别指出，在某些情形中，个性创造的余地受到极大的限制，比如按字母顺序编排目录。

（5）个性在作品中的表现程度可以很不相同，但是，智力创作劳动总是必须达到一个特定的最低标准，这个标准一般被称为创作高度，这是从量的角度来看个性。只有当创造性的个性达到所要求的创作高度时，才产生受保护的作品。著作权保护的下限就是以这样的方式确定的。❶

其中对于著作权能否数据库问题影响最大的，就是"创作高度"标准。这一标准是在 20 世纪 50 年代由学者提出的，原来是用于区别受著作权法保护的实用艺术与受外观设计法保护的外观设计的标准。对于"创作高度"虽然不能从审查客观新颖性的意义上理解，但著作权保护确实要求比外观设计保护显然高得多的个性程度，必须显示出艺术性的创作高度才能成为作品。这个标准在八十年代被德国联邦最高法院接受，并得到了广泛的应用。

由于该保护要件相当严格，因而招致学术界的批评。但在文字作品领域，无论在学说还是在实务上历来存在一个特例，即"小钱币"原则。该原则认为，目录、价目表、电话号码簿、食谱等，只要在材料的汇集或编排上具备最低程度的创作高度，就可以受到著作权保护。但该原则仅适用于汇集事实性材料的数据库，对于其他类型的数据库则难以适用。

在一个涉及电子电话号码簿的案件中，德国的三个法院竟然分别作出了三个不同的判决。基本案情是：原告开发了储存于 CD—ROM 中的电子电话号码簿，而被告作为同业竞争者，提供并发行非常便宜的同样内容的 CD—ROM 电子电话号码簿。Hamburg 地区法院认为被告违反了反不正当竞争法，但却没有判定是否构成著作权侵权。Frank—furk 区法院确认，依据著作权

---

❶ ［德］乌尔里希著，郑冲译："作品的概念"，载《著作权》1991 年第 3 期，第 45~48 页。

法，原告的电子数据库包括数据本身、所用的简称、CD—ROM的用户界面、名字的搜索等，非法复制和发行原告数据库中存储的数据的行为是著作权侵权行为。Frankfurt 上诉法院认为，在判例法和成文法中，电话号码簿能否成为著作权法保护的作品还需要探讨，被告并未对原告构成著作权侵权。❶

但在 ATB—CD—ROM 一案中，法院则认为，将电话号码按照重要性以特殊方式分别处理、制作，或以一定方式穿插广告，则可以受著作权保护。❷

德国是欧盟成员国，由于《欧盟数据库指令》中没有"创作高度"的要求❸，此标准将来在德国也会大大降低，但总的来说，在德国，为数据库提供著作权保护，也是十分困难的。

（四）"北欧目录规则"（Nordic catalogue rule）

一般来说，为数据库提供著作权保护的最大障碍在于"独创性"问题，但在某些国家，传统上就存在一种特殊的规则，能够在一定程度上解决此问题，这个规则就是所谓"北欧目录规则"。

瑞典著作权法第 49 条规定："汇编了大量信息条目的目录、表格或与之类似者，自其出版之日起 10 年内，他人未经其制作者许可不得复制。"丹麦、挪威、芬兰和冰岛的规定与瑞典的规定大致相当。此规则对不具备独创性的数据库的保护具有以下特点：

---

❶ 邢颖、刘红岩、李瑞强："电子电话号码数据库的法律保护"，载《著作权》1998 年第 2 期，第 46~47 页。

❷ 谢铭洋："论资料库保护之法律保护"，载《法学论丛》第 27 卷第 2 期，第 271 页。

❸ 《欧盟关于数据库法律保护的指令》"鉴于"部分第（16）项规定："作者智力创作上的独创性是用以确定数据库能否适用著作权保护的唯一标准，此外没有其他标准，尤其不能使用美学标准或质量标准。"

第一，保护的客体是那些不具有独创性的数据库。能够取得这种特别保护的数据库，必须汇集了大量的信息条目。因此，只含有少量信息的非独创性数据库是不能得到这种保护的。对于那些具有独创性的数据库，这些国家均按汇编作品予以著作权保护。

第二，保护的内容只涉及未经许可的复制行为，而不及于其他行为。因此，这种特别保护的范围是极为有限的。

第三，保护期从10年到15年不等，大大少于著作权保护期间。

墨西哥著作权法给予不具有独创性的数据库的保护于上述北欧五国略有不同。墨西哥著作权法第107条规定，具有独创性的数据库作为汇编作品予以著作权保护。第108条规定，不具有独创性的数据库仍受保护，开发者享有5年的专有使用权；而根据第110条的规定，对数据库的经济权利几乎涉及著作权权利的所有内容，因此，墨西哥著作权法实质上给予不具有独创性的数据库为期5年的著作权保护。❶

(五) 国际条约

1.《保护文学艺术作品伯尔尼公约》

该公约第2条第5款规定："文学或艺术作品的汇集本，诸如百科全书和选集，由于对其内容的选择和整理而成为智力创作品，应得到与此类作品同等的保护，而不损害作者对这种汇集本内各件作品的权利。"显然，这是针对选择或编排"受著作权保护的资料"而形成的汇编作品所做的规定，这种保护能否及于选择或编排"不受著作权保护的资料"而形成的数据库，尚有争议。为此，世界知识产权组织（WIPO）于1991年就《伯尔

---

❶ 董炳和："数据库的法律地位"，载《知识产权文丛（第一卷）》，第321～322页。

尼公约》的适用问题召开了一次专家会议，会议肯定了《伯尔尼公约》规定的汇编作品包括以印刷形式或计算机存储形式存在的数据库，并在会议备忘录中建议，选择或编排"不受著作权保护的资料"而形成的作品亦应受该规定的保护。❶

值得注意的是，《伯尔尼公约》对于数据库是否具有独创性的判断标准是"选择和整理"（selection and arrangement），而不是通常所说的"选择或编排"（selection or arrangement）。那么，能否认为，《伯尔尼公约》要求数据库必须在选择和编排两个方面同时具有独创性才能获得著作权保护呢？目前没有任何证据证明这种特殊要求，而且，学者们一般认为，应将此处的"和（and）"理解为"或（or）"。

2.《与贸易有关的知识产权（包括假冒商品贸易）协议》（以下简称《TRIPs 协议》）

如果说《伯尔尼公约》关于数据库的规定比较含糊，需要加以解释，《TRIPs 协议》的规定则是非常明确的。其第 10 条的标题就是"计算机程序与数据汇编"，第 10 条之二规定："数据或其他内容的汇编，无论是采用机器可读方式或者其他方式，只要其内容的选取或编排构成了智力创造，就应对其本身提供保护。这样的保护不应扩展到数据或内容本身，不应影响对数据或内容本身所获得的任何著作权。"这里所说的"数据或其他内容的汇编"，既包括了《伯尔尼公约》第 2 条第 5 款的"文学或艺术作品的汇集本"，也包括"文学或艺术作品"以外的其他材料的汇编，实质上已经是完全意义上的数据库了。❷

---

❶ 谢铭洋："论资料库保护之法律保护"，载《法学论丛》第 27 卷第 2 期，第 273 页。

❷ 董炳和："数据库的法律地位"，载《知识产权文丛（第一卷）》，第 315～316 页。

3. 《世界知识产权组织版权条约》（以下简称 WCT）

WCT 第 5 条的标题在"数据汇编"之后在括号内加注了"数据库"字样，至此，数据库在国际条约中著作权上的地位最终得到了明白无误的确认。该条规定："数据或其他资料的汇编，无论采用任何形式，只要由于其内容的选择或编排构成智力创作，其本身即受到保护。这种保护不延及数据或资料本身，亦不损害汇编中的数据或资料已存在的任何著作权。"

也就是说，目前在国际条约中，数据库被纳入了著作权保护体系，其构成成分可以是作品、作品片段，也可以是非作品的其他材料，其保护要件是数据库的"选择或编排构成了智力创作"。另外，数据库的著作权问题与数据的著作权问题互不影响。具体地说，由具有著作权的作品构成的数据库，如果不具有独创性，就不能获得著作权保护；由不具有著作权的数据构成的数据库，如果具有独创性，则能够获得著作权保护；反过来说，不享有著作权的数据库并不会使原来享有著作权的作品丧失著作权；享有著作权的数据库也不能使不享有著作权的数据获得著作权。

（六）对数据库著作权保护的评价

1. 依据我国修改前的著作权法律为数据库提供著作权保护的特殊困难——材料的作品性问题

（1）特殊困难及其解决。

依据我国修改前的著作权法律为数据库提供著作权保护，除了上述两个方面的可能外，还存在着一个特殊的困难——汇编作品的材料必须是作品或者作品的片段。

《著作权法实施条例》第 5 条第十一项规定："编辑，指根据特定要求选择若干作品或者作品的片断汇集编排成为一部作品。"第 12 条规定："由法人或者非法人单位组织人员进行创作，提供资金或者资料等创作条件，并承担责任的百科全书、辞书、教材、大型摄影画册等编辑作品，其整体著作权归法人或者非法人单位所有。"

但是，上述限制针对中国人（包括中国的"公民、法人或者非法人单位❶"）的。《实施国际著作权条约的规定》第8条规定："外国作品是由不受保护的材料编辑而成，但是在材料的选取或者编排上有独创性，依照著作权法第十四条的规定予以保护。此种保护不排斥他人利用同样的材料进行编辑。"也就是说，对于外国人而言，这个特殊困难并不存在。

这显然是一种"超国民待遇"，即所谓"消极歧视"❷，当然是不合理的；而且，随着中国政府对香港、澳门恢复行使主权以及今后与台湾的统一，其不合理性就更为突出了。

2001年10月27日修改后的《著作权法》第14条规定："汇编若干作品、作品的片段或者不构成作品的数据或者其他材料，对其内容的选择或者编排体现独创性的作品，为汇编作品，其著作权由汇编人享有，但行使著作权时，不得侵犯原作品的著作权。"至此，我国著作权法律对于汇编作品构成材料的规定终于"中外平等"了，这个特殊困难也就不复存在了。

（2）案例分析。

案例一：特殊困难的一般情况

1991年8月29日，原告王继明出版了《中国出版发行名录》一书，该书收集了五千余个书刊批发零售单位名录，并按邮政编码、详细通讯联系地址、单位名称、联系人电话、电挂的顺序排列。

1993年5月，被告某出版社出版了《中国书报音像发行名录》，其中二级书刊零售单位部分有5 180条名录，有四千余个

---

❶ 修改后的《著作权法》将"非法人单位"一律改为"其他组织"。
❷ "消极歧视"的对称是"积极歧视"，后者是指对外国人的歧视。

名录与王继明的《中国出版发行名录》中的名录相同,其排列顺序为邮政编码、单位名称、地址、电话、联系人。而且,王继明在该书中的笔误以及在 1992 年被取缔、查封的书店和已故或已退休的联系人等,同样出现在《中国书报音像发行名录》中。

原告王继明遂诉至北京市第二中级人民法院。

法院经审理认为,原告虽然付出了资金和劳动,但这不同于著作权法意义上的版权性,故《中国出版发行名录》不是著作权法所保护的作品。法院同时确认被告无偿使用了原告的劳动成果。但由于原告主张对《中国出版发行名录》一书的著作权并不存在,所以被告的行为没有侵犯原告的著作权,故法院对原告的诉讼请求不予支持。

在这个案件中,《中国出版发行名录》是否享有著作权是一个关键性的问题。《中国出版发行名录》作为一个数据库,要想取得著作权,必须能够成为汇编作品。由于本案显然应当适用修改前的著作权法律制度,又由于原告系中国公民,因此,《中国出版发行名录》要想成为汇编作品必须首先满足构成材料具有版权性的要求。而《中国出版发行名录》的构成材料却是书刊批发零售单位名录,包括邮政编码、详细通讯联系地址、单位名称、联系人电话、电挂等内容,这些显然不是"作品或者作品的片段",不具有版权性,所以,该书也就不能成为汇编作品,不能享有著作权,故原告的诉讼请求法院不予支持。但通过判决可以看出,法院依然肯定了原告的劳动成果是存在的,隐含地指出了通过著作权以外的其他途径进行保护的可能性。

案例二:特殊困难的特殊情况

原告北京百网信息有限责任公司于 1999 年 11 月 20 日自主开发完成了适用于餐饮娱乐业的网络信息服务平台和数据库,12 月 20 日,原告正式开通了自己的网站——今夜网,向公众发布北京市的餐饮娱乐业信息。原告为获得上述信息，投入了大量的人力、物力和财力进行采集、整理和编录，并根据餐饮娱乐业的特点、消费者的消费习惯和网民的信息检索习惯等设计而成。2000年4月7日，原告发现被告北京四通利方信息技术有限公司、北京新浪互联信息服务有限公司在其经营的新浪网站"sina.com.cn"的"都市生活"频道上的内容与原告的数据库相似，遂诉至北京市第二中级人民法院。

法院经审理认为，"今夜网"关于北京市餐饮娱乐业的数据库，与汇编作品的法律特征相类似，既包括作品和作品的片段，还包含大量的事实材料，如按地区、菜系排列划分的餐厅及餐厅的地理位置、状况等客观事实等。因此，原告主张的数据库的著作权超过了我国著作权法所规定的对汇编作品的保护范围，尚不能受到我国著作权法的保护。原告主张对"今夜网"数据库享有整体著作权的请求，法院不予支持。

本案的特殊性在于涉案数据库的构成材料既有作品和作品的片段，也有非版权性的事实材料。在这种情况下，如何认定数据库的构成是否满足我国修改前的著作权法律制度的特殊要求呢？

笔者尚未看到专家学者对这个问题的论述。但据笔者构想，可能会有以下两种意见。

一是以综合的观点考察数据库，将其看作一个整体，按照两种性质的材料所占的比例确定数据库的整体性质。如果材料中作品或作品的片段占主要部分，则认为该数据库在整体上满足上述特殊要求；否则，就认为不能满足上述特殊要求。

二是以分析的观点考察数据库，区分两种性质的材料，仅对作品或作品的片段部分，认为满足上述特殊要求，对非作品性材料的部分则不予考虑。

虽然上述两种意见都有一定的道理，但却都有不足之处。

考察第一种意见：首先，它显然还是扩大了著作权保护的范围。其次，当非作品性的材料占了一定比例（如30%），甚至接近数据库的一半比例时，不宜将数据库的整体性质认定为可版权性的（此时，还需考察数据库在选择或编排方面是否具有独创性）。最后，这种比例认定法没有考虑各构成材料在数据库中具有不同的重要性，即没有对各构成材料进行"加权"，可能造成非作品性材料比例较小而重要性较大的数据库受到著作权保护的情况。而如果考虑"加权"问题，则数据库的可版权性的判断就更增加了主观性和不确定性，实践中难以掌握。

考察第二种意见：由作品和作品的片段构成的部分实际上形成了一个新的数据库，这个数据库是原数据库的一部分，而且很可能不是一个完整的、相对独立的部分，而是支离破碎的、零零星星的一部分，甚至可能不能形成一个具有实际意义的数据库，对这样一个所谓的数据库给予著作权保护显然是不合适的。

因此，对于这样一个特殊困难中的特殊情况，确实难以解决。

当然，如果依照修改后的《著作权法》进行审判，汇编作品的构成材料的版权性限制就不复存在了。但这并不意味着数据库能够必然地成为汇编作品而受到著作权保护，原因是为数据库提供著作权保护除了上述特殊困难外，还有两个普遍困难，即独创性标准的问题和汇编作品的保护方向问题。也就是说，对于数据库而言，其作品性的判断是与其中材料的作品性的判断是相互独立的：材料是作品或作品的片段，数据库可能不构成汇编作品；材料不具有作品性，数据库可能构成汇编作品。

2. 为数据库提供著作权保护的普遍困难之一——独创性标准问题

从上述各国法律及国际条约来看，为数据库提供著作权保护最重要的标准是材料的选择或编排是否具有独创性。下面分别进行讨论。

（1）选择方面。

"选择"的独创性标准已经制造了一个著作权保护的"悖论"：著作权保护的可能性与汇编容纳的信息的广泛性成反比，即一个汇编收集的某类作品越是全面、越是包罗万象，那么它的选择性就越小，就越缺少独创性，越不可能获得著作权保护，要是某个汇编"穷竭"了某类信息，那它根本就没有获得著作权保护的可能；同时，著作权保护也与现实需要背道而驰，因为目前往往汇编的内容越全面、越一览无余，才越有使用价值和商业价值，然而也越难以获得著作权保护。❶

考察前面所举的法律法规数据库的例子，如果制作者选择了我国全部的法律法规，则显然不具有独创性。也许制作者为了使其选择具有独创性，而被迫只选择一部分法律法规，从而使该数据库获得著作权保护，但这样做又可能使数据库内容不够全面，从而损失一部分市场；当然，另外一种可能是由于选择使数据库更加具有针对性，从而针对某类用户更加具有吸引力，但这毕竟是缩小了该数据库应用的广泛性，进而限制了这类选材全面的数据库的发展。

（2）编排方面。

既然数据库在选择方面获得著作权保护有困难，那么，在编排方面又如何呢？

在讨论数据库的特征时，我们知道，编排产生了数据库的有

---

❶ 内容全面的汇编把选择的自由给了用户，这也就是这类汇编的优势和价值所在。U. S. Copyright Office Report on Database Protection，1997.
薛虹："因特网上的著作权及有关权保护"，载《知识产权文丛（第一卷）》，第38页。

机关联,即数据之间的关系及数据与数据库之间的关系,具体体现为数据库的结构。

不可否认,一部分非电子数据库在编排上确有独创性,具体体现在数据的分类标准、安排顺序、协调一致等方面。但对于电话号码簿、列车时刻表、企业名录等应用范围广泛、标准统一的通用数据库而言,这些数据库往往由于使用习惯、历史传统、国家标准等等原因,而采用按时间顺序、空间位置、拼音、部首等通用编排方法,难以体现独创性。

非电子数据库通常是直接表现在纸面上的,层次不会很多,结构比较简单。电子数据库并不是直接展现在用户面前,用户只能通过数据库管理系统使用数据库。由于电子数据库通常拥有"海量"数据,又与计算机软件、硬件联系密切,因此层次繁多、关系复杂,其结构问题引起了学者们激烈的争论。❶

笔者认为,所谓电子数据库的结构在技术上就是前文所介绍的"数据模型"中的"数据库数据的结构部分"。确定"数据模型"是制作数据库的核心问题之一,其中最重要的就是确定"数据库数据的结构部分"。

但这并不意味着,数据库的结构一定能够获得著作权保护。这是因为,尽管电子数据库的结构通常比非电子数据库的结构复杂,前者比后者有更多的可能显示其在编排方面的独创性。但我们也必须注意到,在实践中,数据库管理系统的功能十分强大,对于那些应用广泛、标准统一、形成习惯规范的通用电子数据库而言,制作者往往只需进行简单的定义即可建立数据库的结构,

---

❶ 张柳坚:"数据库著作权保护的几个法律界限",载《著作权》1997年第3期,第14页;张柳坚:"再谈数据库结构是否具有著作权性",载《著作权》1997年第12期,第23页;张柳坚:"对数据库结构能否享有著作权问题的讨论",载《电子知识产权》1997年第12期,第31页。王桂海:"数据库结构的著作权性讨论",载《著作权》1997年第4期,第36页。

在这一过程中难以体现独创性,因此难以获得著作权保护。

而且,著作权并非保护作品的思想,而是保护思想的表达。❶ 在这个问题上,美国版权法经历了三代判例。尽管"第二代判例"即"威兰诉杰斯罗"案确立了"结构、顺序、组织"即 SSO 标准,从而明显地表现出扩大版权保护范围的趋向;但"第三代判例"即"计算机国际联合公司诉阿尔泰公司"案却"修正"了 SSO 标准,确立了"抽象、过滤和对比"即"三段论侵权认定法",出现了逐步回归到版权基本原则上的趋势。❷ 按照"三段论侵权认定法"进行考察,数据库的结构未必就是思想的表达,难以获得著作权保护。

另外,在笔者所了解到的法律文件中,只有《欧盟数据库指令》对数据库的结构问题有所涉及。《欧盟数据库指令》"鉴于"部分(15)规定:"鉴于用以确定数据库是否可以取得著作权保护的标准应规定为数据库内容的选择与编排的实际是作者自己的智力创造;鉴于这种保护应包括数据库的结构;"但是,指令的此项规定并不是硬性的,"鉴于"部分(35)规定:"鉴于考虑到本指令所涉及的著作权仅适用于数据库内容的选择与编排,对限制行为的例外应逐一加以规定;鉴于在一定情况下,各成员国有规定这种例外的选择权;鉴于选择权的行使应根据伯尔尼公约的规定并且只限于对涉及数据库的结构的例外选择……"这里所说的"限制行为的例外"其实就是指"合理使用"的情况,也就是说,欧盟成员国可以在为数据库的结构提供著作权保护的同时,又通过将其规定为"合理使用"的一种情况的方法,

---

❶ 郑成思:《版权法(修订本)》,中国人民大学出版社 1997 年第 2 版,第 41~48 页。

❷ 郑成思:《知识产权案例评析》,法律出版社 1994 年版,第 7~11 页;寿步等:《计算机知识产权法》,上海大学出版社 1999 年版,第 151~153 页。

将其排除出"侵权行为"的范围。

3. 为数据库提供著作权保护的困难之二——汇编作品的保护方向问题

如前所述，目前各国法律及国际条约都将数据库纳入了著作权保护体系，其标准是选择或编排具有独创性，其形式是汇编作品。那么，能否认为为数据库提供著作权保护的障碍就是独创性标准的问题呢？笔者认为并不尽然。

在研究数据库与相关概念的区别时，我们已经知道数据库与汇编作品的主要区别在于独创性的问题。但实际上，二者还有另外一个本质区别，那就是"投资"在形成成果过程中的地位问题。这一区别具有两方面的含义。一方面是指，一般而言，制作数据库的投资远远大于创作汇编作品的投资而成为"重大投资"。另一方面是指，一般而言，制作大型数据库的投资主要用于"收集材料"的阶段，而创作汇编作品的投资主要用于"选择和编排材料"的阶段。这就意味着，汇编作品是一种智力创作成果，而数据库则更多地体现出产业制作成果的特点。❶ 换句话说，对于汇编作品而言，他人未经权利人许可而提取材料，重新进行选择和编排，创作出另外一个汇编作品，这样做对于原汇编作品的权利人的损害是比较小的；而对于数据库而言，利用计算机完成上述行为是十分简单方便的，但却会给原数据库制作者造成致命的损害，而且，越是大型的、通用的数据库，这种情况就越严重。

笔者认为，造成上述区别的根本原因在于数据库存在的目的在于其"可检索性"。一方面，表现为数据库中材料数量远远超

---

❶ 这也就是为什么人们习惯上将作品的产生过程称为"创作"，而数据库的产生过程称为"制作"的原因。

过汇编作品中材料数量,而且由"量变"产生了"质变";❶ 另一方面,数据库往往表现为电子数据库以利于检索和存储,这就使侵权变得异常容易了。

4. 案例分析及结论

原告北京阳光数据公司于 1995 年年初至 1996 年间,分别与十多家商品和证券交易所签订了交易行情信息的数据采集、转发、经营合同。原告以自己的 SIC 数据格式对上述交易所的交易行情信息进行整理、汇编,形成了自己的综合行情信息——"SIC 实时金融"系统,并通过卫星广播系统向外发送,供其客户使用。后来,原告发现被告上海霸才数据信息有限公司擅自截取和转发自己的"SIC 实时金融"信息,遂诉至北京市第一中级人民法院。原告诉称:"SIC 实时金融"信息流是我公司加工整理的,具有独创性,符合汇编作品的特征,被告未经我公司许可进行传播,侵犯了我公司的著作权;被告的行为构成了不正当竞争。

该案经北京市第一中级人民法院一审和北京市高级人民法院二审,两级法院均认为"SIC 实时金融"系统在数据的选择和编排上并无著作权法所要求的独创性,不构成著作权法意义上的作品,且均认为被告的行为构成不正当竞争。

由此可见,要想真正地充分保护数据库制作者的利益,必须真正地充分保护其"投资",特别是"收集材料"阶段的投资。这显然不是著作权法所能承担的任务。当然,在数据库产生初期,汇编作品与数据库在"投资"方面的区别并不十分明显,为其提供著作权保护尚可满足实际要求。但是,随着数据库特别是电子数据库产业的迅猛发展,这一区别越来越明显和突出了,最终分道扬镳了。如果还要寄希望于著作权保护,实在是勉为其

---

❶ 这就是为什么数据库强调一定的"量"和"重大投资"的原因。

难，力不从心了。

这里不妨大胆地设想一下，假如著作权法降低甚至取消对数据库的独创性要求，是否就能够解决这一难题呢？事实上，这一设想并不是没有根据的，前面介绍的"辛勤收集"原则不正是这样的吗？但这实际上是在保护"重大投资成果"，而不是保护"智力创作成果"。它显然超越了著作权法的范围，违背了著作权法的基本原则。如果硬要将其纳入著作权法的范围，会造成著作权法体系的混乱。与其如此，不如将其从著作权法的窠臼中解脱出来，"去其形而取其神"，另辟蹊径，寻求更有实效的法律保护模式。

六、数据库的特殊权利保护

既然著作权法无法保护数据库的"收集材料"过程，从而无法保障数据库的发展，因此，国际上出现了一种特殊权利保护模式（sui generis right protection），❶ 对数据库的"收集"予以保护。

（一）欧盟

欧盟在 1988 年关于著作权和技术挑战的绿皮书中首次提到了协调成员国数据库法律保护问题，随后于 1992 年公布了数据库法律保护指令的建议，由于获得了欧洲议会和经济社会委员会的支持，欧盟委员会于 1993 年采纳了修订后的建议。1995 年 7 月欧盟部长理事会正式通过了《关于数据库的法律保护的指令》（Directive 96/9/EC on the legal protection of databases），指令于 1996 年 3 月颁布，要求成员国在 1998 年 1 月 1 日前以法律、法

---

❶ "sui generis"是拉丁语"独立的一种或一类"的意思，这里是指独立于著作权、专利、商标等专门制度的知识产权保护。薛虹："因特网上的著作权及有关权保护"，载《知识产权文丛（第一卷）》，第 51 页。

规、行政条款的方式将指令的内容贯彻到国内。❶ 欧盟成员国已经纷纷根据指令对本国法律作了修改和调整,数据库的特殊权利保护已经在欧盟范围内得以实施。

数据库指令的目的在于协调成员国对数据库的法律保护,促进欧盟内部数据库的投资和消除在欧盟成员国之间、在欧盟与世界上最大的数据库制造国(美国)之间数据库的投资水平上的巨大的不平衡。❷

指令为数据库提供了著作权和特殊权利两种并行的法律保护模式,学者将其称为"双轨制"。在这种模式下,指令为既在内容或编排上具有独创性,又在内容的收集上作出实质性投入的数据库制作者提供著作权和特殊权利的双重保护。

1. 著作权保护

指令第3条第1款规定:"依照本指令规定,凡在其内容的选择或❸编排方面体现了作者自己的智力创作的数据库,均可据此获得著作权保护。本规定是判定一个数据库能否获得著作权保护的唯一标准。"

根据指令第5条的规定,数据库的作者享有下列权利:

(1)复制权,即以任何手段、形式对数据的全部或部分进行临时或持久复制的权利。该定义外延很广,它包括所有在因特

---

❶ E. C. Directive 96/9 on the Legal Protection of Database, OJ 1996L77/20, Rrt. 16 (1).

薛虹:"因特网上的著作权及有关权保护",载《知识产权文丛(第一卷)》,第50页。

❷ 参见《欧盟数据库指令》"鉴于"部分(1),(2),(3),(4),(10),(11),(12)。

❸ 载于《国外信息化政策法规选编》一书中由张广荣、邹忭译,邹忭校的数据库指令中文译文中,用的是"和"而不是"或"。笔者专门查阅了数据库指令的英文版,发现用的是"or"而不是"and"。这就说明数据库指令关于数据库独创性的判定标准是与各国及国际标准统一的。因此在这里用"或"而不用"和"。

网上上载或下载数据库的行为,也包括了在屏幕上显示数据的行为。《指令》序言第 44 段指出:"如果在屏幕上显示数据库需要持续地或暂时地将其内容的全部或主要部分传输到另一介质上,则该行为应征求权利人的许可。"

(2)改编权,即对数据库进行翻译、加工、整理或其他任何改动的权利。他人如要对数据库进行改编,应征得权利人的许可。当然,根据诚信原则,著作权人不能禁止合法用户所作的必要调整。

(3)发行权,即以任何形式公开传播数据库或其复制件的权利。显然,这种发行既包括传统的有形形式的发行,又包括在网络环境下的无形传输。如果是有形传播,则数据库复制品第一次合法销售出去以后,权利人即无权控制该复制件在共同市场的再流通,即权利已经耗尽。但是该原则不适用于无形的传播,故因特网上的每一次数据库传输行为都是要经过作者许可的,即使因特网用户合法地打印出数据库,该份有形复制件的再流通也要受到权利人的支配(序言第 33 段)。

(4)演示权,即以任何形式公开再现、表演或播映数据库或者其改编结果的权利。该权利对于多媒体数据库尤其重要。❶

2. 特殊权利保护

指令第 7 条第 1 款规定:"各成员国应为在数据库内容的获取、检验核实或选用方面,经定性与/或定量证明作出实质性投入的数据库制作者规定一种权利,即防止对数据库内容的全部或经定性与/或定量证明为实质部分进行提取❷(extraction)与/或

---

❶ 韦之:"欧盟数据库指令评介",载《著作权》1996 年第 3 期,第 24 页。

❷ 载于《国外信息化政策法规选编》一书中由张广荣、邹忭译,邹忭校的数据库指令中文译文中,用的是"撷(音 xie)取"。《汉语大词典》将"撷取"解释为"采取,摘取"。为通俗易懂计,这里用"提取"一词代替,实际上二者并无区别。

反复利用（re-utilization）的权利。"

第2款规定："在本章中（a）'提取'是指采取任何方法或以任何形式，将数据库内容的全部或实质部分永久或暂时转载到别的载体上；（b）'反复利用'是指通过销售拷贝，出租，联网或其他传输方式将数据库的全部或实质内容以任何一种形式提供给公众。当权利人或经其许可将数据库的复制件首次在欧共体销售之后，则该复制件在欧共体内再次销售的支配权将于穷竭（exhaustion）；"

第5款规定："若屡次和系统地提取或反复利用数据库内容的非实质部分，且带有违背正常利用数据库或不合理地损害制作者合法权益的行为，则是不允许的。"

（二）世界知识产权组织（WIPO）

WIPO 于 1996 年 12 月 2 日至 20 日在日内瓦召开了关于某些著作权与邻接权问题的外交会议，并提出了三个国际条约草案供各国代表讨论——《WIPO 版权条约（WIPO Copyright Treaty）》、《WIPO 表演和唱片条约（WIPO Performance and Phonograms Treaty）》和《WIPO 数据库条约（Basic Proposal for the Substantive Provision of the Treaty on Intellectual Property in Respect of Databases）》。前两个草案获得了通过，《数据库条约》却未予讨论。

1997 年 9 月 17 日至 19 日，WIPO 在日内瓦又召开了关于数据库知识产权保护的信息会议。讨论是基于 WIPO 国际局就关于数据库知识产权保护的现行国内立法和地区立法，该组织收到的来自其成员国和欧盟及其成员国关于数据库知识产权保护的信息，以及世界气象组织（WMO）和联合国教科文组织（UNESCO）发表的意见所起草的备忘录进行的。这次会议的讨论和文件形成了一个内容丰富的、有关一种可能实施的数据库特殊保护制度的各种流行观点和解决方法的数据库。❶ 但最终尚在争论之中,未能形成决议。

(三) 美国

面对欧盟数据库指令的压力,世界上最大的数据库制造国——美国很快作出了反应。为确保自己的权益,数据库产业者开展了积极的游说活动。最终促使"法院与知识产权小组委员会"主席于 1996 年 5 月 23 日提出了《1996 年数据库投资及反知识产权侵权法》(Database Investment and Intellectual Property Antipiracy Act of 1996),即 H. R. 3531 法案。❷ 该法案对于数据库也采取特别权利保护的方式,但它赋予数据库制作者极大的权利(超过欧盟数据库指令的保护水平)。但该法案没有兼顾非营利使用者的权益,使教学科研人士的使用空间受到很严格的限制,因而招致学者、科学家、图书馆及消费者权益保护组织的激烈批评,认为该法案会导致公有数据的私有化,阻碍科学家分享他人数据以寻求突破的能力,科学发展势必因而受阻。由于反对意见广泛而尖锐,该法案没有得到政府的支持,最终未能通过。但后来美国代表在 WIPO 会议上提出的建议草案与此有相似之处。

1997 年 4 月美国国会参议院司法委员会责成美国版权局广泛听取各方意见,形成报告,作为国会立法的参照和基础。1997 年 8 月美国版权局完成了关于数据库法律保护的报告 (U. S. Copyright Office Report on Legal Protection for Database)。该报告介绍了欧盟数据库指令和世界知识产权组织数据库条约草案的内容,概括了支持和反对数据库特殊权利保护的各方的意见,综合

---

❶ "世界知识产权组织数据库知识产权信息会议",载《版权公报》1998 年第 1 期,第 16~17 页。

❷ 谢铭洋:"论资料库保护之法律保护",载《法学论丛》第 27 卷第 2 期,第 289~290 页。

了引起争议的核心问题。虽然该报告没有对美国是否应当建立特殊权利保护提出任何倾向性的结论,但这是美国国会重新考虑数据库法律保护问题的一个信号。❶

美国众议员 Howard Coble 于 1997 年 10 月 9 日提出了《制止盗版信息集合体法》(the Collection of Information Antipiracy Act),即 H. R. 2652 法案。该法案比较温和,避免使用颇为敏感的"数据库"一词,而是使用了不为人注意的"信息集合体"一词,但其内容仍然是关于数据库的特殊权利保护的。❷ 该法案的指导思想是侵占(misappropriation)理论,基本上仍然禁止擅取他人数据库的数据另做他用,如果有进一步导致损害原数据库制作者的现有或者潜在市场的情况,侵权者最高将被处以 5 年有期徒刑或者 25 万美元的罚金。但该法案允许为了非营利的教学科研目的利用他人数据库,而无须征得制作者的同意;甚至允许商业竞争者利用"个别项目的信息或信息汇集的非主要部分"(an individual item of information or another insubstantial part of a collection of information)。另外,该法案还允许为了收集新闻的目的而使用他人数据库。总之,该法案的保护范围较窄,更加符合公众的利益;但它没有明确界定市场的范围,没有规定权利期限。公众对此仍有疑虑,该法案也没有通过。

H. R. 2652 法案经过修改后,众议员 Coble 于 1999 年 1 月 29 日再次以 H. R. 354 法案的名义提交众议院审议。该法案实际上属于反不正当竞争法的范畴,明确规定权利期限为 15 年,同时规定了许多合理使用的情况。

---

❶ 薛虹:"因特网上的著作权及有关权保护",载《知识产权文丛(第一卷)》,第 54~55 页。

❷ 薛虹:"因特网上的著作权及有关权保护",载《知识产权文丛(第一卷)》,第 55 页。

虽然迄今为止,美国已经提出了三个关于数据库法律保护的法案了,各方的差距略有缩小,但仍需协调和让步,目前还没有定论。考虑到美国是世界上最大的数据库制造国,笔者认为,在不久的将来,美国必然会制定出相关法律的。

(四) 对数据库特殊权利保护模式的评价

与前面介绍的各种著作权保护制度有着本质的区别,特殊权利旗帜鲜明地保护数据库的"投资",特别是在"收集材料"方面的投资。也就是说,特殊权利保护的重点是"收集材料"。在前面关于汇编作品与数据库的本质区别的分析中,我们已经知道,在制作数据库的过程中,"收集材料"极为重要,应当是数据库法律保护的重点。因此,特殊权利保护显然是抓住了数据库法律保护问题的主要矛盾。但这并不意味着各国都应采取这一模式;退一步说,即使采取这一模式,其中的权利设置也大有研究的余地。❶

1. 实质性投资的标准

H. R. 3531,Sec. 3 (a) 规定:"数据库特殊权利保护的标准是在数据库内容的收集、组合、证明、组织或表现上有数量的或质量的实质性的人力、技术、财力或其他资源的投资。"这一规定是数据库法律文件中最全面的,欧盟数据库指令和 WIPO 数

---

❶ 这一点在欧盟数据库指令中也有所体现。该指令第 16 条第 3 款规定:"最晚不迟于第 1 款所指定日期之后的第三年年底,并且在此后每隔三年,欧盟委员会应向欧洲议会、欧盟理事会和欧盟经济与社会委员会提交一份本指令执行情况的报告。报告应主要根据各成员国所提供的具体情况,详细审查特殊权利,包括第 8 条和第 9 条的执行情况,而且特别是这项权利的实施是否造成了滥用垄断地位或其他干扰自由竞争情况的发生,而这些情况可以说明是否应采取适当的措施,包括规定非自愿许可安排。如确有必要,报告应根据数据库领域的发展情况提出建议对本指令进行调整。"

据库条约草案的有关条文基本与此相同。❶ 也就是说，特殊权利保护以"投资"的标准取代了著作权保护的"独创性"标准。这一标准将由于在材料的选择或编排上不具有独创性而不能获得著作权保护的数据库纳入了特殊权利保护的范围，但这种"投资"必须是在数量或质量上的实质性的投资。❷

但是，在实践中，究竟"投资"在数量或质量上需要达到怎样的程度，才是"实质性的投资"呢？这一点，上述法律文件均未规定，实际上也不可能规定。它有待于法院在处理个案时，依据立法目的，并考虑数据库制作者、用户和社会公共利益三方面的利益，进行判断。

另一方面，"投资"标准是数据库获得特殊权利保护的唯一标准。不论数据库是商业性质的还是学术性质的，只要符合这一标准，就能获得特殊权利保护，"独创性"问题在此不予考虑。

2. 特殊权利的内容

特殊权利的重要内容是提取权和再利用权。

在研究数据库的特征时，我们已经知道，对于单个用户来说，检索数据库中的一小部分数据是使用数据库的一般的、典型的情况；提取数据库内容的全部或实质部分显然是不正常的情况，而将它们以某种方式提供给公众则更为异常。

提取权类似于著作权中的复制权，❸ 再利用权则类似于著作

---

❶ 薛虹："因特网上的著作权及有关权保护"，载《知识产权文丛（第一卷）》，第60页。

❷ 欧盟数据库指令"鉴于"部分（19）规定："鉴于CD上的音乐演奏录音的汇集通常不属于本指令保护的范围，因为，它不符合作为汇编作品受著作权保护的条件，同时由于它没有足够的投资以符合获得特殊权利保护的条件"。

❸ 欧盟数据库指令"著作权"部分第5条（a）禁止："采取任何方法，以任何形式对数据库的全部或部分内容制作暂时或永久的复制件"。

权中的发行权。❶ 这两项权利的对象都是"数据库内容的全部或实质部分",并不及于"数据库内容的非实质部分"。当然,如果为了规避此项规定,采取"化整为零"的方法,多次对"数据库内容的非实质部分"进行提取或再利用,以达到对"数据库内容的全部或实质部分"的提取或再利用,也是被禁止的。❷

这里还有一个对"实质部分"的判定问题。判断这一问题,应当考虑对这部分的提取和再利用,是否会减损数据库在市场上的价值实现,包括使数据库制作者无法收回投资的风险的增加,并应考虑利用该部分内容制作的数据库,与原数据库是否具有商业上的可替代性,导致原数据库的市场缩小。❸ 与前面所谈的判定"重大投资"的问题相类似,这个问题同样需要法院在审理具体案件时进行具体的判断。

3. 数据库特殊权利保护模式的缺陷

数据库特殊权利保护模式自出台以来,招致了各方面的严厉批评。主要的反对理由是:第一,担心数据库制作者会垄断信息来源,阻碍信息传播;第二,数据库制作者有可能借此垄断市场,损害市场竞争;第三,特殊权利保护与知识产权保护的根本目的相悖;第四,难以取得广大发展中国家和某些发达国家的赞同。❹

在具体的制度设计层面,特殊权利保护也有许多漏洞。

---

❶ 欧盟数据库指令在"著作权"部分第 5 条(c)禁止:"以任何形式向公众提供数据库及其复制件"。

❷ 参见欧盟数据库指令第 7 条第 5 款,WIPO 数据库草案和美国的数据库法案中也有类似的规定。

❸ 参见 WIPO 数据库草案立法理由 2.09。

谢铭洋:"论资料库保护之法律保护",载《法学论丛》第 27 卷第 2 期,第 322 页。

❹ 薛虹:"因特网上的著作权及有关权保护",载《知识产权文丛(第一卷)》,第 63~68 页。

（1）合理使用的问题。

欧盟数据库指令第 9 条［特殊权利的例外］规定："成员国可以规定，在下述情况下，不论以何种方式公之于众的数据库的合法用户，可以不经数据库制作者的许可提取或反复利用该数据库的实质内容。（a）出于私人目的提取非电子数据库的内容；（b）出于教学或科学研究的需要对数据库内容进行提取，只要对使用的材料加以注明及在某种程度上证明其目的是非商业性的；（c）提取与/或反复利用是为了公共安全或出于行政或司法程序的要求。"

WIPO 数据库公约草案和 H. R. 3531 法案对此均未作明确规定。

H. R. 2652 法案第 1203 条规定了下列四种情形："（a）信息的私人条目或其他非实质部分；（b）通过其他方式获取信息的收集或使用；（c）为检验而对信息的使用；（d）非营利性的教育、科学或研究性的使用；（e）新闻报道。"

H. R. 354 法案第 1403 条（b）规定："为了说明、解释、例示、论证、批评、教育、研究或分析之目的，并以一种为此目的的适当和惯常的数量，对信息的使用或提取的私人行为，不是侵权行为。"

总体看来，尽管合理使用的范围在不断扩展，但仍然不够充分。例如，图书馆、档案馆等机构，为了保存版本的需要，复制本馆收藏的数据库，显然也属于合理使用的范围。

（2）强制许可的问题。

欧盟数据库指令在草案阶段原有强制许可的规定。对于无法独立建立或收集材料的数据库，例如由公立机构或由政府特许的企业、事业单位所设置的大型数据库，允许他人以强制授权的方式提取或再利用该数据库的内容，即提取该数据库内容的全部或实质部分，甚至可以将它们并入自己建立的数据库中，该他人应当向数据库制作者给付适当的费用。但在后来正式通过的指令中,删除了此项规定。这样做并不意味着欧盟放弃了强制许可制度。这一点在指令第 16 条第 3 款中有所体现。❶

实际上,强制许可制度对于数据库十分必要。市场中有些数据库制作者的条件得天独厚。例如,电话号码公司自然容易统计其用户的电话号码,负责域名注册的网络方案公司(Network Solution, Inc.)制作 IP 地址的数据库也轻而易举。虽然特殊权利保护不反对投资制作数据库,但对于这些拥有信息"唯一来源"的数据库来说,在没有强制许可的条件下,其他人根本无法与之竞争,只能被迫向数据库制作者支付高额的垄断价格,这显然对市场竞争有不利影响。有学者批评这种保护体制意味着公有领域的终结和市场竞争的法律障碍。❷

尤其是对于国家机关及负有特定公共服务责任的企业、事业单位而言,它们往往会制作"唯一来源"的数据库。从这些单位负有职责的性质来看,除了国家秘密、由于社会公共利益而不宜公开及个人数据外,这种数据库应当向社会公众公开,而且应当允许他人从中提取数据,另外制作数据库投入市场。在上述关于数据库特殊权利保护的法律文件中,只有 H. R. 2652 法案中有所涉及。另外,《俄罗斯联邦信息、信息化和信息保护法》第 10 条第 3 款规定:"禁止列入限制获取的信息:规定国家政权机关、地方自治机关、机构、社会团体的法律地位的以及公民权益、自由和义务及其实现程序的法令和其他标准文件。含有关于

---

❶ 谢铭洋:"论资料库保护之法律保护",载《法学论丛》第 27 卷第 2 期,第 327~328 页。

❷ J. H. Reichman and Pamela Samuelson, "Intellectual Property Rights in Data?", Vanderbilt Review, Vol. 50, 1997.

转引自薛虹:"因特网上的著作权及有关权保护",载《知识产权文丛(第一卷)》,第 65~66 页。

紧急情况的信息，诸如生态、气象、人口、卫生防疫和其他对于保障居民点、生产单位的安全运转、公民和全体居民安全所需的信息文件。在图书馆和档案馆的公开馆藏中和在国家政权机关、地方自治机关、社会团体、机构的信息系统中积累的具有社会意义的或对于实现公民的权益、自由和义务所必需的文件。"这一规定很有借鉴意义。

（3）保护期限的问题。

欧盟数据库指令第10条第1款规定："第七条所规定的权利自数据库制作完成之日起生效，有效期限为制作完成之日的翌年一月一日起15年。"第2款规定："对于在第一款所规定的期限届满之前以任何方式公之于众的数据库，该项权利所提供的保护期限为从该数据库首次公之于众之日的翌年一月一日起，为期15年。"

这就是说，如果数据库制作完成后接近15年时才公之于众，则该数据库能够享有近30年的特殊权利保护期限，这甚至超过了H. R. 3531法案中规定的25年保护期限。

对于那些已经制作完成而又尚未公之于众的数据库，在实践中，制作者往往采用商业秘密的方式进行自我保护。笔者认为，对此问题其实应当进行产业经济的研究，即广泛地调查数据库产业平均的成本收回周期和获得合理利润的周期，然后再以此为基础确定特殊权利保护的期限。

这里，还有一个数据库更新的问题。

欧盟数据库指令第10条第3款规定："对数据库内容所作的经定性或定量判定是实质性的任何改变，包括由于陆续不断地增加、删除或改动最终而形成的任何实质性改变，可以使该数据库经定性或定量判定之后被看做为一个新的实质性投入，而由此投入所形成的数据库有资格获得自己的保护期。"

这一规定招致许多批评，认为可能导致数据库特殊权利的无限延长。实际上,这样的担心是没有必要的。因为,如果我们承认数据库因"实质性投入"就可以享有特殊权利的话,自然可以推导出原数据库经过新的"实质性投入"后变成新数据库后,新数据库也应享有特殊权利的结论。同时,这一规定有着实际的产业意义。特别是对于那些需要不断收集最新材料的数据库而言,数据库的内容经过15年早已"面目全非"而成为新的数据库了,此时当然也应赋予新数据库特殊权利。至于以什么标准判断"新的实质性投入",这个问题就像前面谈到的以什么标准判断"实质性投入"一样,是一个司法实践中的问题。

(4)权利内容的问题。

如前所述,特殊权利包括提取权和再利用权两项。

欧盟数据库指令第8条第1款规定:"不论以何种方式公之于众的数据库的制作者不能阻止该数据库的合法用户对经定性或定量证明的数据库内容的非实质性部分仅仅进行提取与/或反复利用的行为,不论这种行为出于何种目的。当数据库的合法用户仅仅获准可以对数据库的特定部分加以提取与/或反复利用时,本项规定仅适用于该部分。"

首先,我们必须明确,对于数据库的非法"用户"而言,制作者不必运用提取权和再利用权加以禁止,对这种行为可以直接运用侵权法加以禁止;而提取权和再利用权主要是针对合法用户提取或再利用数据库内容的全部或实质部分而言的。

显然,赋予数据库制作者再利用权是十分必要的,否则将不可避免地产生大量的"搭便车"现象,损害数据库制作者的权益,阻碍数据库产业的发展,进而影响社会的进步。令人怀疑的是"提取权"。这里,我们不妨假设特殊权利只包含"再利用权",而不包含"提取权",这样会给数据库制作者造成怎样的损害呢?

此时我们讨论的是合法用户(当然已经向数据库制作者支

付了约定的费用)以及排除合理使用和强制许可的情形后,合法用户提取了数据库内容的全部或实质部分,这种行为对于数据库制作者可能造成的损害问题。

第一种情况,该用户没有将其提取的数据库内容的全部或实质部分公之于众。根据欧盟数据库指令第9条(a)的规定,这种情况只能是针对电子数据库进行的。虽然此时的提取十分方便容易,但毕竟该用户已经向数据库制作者支付了相应的费用,而且由于该用户提取了数据库内容的全部或实质部分,此费用必然十分庞大,达到甚至超过数据库制作者许可他人提取数据库内容的全部或实质部分的许可费用(如果前者远小于后者,制作者可以提高前者的数额),这样显然有利于制作者而不是损害制作者的利益。

第二种情况,该用户将其提取的数据库内容的全部或实质部分公之于众。这种情况显然侵犯了数据库制作者的再利用权。退一步说,就算存在权利竞合的可能,制作者一般也会主张再利用权以更充分地保护其利益。此时实在没有规定提取权的必要。

因此,我们可以说,提取权要么是保护过分,要么是没有必要,当然不应规定了。此时,我们再回过头来考察再利用权。

第一种情况,合法用户将数据库内容的全部或实质部分用于商业目的。这种情况可能纳入反不正当竞争法的范围加以禁止,下文将详细研究。

第二种情况,合法用户将数据库内容的全部或实质部分用于非商业目的。这种情况可能纳入民法的范围加以禁止,下文也将对此进行详细的研究。

(5)结论。

尽管数据库的特殊权利保护模式能够较好地解决"有价值而无独创性的数据库"的法律保护问题,但目前这一模式自身还存在着很多缺陷,主要是在制作者、用户和社会公共利益三者之间偏向于数据库制作者的利益。同时，在已有的法律模式以外再创造出一种新的模式，除非有重大理由才有必要；而且，随着科学技术的迅猛发展，新兴的客体会不断涌现，难道都要分别制定新的法律保护模式才可以吗？❶

下面，我们就来考察一下，利用已有的模式保护数据库究竟有多大的余地。

七、数据库的邻接权保护

（一）概述

著作权保护的是产生作品的智力创造，而著作权邻接权的客体是传播作品过程中投入的劳动。❷ 对于那些"有价值无独创性"的数据库来说，需要保护的正好是其"投入"，因此，人们想到了数据库的邻接权保护模式。

（二）德国的立法

1997年6月13日，德国联邦下议院通过了全世界第一部规范计算机网络的服务和使用的单行法律——《信息和通讯服务规范法》，7月4日，德国联邦上议院批准了该法，自8月1日开始实施（但第七章"著作权法的修改"即关于数据库的保护将于1998年1月1日生效，这显然是按照欧盟的要求所做的规定），该法在德国往往被称为"多媒体法"。该法也采用了"双轨制"的保护模式，但这却是著作权保护与著作邻接权保护相结合的"双轨制"。

1. 著作权保护

该法第69条 i 之（2）规定："在材料的选择和整理的基础

---

❶ 多媒体就是一个例子。

❷ 韦之："论数据库著作权"，载《著作权》1996年第2期，第24页。

上能体现著作人自己精神创作的数据库作为作品受到保护。"❶

值得注意的是,该法第69条l规定:"第五十三条第一款第一句不用于电子数据库著作权表达形式的复制。"这一句是:"允许为私人使用制作著作的零星复制物。"这无疑是缩小了对电子数据库的合理使用范围。

2. 著作邻接权保护

该法在《德国著作权及有关保护权的法律》中的第二章"有关的保护权（即著作邻接权）"中增加了对数据库生产者的保护。

该法第87条a规定了受邻接权保护的条件、提取权和再利用权。第87条b规定了合理使用的情形,即为了私人目的提取非电子数据库,由个人学术使用而进行的提取,由于公共安全、诉讼、仲裁法庭或有关当局的需要而进行的提取和再利用。第87条c规定了"自建立起"和"自首次公开使用起"的15年的保护期限,并规定对重大改动的数据库提供新的保护期限。

由此可见,德国《信息和通讯服务规范法》完全是为了满足欧盟数据库指令的要求而制定的,在几乎所有的重要条款上,二者的规定都如出一辙。

（三）对数据库邻接权保护模式的评价

一般来说,邻接权包括表演者权、录音录像制作者权和广播电视制作者权。但是,各国的邻接权制度之间以及各国不同时期的邻接权制度差异甚为巨大。❷

在德国,邻接权还包括不具备摄影作品条件的照片、科学版

---

❶ 根据前面介绍的德国著作权理论,这里的"选择和整理"应当理解为"选择或编排"。也就是说,在判定数据库能否作为汇编作品获得著作权保护的问题上,德国并不要求数据库在选择和编排上同时具有独创性,但正如前文所说的那样,德国法对于独创性的要求较高。

❷ 郑成思先生认为,至少可以分为六类。郑成思,《版权法（修订本）》第51～56页。

本和遗传版本等。法国 1985 年修订后的著作权法甚至把计算机软件也列为邻接权的客体。我国著作权法在这方面的独特之处是保护出版者的版式、装帧设计权（《实施条例》第三十八条）。因此，有学者认为，邻接权发展、扩大的过程仍未结束。

韦之先生认为，"数据库开发者的实际地位同传统的邻接权人如出版者、广播电视组织、唱片制作者等非常相似，他们都在自己的工作过程中投入了人力、资金和技术，但都没有创作出独立的作品来。所以一方面应保护他们的利益——主要是经济利益，另一方面又不能赋予他们同作者一样的法律地位。""以邻接权制度保护不具作品性质的数据库是可行的。数据库的开发者依照邻接权法获得的利益主要是复制权、发行权。"❶

那么，究竟应不应当采用邻接权的模式保护"有价值无独创性"的数据库呢？

首先，我们应该明确这样一个概念，"邻接权"更确切的提法，应当是"作品传播者权"。❷ 也就是说，邻接权产生的前提是已经存在了一个作品，然后有人对这个作品进行了传播，法律赋予这个传播者的权利就是邻接权。

但对于数据库而言，前文已经论述过，其内容既可以是作品或作品的片段，也可以是数值、事实等其他信息材料，即使我们可以将前者解释为是对作品或作品片段的传播，但对于后者则无论如何也解释不通了。退一步说，就算我们将"作品传播者权"扩大解释为"信息传播者权"，从而将后者纳入其范围，也不能解决另外一个矛盾。对于那些既有独创性又有重大投资的数据库而言，它们应当受到著作权和邻接权的双重保护，而此时，对于

---

❶ 韦之："论数据库著作权"，载《著作权》1996 年第 2 期，第 24 页。
❷ 郑成思：《版权法（修订本）》，中国人民大学出版社 1997 年第 2 版，第 49 页。

作为作品的这些数据库的传播者又会获得一个邻接权[1]，该邻接权与该数据库本身的著作权和邻接权的关系应如何协调呢？

综上所述，数据库邻接权保护模式的优点在于不必另外创设新的权利体系，能够在原有知识产权权利体系内，为数据库提供充分的保护。但该模式的缺点也是十分明显的，它会造成原有著作权和邻接权体系的冲突和混乱。权衡利弊，笔者认为，采用这种模式得不偿失。实际上，我们考察德国《信息和通讯服务规范法》可以看出，为数据库设计的这种邻接权保护模式与特殊权利保护模式并无本质区别，与其牵强地将其纳入邻接权保护的范畴，还不如直接采取特殊权利保护模式更清楚明白。

八、数据库的反不正当竞争保护

（一）反不正当竞争法的概念和特征

在数据库特殊权利保护出现之前[2]，反不正当竞争保护在很大程度上弥补了著作权弱保护的不足，保护了数据库制作者在材料的收集、整理、证明、编排等方面付出的投资，制止了窃取数据库制作者劳动成果的"搭便车"行为。

反不正当竞争法是市场经济高度发达、需要加大政府的调控

---

[1] 例如，一个已经公之于众的"电影数据库"既有独创性又有重大投资，电视台将其作为已发表的作品制作为电视节目进行播放，电视台对该电视节目享有邻接权。

[2] 在欧盟数据库指令形成的过程中，曾经有成员国建议采用反不正当竞争体制保护数据库的内容，但是统一成员国反不正当竞争制度的难度太大，而且反不正当竞争的规则只能在不正当竞争行为出现时才能适用并不能提供一种范围明确又能自由转让的经济权利，因此指令最终放弃了反不正当竞争体制，采用了建立特殊权利保护的建议。Mark Powell, "The European Database Directive: An International Antidote to the Side—Effects of Feist?", in Fourth Annual conference on International intellectual Property Law & Policy, Fordham Univ. School of Law, Apr. 11, 1996.

转引自薛虹："因特网上的著作权及有关权保护"，载《知识产权文丛（第一卷）》，第69页。

力度的产物,对于促进现代市场经济的发展发挥了举足轻重的作用,有"经济宪法"、"自由企业的宪章"之类的美誉。❶ 具有行为法属性、诸法合体性与行政干预性、补充性和不确定性的特征。❷

反不正当竞争虽然是知识产权法律体系的组成部分,但是它的体系庞杂而且还在不断发展。如果把整个知识产权法律体系比作一座冰山,著作权、专利、商标等专门法律制度就是露出海面的部分,隐没于海面下的部分则是反不正当竞争。反不正当竞争解决的是既属于知识产权范畴,又不能被特定制度所包容的问题,例如商标法调整不了的假冒商品问题,专利法管辖不了的商业秘密问题,这类问题不断出现,反不正当竞争法调整的范围就不断扩大。❸

（二）国外立法例和判例

对于数据库的法律保护模式而言,在立法方面,目前只有前文介绍的美国 H. R. 354 法案属于反不正当竞争保护模式。在司法方面,美国 1997 年的 National Basketball Association v. Motorola 一案就很能说明问题。

被告 Motorola 公司生产的一种寻呼机可以及时地显示出原告 NBA 的比赛情况（只比现场滞后两三分钟）。原告以不正当竞争和侵犯著作权为由起诉,初审法院驳回了原告著作权保护的请求,但认定被告的行为构成了不正当竞争。被告上诉至联邦第二巡回法院。上诉法院认为本案争讼的行为构成不正当竞争的条件

---

❶ 孔祥俊:《反不正当竞争法的适用与完善》,法律出版社 1998 年版,（代前言）第 1~2 页。

❷ 孔祥俊:《反不正当竞争法的适用与完善》,法律出版社 1998 年版,第 1~7 页。

❸ 薛虹:"因特网上的著作权及有关权保护",载《知识产权文丛（第一卷）》,第 71 页。

是：(1) 被上诉人收集信息付出了费用；(2) 收集的信息具有时效性；(3) 上诉人对信息的使用是窃取原告成果的"搭便车"行为；(4) 上诉人与被上诉人提供的产品和服务直接竞争；(5) 如果数据库制作者的财产权得不到保证，竞争者能够以极小成本窃取其成果，以更低的价格提供竞争性产品，势必影响对该种产品或服务的投资，致使该种产品或服务的存在或质量受到实质性威胁，最终使需要该种产品或服务的公众的利益遭受损害。上诉法院推翻了原审关于不正当竞争的判决。该判决既明确了判断此类不正当竞争行为的标准，又把反不正当竞争保护限定在合理的范围内，避免 NBA 等势力强大的体育组织垄断比赛信息，制约新的信息产品和服务的开发，进而损害公众利益。这个判例从一个侧面说明了反不正当竞争保护的范围可以因政策目标和价值取向而适当调整，同时也是反不正当竞争保护不确定的反映。❶

反不正当竞争法从消极的角度划出禁止经营者实施一定行为的标准，而这些标准往往是也只能是一种抽象的标准，其模糊区域比较大，按照这种标准进行判断，既给执法者带来了很大的困难，也给权利人带来了许多的不便。❷

WIPO《反不正当竞争示范法》第 1 条第 1 款规定："除第二条至第六条规定的行为和做法外，在工商业活动中违反诚实行为的任何行为或者做法，均构成不正当竞争行为。"该法注释第 102 条规定："……决定性的标准是行为是'违反诚实行为'。"

德国《反不正当竞争法》第 1 条〔一般条款〕规定："在营

---

❶ 薛虹："因特网上的著作权及有关权保护"，载《知识产权文丛（第一卷）》，第 71~73 页。

❷ 郑成思：《知识产权法》，法律出版社 2003 年版，第 480~481 页。

业中为竞争目的采取违反善良风俗的行为者,可请求其制止或赔偿损害。"

可见,国外反不正当竞争法关于保护范围的标准比较模糊,基本上只是规定了"诚信原则"、"善良风俗"和"商业道德"等一般条款。尽管反不正当竞争法具有不确定性的特征,但人们可以将赋予数据库制作者的具体权利内容明确地规定下来,从而避免出现运用反不正当竞争法的一般条款为数据库提供法律保护的模糊和尴尬。

(三) 国内判例

原告北京金融城网络有限公司制作了"中国建设银行北京市分行币种走势图",并在其开办的"295"网站的外汇频道中发布。被告成都财智软件有限公司未经原告许可,擅自对原告的走势图进行深层链接。原告遂诉至北京市第二中级人民法院。

原告主张"中国建设银行北京市分行币种走势图"已具备数据库作品条件,被告侵犯其著作权,且构成不正当竞争。

法院经审理认为,"中国建设银行北京市分行币种走势图"是根据银行提供的外汇牌价数据制作的,只是一种特殊的服务性产品,尚不构成我国著作权法所保护的作品;但被告的行为构成了不正当竞争。故判决被告断开与原告"中国建设银行北京市分行币种走势图"的链接,书面致歉,赔偿5 000元。

(四) 对反不正当竞争法保护模式的评价

为数据库提供反不正当竞争法保护,总的来说,该模式还是能够对那些"有价值无独创性"的数据库在重要甚至是主要的方面提供比较充分的保护。该模式既可以避开著作权保护模式中对数据库的作品性的判断问题,又可以免除特殊权利保护模式中对现有知识产权法律体系的突破的问题,但是,数据库的反不正当竞争保护模式还存在着致命的局限性,即法律规定的模糊性问题和保护范围的问题。

1. 法律规定的模糊性问题

这个问题实际上就是上文中谈到的反不正当竞争法的不确定性的特征。与专利法、商标法和著作权法相比，反不正当竞争法具有更大的模糊性，即有权对不正当竞争行为提出制止主张的权利人，其权利比专利权、商标权和著作权更不确定。反不正当竞争法的内容的显著特点是从消极的角度划出禁止经营者实施一定的行为的标准，这些标准往往是也往往只能是一种抽象的标准，这种标准的模糊区域比较大，按照这种标准"对号入座"常常会发生困难。这一点在我国尤为突出，因为我国《反不正当竞争法》是以其法条的原则抽象而著称的。❶

要想解决这个问题，笔者认为，可以借鉴特殊权利保护的模式，对其进行改造，在反不正当竞争法的体系内，对不构成作品的数据库这一劳动成果给予适当的、具体的、明确的保护。但是，在我国，这并不是唯一的障碍。

2. 我国《反不正当竞争法》对主体和行为的限制

我国《反不正当竞争法》第二条规定："经营者在市场交易中，应当遵循自愿、平等、公平、诚实信用的原则，遵守公认的商业道德。本法所称的不正当竞争，是指经营者违反本法规定，损害其他经营者的合法权益，扰乱社会经济秩序的行为。本法所称的经营者，是指从事商品经营或者营利性服务的法人、其他经济组织和个人。"这一定义性规范是从行为主体、行为的违法属性以及危害后果的角度界定不正当竞争的，即首先是"经营者"的行为，其次是"违反本法规定"的行为，最后是"损害其他

---

❶ 孔祥俊：《反不正当竞争法的适用与完善》，法律出版社1998年版，第6~7页。

经营者的合法权益，扰乱社会经济秩序"的行为。❶

也就是说，我国《反不正当竞争法》对于主体和行为有特殊限制。

（1）"经营者"。

对"经营者"的含义可以从两个角度进行理解：一是从权利能力的角度理解，是指只有具有"从事商品经营或者营利性服务"的权利能力即主体资格的人，才能成为经营者，其他没有此种资格的人即使从事了"商品经营或者营利性服务"，也不是经营者；二是从行为性质角度理解，是指只对行为是否具有经营性质进行衡量，不管行为人是否具有实施此种行为的资格，只要实施的行为属于经营行为，行为人即被认为属于经营者。❷

根据孔祥俊先生的分析，认为采第二种角度：①符合法条的文意；②符合立法目的；③具有合理性；④使法律适用更为严密。❸

（2）"违反本法规定"的行为。

对于行为的理解存在着法定主义与一般条款的分歧。法定主义认为不正当竞争行为专指违反该法第二章的规定，即第五条至第十五条所规定的 11 种行为；一般条款则认为不正当竞争行为还应包括按照总则尤其是第二条第二款的规定所认定的行为。

孔祥俊先生认为，第一种观点应该比较符合立法的原意，但是，如果照此行事，在理论上不具有合理性，在实践中也不利于维护竞争秩序。第二种观点具有灵活性，能够使《反不正当竞争法》及时调整法律所遗漏的情况、各种新出现的情况。一般

---

❶ 孔祥俊：《反不正当竞争法的适用与完善》，法律出版社 1998 年版，第 49 页。

❷ 孔祥俊：《反不正当竞争法的适用与完善》，法律出版社 1998 年版，第 64 页

❸ 孔祥俊：《反不正当竞争法的适用与完善》，法律出版社 1998 年版，第 63～100 页。

条款通常对实行概括主义的民法具有重要意义,对于实行法定主义的行政法不具有太大意义;而且,一般条款尚需完善。❶ 笔者同意这种意见。

3. 结论

由此可见,反不正当竞争法保护模式具有一定的优点和局限性。特别在我国行政执法和司法审判实务中,往往对主体和行为作出狭义的解释。也就是说,针对数据库的反不正当竞争保护模式而言,其范围受到了限制。因此,还需考虑别的法律模式进行保护。

九、数据库的商业秘密保护

通常来说,商业秘密法是反不正当竞争法的一部分。但在目前的实践中,对于一些不对外提供全部或实质的部分内容而只对外提供检索服务的数据库(特别是大型电子数据库的制作者往往会采取种种技术手段进行加密、设置隔离等方法,保护其数据库)而言,商业秘密保护模式有着特殊的重要意义。因此对这一模式进行单独的讨论。

我国《反不正当竞争法》第十条第三款规定:"本条所称的商业秘密,是指不为公众所知悉、能为权利人带来经济利益、具有实用性并经权利人采取保密措施的技术信息和经营信息。"这个规定较为全面、清晰地规定了商业秘密的范围和作为商业秘密的条件,其范围包括"技术信息和经营信息",作为商业秘密的条件是"不为公众所知悉"、"经权利人采取保密措施"以及"能为权利人带来经济利益、具有实用性"。

虽然在实践中,数据库制作者常常采取各种方法对其数据库

---

❶ 孔祥俊:《反不正当竞争法的适用与完善》,法律出版社 1998 年版,第 50～63 页。

进行保密，但这样做能否纳入商业秘密保护的范围仍然是一个问题。

首先，我们知道，构成数据库的材料种类繁多，包括作品、作品的片段和其他信息材料，其中很多材料早已公之于众了，根本谈不到"不为公众所知悉"。❶ 只是对于客户名单等内部材料构成的数据库才可能满足这一条件。其次，商业秘密的范围是"技术信息和经营信息"，也只有少量数据库能够落入这一范围。最后，商业秘密法一般来说是反不正当竞争法的一部分，因此，前文所分析的数据库的反不正当竞争保护模式的局限性对于数据库的商业秘密保护模式同样适用。

造成该保护模式的缺陷主要在于：对于"有价值无独创性"的数据库的保护重点在于其"收集劳动"，而商业秘密保护的重点则是技术秘密和经营秘密。因此，商业秘密对于数据库保护与数据库实际上需要的保护在方向上产生了巨大的偏差，但它毕竟还能为一部分数据库提供保护，特别是在实践中仍然有一定的意义。

北京市第二中级人民法院就曾经审理过一起关于数据库的商业秘密的案件。1998年4月29日，原告北京中锐文化传播有限责任公司与被告北京零点市场调查与分析公司签订"委托调查合同"，对VCD市场进行调查，合同约定原告对本项调查研究结果享有专属所有权，被告对调查所得得一切结果承担保密责任。1998年6月底，被告向原告提交了调查报告。但被告于1998年6月16日在其周刊上刊登了《北京VCD何处觅?》一文，全文完全依据和摘录了上述调查结果。原告认为被告的行为构成不正当竞争，遂诉至法院。

法院经审理认为，涉案调查结果是原告的商业秘密，被告的

---

❶ 例如，制作者对法律法规数据库进行了加密处理，但这并不意味着其中的法律法规变成了商业秘密。

行为构成不正当竞争。故判决被告赔偿原告经济损失10万元，并在一家全国发行的报纸上向原告赔礼道歉。

十、数据库的民法保护

民法对于数据库也能提供一定程度的保护，体现为基本原则、合同和侵权行为的调整。

（一）民法基本原则的保护

多数国家的民法都规定了"诚实信用"的基本原则，该原则被称为"帝王条款"，具有指导意义，也可作为判决的直接依据。虽然这样做可能会导致"向一般条款的逃避"，但在没有明确的法律规定的情况下，仍不失为一条解决问题的途径。

我国的"电视节目预告表"一案，就是利用民法诚信原则为数据库提供保护的案例。

原告广西广播电视报与广西电视台达成协议：由原告刊登广西电视台的各周电视节目预告表，每次向广西电视台支付报酬100元。被告广西煤矿工人报未经原告同意，从1987年起每周一从原告的报纸上摘录中央电视台和广西电视台的"一周电视节目预告表"。原告遂诉至法院。

一审法院适用著作权法将电视节目预告表视为时事新闻而不给予著作权保护。二审法院则认为一审法院认定错误，电视节目表不应属于时事新闻，但也不具备独创性，不构成著作权法意义上的作品。二审法院认为：电视节目预告表也是电视台通过复杂的专业技术劳动制作完成的电视台对其劳动成果应享有一定的民事权利，故依据《民法通则》第四条、第五条、第一百零六条第2款给予了保护。[1]

---

[1] 张平："中美数据库著作权保护的司法比较"，载《知识产权》1998年第5期，第5~6页。

（二）合同法的保护

合同可以明确合同当事人的权利义务，有效地约束当事人的行为，借此可以弥补著作权法和反不正当竞争法保护力度和范围不够的缺憾。在实践中，数据库制作者往往会与用户订立数据库使用许可合同，制作者可以利用该合同对用户的使用目的和使用方法进行适当的限制。例如，数据库制作者可以在合同中要求用户就该数据库仅供自己使用，而不得有营利行为、未经同意不得提供给第三人使用、不得供网络使用、禁止拷贝复制等等。如果用户违反约定，则应对数据库制作者承担损害赔偿责任。而数据库制作者还可以在合同中约定违约金，以减轻举证责任。但是，合同不能约束合同关系以外的第三人的行为，其作用有一定的局限性。

（三）侵权行为法的保护

由于著作权法对于著作权的侵害已有专门规定，因此对于侵害著作权的行为应适用著作权法，此时民法中有关侵权行为的规定居于补充的地位。对于那些没有侵害著作权，但侵害了民法权利的行为，才可适用民法中有关侵权行为的规定。

十一、刑法保障的问题

在前文介绍的国外几种关于数据库特殊权利保护的法律文件中，几乎都有关于刑法保障的规定。我国《反不正当竞争法》第三十一条、第三十二条的规定可以适用于数据库法律保护的情形。修改后的《刑法》在"破坏社会主义市场经济秩序罪"一章中专门规定了"侵犯知识产权罪"一节，其中第二百一十七条、第二百一十八条、第二百一十九条、第二百二十条的规定可以适用于数据库法律保护的情形。

十二、相关法律问题研究

(一) 数据库构成材料的合法性问题

在北京市第二中级人民法院审理的数据库案件中，被告往往会以原告之数据库的构成材料不具备合法性作为抗辩理由，即所谓"权利瑕疵抗辩"。

例如：原告将我国现代诗歌汇编形成了《中国现代诗歌选》，并将其出版发行。后发现被告将其改名为《中国当代诗歌选》出版发行，原告遂诉至法院。在诉讼中，被告以原告未能证明其已经取得了诗歌作者的许可为由进行抗辩。法院经审理判决：驳回原告的诉讼请求。

实际上，这个问题不仅限于数据库领域，而且及于这个著作权领域，学理上称之为"非法演绎作品的著作权"问题。

对于这个问题，一直以来，在立法、司法、学理上都存在着较严重的分歧，基本上有三种意见。第一种意见承认非法演绎作品具有著作权，理由是独创性论和显失公平论；第二种意见不承认非法演绎作品具有著作权，理由是独创性并非作品享有著作权的唯一条件；第三种意见对此不做统一回答，主张具体问题具体分析：(1) 主张按照独创性的多少来确定演绎作品能否享有独立的著作权；(2) 主张演绎者享有部分著作权，即他无权许可他人，却有权制止他人。❶

我们知道，以作品性为标准，可以将数据库的构成材料分为作品性的材料（作品和作品的片段）和非作品性的材料（如数据、信息等），因此，可以将数据库分为由作品性材料构成的数

---

❶ 马秀荣："非法演绎作品之著作权辨"，载《知识产权文丛（第六卷）》，第333～334页。

据库和非作品性材料构成的数据库。❶

笔者认为,对于数据库而言,应当根据材料的作品性为依据,讨论其材料的合法性问题。

第一种情况:由作品性材料构成的数据库。

(1) 该数据库达到汇编作品的水平。

著作权法律制度赋予作者对其作品享有"汇编权",❷ 因此,笔者认为,未经作者许可而将其作品或者作品的片段汇集而成的汇编作品不应由汇编者享有著作权,但汇编者却可以享有民法上的权益,例如不当得利请求权❸。

(2) 该数据库未达到汇编作品的水平。

如前所述,此时应当对数据库的制作者给予反不正当竞争法或者民法上的保护。而反不正当竞争法保护和民法保护的方向是数据库制作者的投资和劳动,并不以材料的合法性为前提;当然,材料的非法性问题可以由其他法律制度进行调整,而并不影响该数据库受到反不正当竞争法或民法的保护。

第二种情况:由非作品性材料构成的数据库。

在这种情况下,由于材料并无作品性,当然也就不可能有作者了,汇编权的限制当然也就无从谈起了。此时,只可能存在材

---

❶ 必须强调指出,正如前文所述,数据库材料的作品性与数据库本身的作品性是相互独立的,由作品性材料构成的数据库既可以是作品性的,也可以是非作品性的;反之亦然,由非作品性的材料构成的数据库既可以是作品性的,也可以是非作品性的。

❷ 修改前的《著作权法》第十条第(五)项规定:"使用权和获得报酬权,即以复制、表演、播放、展览、发行、摄制电影、电视、录像或者改编、翻译、注释、编辑等方式使用作品的权利;以及许可他人以上述方式使用作品,并由此获得报酬的权利"。修改后的《著作权法》第十条第一款第(十六)项规定:"汇编权,即将作品或者作品的片段通过选择或者编排,汇集成新作品的权利"。

❸ 马秀荣:"非法演绎作品之著作权辨",载《知识产权文丛(第六卷)》,第331~342页。

料的拥有者或保有者的限制，例如材料是某类公司的经营信息或某些人的个人信息。数据库的制作者未经材料的拥有者或保有者的许可而汇集形成数据库，如果达到汇编作品的水平，自然可以享有著作权；否则，也可以受到反不正当竞争法或者民法的保护。

（二）个人数据保密的问题

知识产权法领域的利益平衡原则，是知识产权法制定和修改的基本原则。尤其是在原有知识产权法律制度受到挑战，甚至需要创设新的知识产权法律制度的情况下，利益平衡原则就显得更为重要了。在数据库的法律保护问题中，也应以此原则为指导，对原有知识产权制度进行修改或者创设新的知识产权制度。其中，个人数据保密的问题尤为突出。

个人数据的法律保护，是指通过立法以及相应的执法手段和司法程序保护个人数据免受不当的收集、储存、处理、传输和利用，对于违反该法律规定者予以相应法律制裁的一种法律制度。

（1）关于个人数据的收集，必须取得数据主体的同意，必须使用合法的手段收集个人数据，对于收集未成年人的数据，必须得到其合法监护人的同意。

（2）持有个人数据的目的必须具有价值判断上的合法性和程序上的完备性，数据的内容必须是准确的，而不是虚假的。

（3）对个人数据进行处理的前提是：第一，其所处理的个人数据是合法收集和储存（持有）的；第二，得到了处理个人数据的许可或者授权；第三，不得非法侵害数据主体的人格权。

（4）关于个人数据的披露和公开，必须是常规使用或者是法律许可的使用。

（5）数据主体享有对其个人数据的知悉权和更正权。❶

---

❶ 张新宝：《隐私权的法律保护》，群众出版社2004年版，第159~165页。

目前在国外，已经有了许多关于个人数据保密的法律。❶

在我国则应当采用隐私权制度进行保护。所谓隐私权，是指公民享有的私人社会安宁和私人信息受到法律保护，不被他人非法侵扰、知悉、收集、利用和公开等的一种人格权。❷ 我国法律尚未对隐私权作出明确的规定，但在宪法、刑法、诉讼法、行政法和民法中均有所涉及。❸ 人们完全有理由相信，在不久的将来，我国法律中会明确规定隐私权保护制度，甚至可能制定单独的个人数据保密法。

十三、结束语

通过上述分析，我们可以得出以下的结论：

（1）在知识经济时代，数据库（尤其是电子数据库）的发展大有前途，但目前法律保护不够充分，阻碍了产业的形成和发展，进而影响了社会的进步。

（2）数据库的构成成分应当包括作品、作品的片段和其他信息材料。如前所述，关于这一点，我国《著作权法实施条例》的规定不完备，而《实施国际著作权条约的规定》中对外国作品的保护范围是完备的，这就造成了受保护的数据库范围上的"超国民待遇"。建议在今后的立法中对前者的规定进行修改，达到完备、一致的要求。

（3）数据库与其他相关事物相比有其特殊性，其制作过程分为三个阶段：确定主题的阶段、收集材料的阶段、选择和编排材料的阶段。因此，不仅应当保护其选择和编排，还应当保护其"收集劳动"，而且，后者往往更加重要。

---

❶ 孙铁成：《计算机与法律》，法律出版社1998年版，第124~128页。
❷ 张新宝：《隐私权的法律保护》，群众出版社2004年版，第3页。
❸ 张新宝：《隐私权的法律保护》，群众出版社2004年版，第73~79页。

(4) 著作权能够在一定程度上保护在材料的选择或编排方面具有独创性的数据库，但无法为数据库的"收集劳动"提供保护。

(5) 特殊权利能够充分地保护数据库的"收集劳动"，但在权利设计上过于偏向数据库的制作者，可能会损害用户利益和社会公共利益。

(6) 数据库的邻接权保护模式与特殊权利保护模式并无本质区别，但可能造成原有知识产权法律体系的冲突和混乱。

(7) 采用数据库的反不正当竞争保护模式可以避免创设新的知识产权保护制度，但需进行具体、详尽的规定，不能只用其基本原则予以保护；而且，该模式存在着严重的局限性。

(8) 商业秘密能够在特定情况下为数据库提供法律保护，具有实际意义。

(9) 民法能够为数据库提供补充性的保护，恰好可以弥补反不正当竞争保护模式的局限性。

(10) 刑法可以对严重侵害数据库，达到犯罪程度的行为进行保障性的制裁。

(11) 制作数据库时应当注意数据库构成材料的合法性问题和个人数据的保密问题。

从历史上看，法律总是在技术创新和社会进步时面临挑战和机遇。今天，计算机技术和信息技术相结合的产物——数据库，同样向法律提出了这一问题。面对矛盾，固步自封、裹足不前，是没有出路的；但超越历史、脱离国情，也是行不通的。

在我国，究竟应当如何为数据库提供法律保护，这是一个值得严肃认真对待的问题。对于这个问题，既要研究国外立法的最新动态，又要立足我国国情；既要在法律体制上勇于创新，又要考虑原有法律体系的延续性和稳定性；还要以利益平衡为指导原则。

笔者认为，目前我国对数据库的法律保护，应采取充分利用原有法律制度综合保护的方式：（1）利用著作权法为在材料的选择或编排上有独创性的数据库提供保护；（2）利用反不正当竞争法为市场竞争领域内的数据库提供保护；（3）利用民法为其他领域内的数据库提供补充性的保护；（4）利用商业秘密法为某些种类的数据库提供保护；（5）利用个人数据保密法、隐私权制度及宪法中的某些制度对数据库的权利设计进行平衡；（6）利用行政法、刑法等为数据库权利提供有力的保障。

但这并不意味着，我国可以对数据库的特殊权利保护模式置之不理。我国是世界知识产权组织成员国，知识产权国际保护上的任何发展变化都将波及我国，因此，我国完全有必要对该模式进行更加深入的研究。

依据法治原则解决"恶意软件"问题

要坚持依法管理、科学管理、有效管理，综合运用法律、行政、经济、技术、思想教育、行业自律等手段，加快形成依法监管、行业自律、社会监督、规范有序的互联网信息传播秩序，切实维护国家文化信息安全。

——摘自胡锦涛总书记在中共中央政治局第三十八次集体学习时的讲话

众所周知，20世纪90年代以来，计算机网络的发展日新月异，用户数量的迅速增长，网上信息量迅速地膨胀。网络已经日益渗透到社会生产、生活的方方面面，并产生了一个新兴的产业——IT产业（即信息产业）。中国互联网络信息中心（CNNIC）2008年7月发布的《中国互联网络发展状况统计报告》显示，截至2008年6月底，中国网民数量达到2.53亿，网民规模跃居世界第一位，同比增长56.2%；中国网站数量为191.9万个，年增长率为46.3%。

在网络给人类社会带来几乎无限的商机和巨大的利益的同时，许多纠纷也不可避免地相伴而生了。其中，"恶意软件"问题在2006年和2007年成为网络行业的突出问题之一，受到了广泛的关注。

在解决"恶意软件"纠纷的多种手段（如和解、调解、仲裁和诉讼）中，司法手段显然是最具权威性和威慑力的，而且还可以对其他解决手段加以审查，因而是最重要的。本文针对涉及"恶意软件"的案例，对该问题进行梳理和分析，并提出了建议。

一、"恶意软件"问题的背景材料

所谓"恶意软件",目前来说,并非法律概念,也不是国家标准中的概念。最初,网民将某些具有不符合其愿望的特点而又不是病毒软件的软件称为"流氓软件",对其内涵也众说纷纭。后来,才逐渐形成了统一认识,并将其正式称为"恶意软件"。

2006年11月22日,中国互联网协会反恶意软件协调工作组召开第三次工作会议,在充分听取成员单位意见的基础上,最终确定了"恶意软件"定义并向社会公布:恶意软件是指在未明确提示用户或未经用户许可的情况下,在用户计算机或其他终端上安装运行,侵害用户合法权益的软件,但不包含我国法律法规规定的计算机病毒。其具体表现为:1. 强制安装:指未明确提示用户或未经用户许可,在用户计算机或其他终端上安装软件的行为;2. 难以卸载:指未提供通用的卸载方式,或在不受其他软件影响、人为破坏的情况下,卸载后仍然有活动程序的行为;3. 浏览器劫持:指未经用户许可,修改用户浏览器或其他相关设备,迫使用户访问特定网站或导致用户无法正常上网的行为;4. 广告弹出:指未明确提示用户或未经用户许可,利用安装在用户计算机或其他终端上的软件弹出广告的行为;5. 恶意手机用户信息:指未明确提示用户或未经用户许可,恶意收集用户信息的行为;6. 恶意卸载:指未明确提示用户、未经用户许可,或误导、欺骗用户卸载其他软件的行为;7. 恶意捆绑:指在软件中捆绑已被认定为恶意软件的行为;8. 其他侵害用户软件安装、使用和卸载知情权、选择权的恶意行为。

就笔者掌握的材料,目前我国司法审判实践中遇到的"恶意软件"案件大致可以分为以下两种类型:

(1) 网络用户诉某公司的软件为"恶意软件",侵犯其作为消费者的相关权益；

（2）某公司诉另一公司将其软件列为"恶意软件"并默认选中被清除，构成不正当竞争。

就上述第一种类型的案件，目前司法实践已经从正反两个方面给出了结论。简言之，如果计算机用户能够举证证明其计算机因其指控的软件遭受损失，则法院将依据《消费者权益保护法》等法律提供保护，笔者认为，《消费者权益保护法》第八条❶、第九条❷和第十条❸的规定可以适用于此类情况。否则，法院将无法提供上述保护。可见，在第一种类型的案件中，问题的关键在于消费者必须举证证明其指控软件与计算机遭受损失之间存在必然的、排他的引起与被引起的因果关系。通过对于此类案件的分析可以看出，在司法实践中，消费者欲证明此点，关键在于证明其计算机系统中不应存在计算机病毒及可能引起软件冲突的其他软件。而这个要求在实践中可能因被告的抗辩而被推向极端——用一块新的空白硬盘（至少是被格式化的空白硬盘），安装正版操作系统软件（目前通常为 Windows XP），上网，显示被指控软件的具体表现，上述全部过程均应以公证的方式予以证明。

---

❶ 第八条规定：消费者享有知悉其购买、使用的商品或者接受的服务的真实情况的权利。消费者有权根据商品或者服务的不同情况，要求经营者提供商品的价格、产地、生产者、用途、性能、规格、等级、主要成分、生产日期、有效期限、检验合格证明、使用方法说明书、售后服务，或者服务的内容、规格、费用等有关情况。

❷ 第九条规定：消费者享有自主选择商品或者服务的权利。消费者有权自主选择提供商品或者服务的经营者，自主选择商品品种或者服务方式，自主决定购买或者不购买任何一种商品、接受或者不接受任何一项服务。消费者在自主选择商品或者服务时，有权进行比较、鉴别和挑选。

❸ 第十条规定：消费者享有公平交易的权利。消费者在购买商品或者接受服务时，有权获得质量保障、价格合理、计量正确等公平交易条件，有权拒绝经营者的强制交易行为。

笔者认为，上述要求对于消费者而言难度较大，也可以采取首先由消费者提出初步证据（如其计算机中存在被指控的软件，其计算机遭受损失），由法院组织双方进行勘验或者委托鉴定，确定二者之间是否存在如消费者所称的因果关系。

总之，就第一种类型的案件而言，其关键在于事实认定。而对于第二种类型的案件而言，其中既存在着与第一种类型案件完全相同的事实认定问题，还存在着深刻的法律判断问题，而且，后者的重要程度大于前者，是该类型案件的主要矛盾之所在。下面，笔者以北京市第二中级人民法院审理的前述第二种类型案件中的全国首例案件为例进行分析。

二、据以研究的案例

（2006）二中民初字第 16174 号原告北京阿里巴巴信息技术有限公司（以下简称阿里巴巴公司）诉被告北京三际无限网络科技有限公司（以下简称三际无限公司）侵犯著作权及不正当竞争纠纷案。

原告阿里巴巴公司起诉称：阿里巴巴公司是一家在国内互联网行业享有良好声誉和很高知名度的互联网软件开发商和增值服务提供商。阿里巴巴公司推出了雅虎助手软件和雅虎 Widget 软件。阿里巴巴公司通过雅虎助手和雅虎 Widget 软件，获得了用户的广泛认可和大量使用，树立了在上网辅助功能服务和搜索服务中的良好形象和广泛知名度。三际无限公司也是主要从事互联网搜索服务和上网辅助功能服务的企业。三际无限公司通过"www.qihoo.com"和"www.360safe.com"网站向公众提供"奇虎安全卫士"（又名"360 安全卫士"）软件，同时通过其他网站和免费工具软件进行捆绑传播。"奇虎安全卫士"软件将雅虎助手和雅虎 Widget 软件列为所谓恶意软件，并将其描述为"强制安装、浏览器劫持、干扰其他软件运行、无法彻底卸载"，用户按照"奇虎安全卫士"软件的提示操作时,雅虎助手和雅虎 Widget 软件在默认的情况下被删除,导致用户无法正常使用雅虎助手和雅虎 Widget 软件。雅虎助手和雅虎 Widget 软件并非三际无限公司所称的恶意软件,而是由用户自主选择、可以彻底卸载、不损害用户任何权益的正常软件。三际无限公司的上述行为侵犯了阿里巴巴公司对雅虎助手和雅虎 Widget 软件享有的著作权,损害了阿里巴巴公司的商誉,构成不正当竞争。故请求法院依法判令被告:(1)立即停止将雅虎助手和雅虎 Widget 软件列为恶意软件、阻碍其正常传播和运行的行为;(2)立即停止对雅虎助手和雅虎 Widget 软件的贬损性不实描述的行为;(3)在"www.3721.com"、"www.qihoo.com"、"www.360safe.com"、"www.sina.com.cn"、"www.yahoo.com.cn"网站以及《北京青年报》上刊登声明,以消除影响;(4)赔偿原告经济损失 260 万元;(5)承担本案诉讼费用。

被告三际无限公司答辩称:"奇虎安全卫士"软件适应信息社会的迫切需要,具有良好的社会声誉。三际无限公司对于恶意软件的评定标准是客观公正的,符合行业通行做法。雅虎助手软件存在强制安装、难以卸载、干扰其他软件运行和劫持浏览器的情况,符合恶意软件的定义。"奇虎安全卫士"软件并未将雅虎 Widget 软件列为恶意软件,仅将相关系统进程提示为"危险",该提示具有事实根据,客观合法。在"奇虎安全卫士"软件提出前,雅虎助手软件的社会评价就很低,这是由于其长期和连续的恶意行为造成的。因此,请求法院判决驳回原告的诉讼请求。

北京市第二中级人民法院经审理认为:

1. 关于被告三际无限公司的行为是否构成不正当竞争的问题

根据相关法律规定,经营者在市场交易中,应当遵循自愿、平等、公平、诚实信用的原则,遵守公认的商业道德。在本案中,原告阿里巴巴公司与被告三际无限均为网络服务公司,是同业竞争者。鉴于恶意系贬义词,因此,将同业竞争者的产品称为"恶意"应当具有充分的事实和法律依据。在本案中,被告三际无限公司在"奇虎安全卫士"软件中将雅虎助手软件列为恶意软件,将雅虎助手软件描述为:"软件类别:有潜在风险的;恶意表现:强制安装、干扰其他软件运行、浏览器劫持;危险级别:中",并将雅虎助手软件默认选中被清除。而且,还在媒体上宣传雅虎助手软件是恶意软件。被告三际无限公司的上述行为缺乏法律依据,故认定,被告三际无限公司的上述行为损害了原告阿里巴巴公司的商誉,构成不正当竞争,依法应当承担停止侵害、消除影响和赔偿损失的法律责任。

所谓危险,是指有遭到损害或失败的可能。将同业竞争者的产品称为"危险"亦应当具有充分的事实和法律依据。在本案中,被告三际无限公司在"奇虎安全卫士"软件中将雅虎Widget软件标注为"危险",并将雅虎Widget软件默认选中被清除。被告三际无限公司的上述行为缺乏法律依据,故认定,被告三际无限公司的上述行为构成不正当竞争,依法应当承担停止侵害、赔偿损失的法律责任。

2. 关于被告三际无限公司的行为是否侵犯了原告对于雅虎助手软件和雅虎Widget软件享有的著作权的问题

原告阿里巴巴公司关于被告三际无限公司侵犯雅虎助手软件和雅虎Widget软件的著作权的主张的依据是:被告三际无限公司在"奇虎安全卫士"软件中将雅虎助手软件列为恶意软件,将雅虎助手软件描述为:"软件类别:有潜在风险的;恶意表现:强制安装、干扰其他软件运行、浏览器劫持;危险级别:中",并将雅虎助手软件默认选中被清除;被告三际无限公司在"奇虎安全卫士"软件中将雅虎Widget软件标注为"危险",并将雅虎 Widget 软件默认选中被清除。而被告三际无限公司的上述行为并非我国著作权法所规定的著作权侵权行为,故原告阿里巴巴公司的上述主张不能成立,不予支持。

原告阿里巴巴公司请求被告三际无限公司在"www.3721.com"、"www.qihoo.com"、"www.360safe.com"、"www.sina.com.cn"、"www.yahoo.com.cn"网站以及《北京青年报》上发布消除影响的声明,但未能提交充分的证据证明其商誉受到损害的范围,对其上述主张不予全部支持,将依据涉案侵权行为的持续时间和影响范围、被告的经营规模及其主观过错程度等情况确定消除影响的具体方式。

鉴于原告阿里巴巴公司所提赔偿请求数额过高,且未能提交充分的证据予以证明,对其上述主张不予全额支持。将依据涉案侵权行为的持续时间和影响范围、被告的主观过错程度等情况以及原告为本案诉讼支出的合理费用等因素酌情确定本案具体赔偿数额。

北京市第二中级人民法院判决如下:"一、北京三际无限网络科技有限公司于本判决生效之日起,停止涉案不正当竞争行为;二、北京三际无限网络科技有限公司于本判决生效之日起十日内,赔偿北京阿里巴巴信息技术有限公司经济损失三万元及诉讼合理支出四万零二百七十九元;三、北京三际无限网络科技有限公司于本判决生效之日起十日内,在其网站(域名为:"360safe.com")的首页上就涉案不正当竞争行为连续二十四小时刊登声明以消除影响(声明内容需经本院审核,逾期不执行,本院将在一家全国发行的报纸上公布本判决的主要内容,相关费用由北京三际无限网络科技有限公司负担);四、驳回北京阿里巴巴信息技术有限公司的其他诉讼请求。"

判决作出后,被告三际无限公司提出上诉。2007 年 7 月

10日，北京市高级人民法院作出二审判决："驳回上诉，维持原判。"

三、法理评析

如前所述，上述案例与第一种类型的案件一样，同样存在事实认定的问题，即虽然公证证明了涉案被诉软件存在强制安装、难以卸载、干扰其他软件运行和劫持浏览器的情况，但未能证明出现上述现象的计算机中并不存在计算机病毒或引起冲突的其他软件，也就是说，被告三际无限公司未能举证证明上述现象是由涉案被诉软件确定地、必然地、排他地引起的。

然而，笔者认为，该案例的主要问题并不在于事实认定，而在于法律判断。

（一）"恶意软件"的称谓及其"定义"

根据汉语词典的解释，"恶意"的含义为"不良的居心；坏的用意"，明显为贬义词。如前所述，2006年11月22日，中国互联网协会反恶意软件协调工作组对"恶意软件"作出了"定义"并列举了其具体表现形式。2007年6月14日，中国互联网协会成立了反恶意软件认定委员会；次日，中国互联网协会反恶意软件协调工作组公布了《"恶意软件定义"细则》❶。

这里存在一个问题,将具有上述具体表现形式之一种或多种的软件"定义"为"恶意软件"是否足够妥当。不可否认的是,如果一个软件具有上述具体表现形式之一种或多种,绝大多数用户是会持否定意见的;当然持否定意见的用户的比例本身并不能成为以"恶意软件"为其命名的妥当性,因为,即使多数用户对其持肯定意见,极而言之,只要有一个用户提起

---

❶ 《"恶意软件定义"细则》全文如下:"1. 强制安装:指未明确提示用户或未经用户许可,在用户计算机或其他终端上安装软件的行为。a)在安装过程中未提示用户;b)在安装过程中未提供明确的选项供用户选择;c)在安装过程中未给用户提供退出安装的功能;d)在安装过程中提示用户不充分、不明确;(明确充分的提示信息包括但不限于软件作者、软件名称、软件版本、软件功能等)。2. 难以卸载:指未提供通用的卸载方式,或在不受其他软件影响、人为破坏的情况下,卸载后仍然有活动程序的行为。a)未提供明确的、通用的卸载接口(如 Windows 系统下的"程序组"、"控制面板"的"添加或删除程序");b)软件卸载时附有额外的强制条件,如卸载时需要联网、输入验证码、回答问题等。c)在不受其他软件影响或人为破坏的情况下,不能完全卸载,仍有子程序或模块在运行(如以进程方式);3. 浏览器劫持:指未经用户许可,修改用户浏览器或其他相关设置,迫使用户访问特定网站或导致用户无法正常上网的行为。a)限制用户对浏览器设置的修改;b)对用户所访问网站的内容擅自进行添加、删除、修改;c)迫使用户访问特定网站或不能正常上网;d)修改用户浏览器或操作系统的相关设置导致以上三种现象的行为。4. 广告弹出:指未明确提示用户或未经用户许可,利用安装在用户计算机或其他终端上的软件弹出广告的行为。a)安装时未告知用户该软件的弹出广告行为;b)弹出的广告无法关闭;c)广告弹出时未告知用户该弹出广告的软件信息。5. 恶意收集用户信息:指未明确提示用户或未经用户许可,恶意收集用户信息的行为。a)收集用户信息时,未提示用户有收集信息的行为;b)未提供用户选择是否允许收集信息的选项;c)用户无法查看自己被收集的信息。6. 恶意卸载:指未明确提示用户、未经用户许可,或误导、欺骗用户卸载其他软件的行为。a)对其他软件进行虚假说明;b)对其他软件进行错误提示;c)对其他软件进行直接删除。7. 恶意捆绑:指在软件中捆绑已被认定为恶意软件的行为。a)安装时,附带安装已被认定的恶意软件;b)安装后,通过各种方式安装或运行其他已被认定的恶意软件。8. 其他侵犯用户知情权、选择权的恶意行为。"

诉讼，也可以成为前述第一种类型的案件，并可能受到法院的支持。也就是说，对于很多人持否定性意见的事物的命名也并不是随意的。

实际上，如前所述，在早期，此类软件被称为"流氓软件"。根据汉语词典的解释，"流氓"的含义为："①原指无业游民，后来指不务正业、为非作歹的人。②指放刁、撒赖、施展下流手段等恶劣行为。"我国1979年刑法中规定了"流氓罪"，1998年刑法取消了该罪名。"流氓软件"这一称谓的不妥当性十分明显，以至于改为了"恶意软件"的称谓。

人们有理由争辩，如果说以"恶意软件"的概念称呼此类软件还不妥当的话，用户在遭遇此类软件时将怎样称呼呢？可能的选择恐怕只能是客观描述式的，即采取类似于《"恶意软件定义"细则》的方式描述其具体表现形式，而难以归摄于一个简洁的概念。❶ 笔者认为，以这样的标准要求用户是不恰当的，这是一种虚伪的"政治正确"的标准❷；而对于同业竞争对手而言，当然应当采取一种高于普通用户的标准进行判断。

虽然上文指出了对于"恶意软件"这一称谓的妥当性的分歧意见，但是，在该案例中有一个"戏剧性"的事实——原告与被告作为中国互联网协会的成员参与制定了有关"恶意软件"的定义，由此可见，双方当事人均认可中国互联网协会已经公布的有关恶意软件的定义以及相关的表现形式。该事实使"恶意软件"称谓至少在本案双方当事人之间具有了不可争辩的妥当性。

---

❶ 实际上，该案判决后，网上又出现了一个新的称谓——"恶评软件"，但其依然难以避免上述指责。

❷ 关于这个问题，可参见苏力："罪犯、犯罪嫌疑人和政治正确"，见《阅读秩序》，山东教育出版社1999年版，第207页。

（二）"恶意软件"提供者可能的责任性质和责任形式

假设本案的被告能够证明原告的涉案软件确实其所称的符合"恶意软件"的具体表现形式——强制安装、难以卸载、干扰其他软件运行和劫持浏览器，那么，该"恶意软件"将导致什么性质和什么形式的责任呢？

如果原告的涉案软件干扰了被告软件的正常运行，则原告将构成不正当竞争行为。而其他"恶意"形式均难以构成侵犯著作权或不正当竞争行为。

原告和被告作为中国互联网协会的成员参与制定了有关"恶意软件"的定义，假如原告制作并发布了"恶意软件"，这是一种什么行为呢？

是制作、传播计算机病毒的行为吗？否。

根据我国《计算机信息系统安全保护条例》的规定，计算机病毒，是指编制或者在计算机程序中插入的破坏计算机功能或者毁坏数据，影响计算机使用，并能自我复制的一组计算机指令或者程序代码。而根据"恶意软件"的定义和具体表现形式的描述，"恶意软件"并不是计算机病毒。

是违约行为吗？否。原告与被告之间并不存在创设双方民事权利义务关系的合同

笔者认为，这是一种"社员义务"，即社团成员的义务，类似于工会会员的义务。本案原告和被告均为中国互联网协会的成员，且均参与制定了有关"恶意软件"的定义，上述事实将对它们分别产生各自的"社员义务"。违反"社员义务"就应当承担相应的"社员责任"。

"社员义务"和"社员责任"应由社员依据社团程序共同制定和遵守。"社员责任"的形式也不同于法律责任，通常应以"开除"或"取消社员资格"为最高的责任形式。

(三) 反"恶意软件"者的责任

在本案中,被告将涉案软件描述为"恶意软件"或"危险软件",并将涉案软件默认选中被清除,还在媒体上宣传涉案软件是恶意软件。首先,如前所述,被告在事实方面未尽举证义务证明涉案软件即为"恶意软件",故其上述行为缺乏事实依据。其次,假设被告能够尽到上述举证义务,其行为是否具备充分的法律依据呢?

这里又分为两种情况。

一是假设被告能够证明原告的涉案软件干扰了被告软件的正常运行。在这种情况下,原告的行为构成不正当竞争,被告可以采取起诉的方式寻求司法保护,由法院判令原告停止侵害、赔偿损失。而实际上,被告采取了类似于清除计算机病毒的"私力救济"方式,似有"防卫过当"之嫌。

二是假设被告能够证明原告的涉案软件具有"强制安装、难以卸载和劫持浏览器的情况"。在这种情况下,原告的行为尚未违反产品质量等法律法规,而仅可能承担"社员责任",在此种"社员责任"的具体形式没有确定的情况下,被告的上述行为缺乏依据。

因此,就本案被告的行为而言,在第一层面即事实层面就缺乏依据,故法院认定其行为系虚假宣传,损害了原告的商誉,构成不正当竞争。

四、解决"恶意软件"问题的建议

在解决"恶意软件"问题上,必须避免出现网络中曾经大量出现的所谓"网络通缉令"模式。该模式系任何一位网民在网络上发布"通缉令"或"追杀令",宣布某人做了某件坏事,甚至公布其真实身份及其他信息,要求广大网民予以谴责。其中不乏"冤假错案",即使确实有某人做了某件坏事,采取公安机关和检察机关通令缉拿应当逮捕而在逃的犯罪嫌疑人归案的特有侦查手段——通缉令的形式也会严重损害被"通缉"人的声誉，该行为本身将构成违法。

笔者认为，要想从根本上解决"恶意软件"问题，必须从法治的原则出发，进行科学的研究，在立法层面进行规定，将其纳入"软件产品法"的领域之内加以规制。

而在立法相对滞后的当前阶段，人们也绝不是无所作为的。笔者认为，目前，通过中国互联网协会这一社团，在科学可行的基础上借助舆论的力量，吸纳广大软件公司成为其会员，利用行业自律的方法创设"社员义务"并建立适当有效的"社员责任"，能够在很大范围内和很大程度上减少"恶意软件"现象的出现；同时，行业自律行为还可以为未来的立法进行探索和提供经验。

笔者欣喜地看到，2006年12月27日，中国互联网协会发布了《抵制恶意软件自律公约》，创设了"社员义务"，并建立了"社员责任"❶。

笔者相信，通过软件公司、行业协会、广大网民以及相关政府机构的共同努力，"恶意软件"问题完全可以依据法治的原则得以妥善地解决，最终实现胡锦涛总书记提出的"营造文明健康的网络环境，形成共建共赢的精神家园"的目标。

---

❶ 《抵制恶意软件自律公约》第二十一条规定："任何机构和个人均有权向公约执行机构举报恶意软件。公约执行机构查证核实后，被举报的恶意软件属于会员单位的，督促其限期整改，逾期未予整改的，公约执行机构向社会公布其名单，予以公开谴责；被举报的恶意软件属于非会员单位的，可以直接公布其相关信息，由社会予以监督。"